# 董事会结构与投资效率研究

叶若慧　著

中国原子能出版社
China Atomic Energy Press

图书在版编目（CIP）数据

董事会结构与投资效率研究 / 叶若慧著. —— 北京：
中国原子能出版社, 2020.12
ISBN 978-7-5221-1015-8

Ⅰ. ①董… Ⅱ. ①叶… Ⅲ. ①上市公司 – 董事会 – 企
业制度 – 关系 – 投资效率 – 研究 – 中国 Ⅳ.
①F279.246

中国版本图书馆CIP数据核字(2020)第197772号

# 内 容 简 介

本书在借鉴理查森（2006）度量模型的优点、克服其不足的基础上，提出新的度量投资效率的方法，然后将新的投资效率指标运用到考察"董事长兼任对投资效率的影响"的实际问题中，以此进一步证明理查森（2006）修正模型的有效性和在中国的适用性。具体而言，首先，本书以中国1999—2012年的A股上市公司为研究样本，系统地研究了理查森（2006）模型的修正和验证，以及董事长内部兼任在大股东控制和地方政府控制的视角下对投资效率的影响；其次，以中国2005—2012年的A股上市公司为研究样本，研究董事长外部兼任在大股东控制和地方政府控制的视角下对投资效率的影响；最后，根据研究内容得到研究结论、所做的贡献，并提出研究方法的局限性，以及对未来的愿望。

**董事会结构与投资效率研究**

| | | |
|---|---|---|
| **出版发行** | 中国原子能出版社（北京市海淀区阜成路43号　100048） | |
| **策划编辑** | 高树超 | |
| **责任编辑** | 高树超 | |
| **装帧设计** | 河北优盛文化传播有限公司 | |
| **责任校对** | 冯莲凤 | |
| **责任印制** | 潘玉玲 | |
| **印　　刷** | 定州启航印刷有限公司 | |
| **开　　本** | 710 mm×1000 mm　1/16 | |
| **印　　张** | 15.75 | |
| **字　　数** | 281千字 | |
| **版　　次** | 2020年12月第1版　　2020年12月第1次印刷 | |
| **书　　号** | ISBN 978-7-5221-1015-8 | |
| **定　　价** | 59.00元 | |

# 序　言

公司治理一直是一个热点的话题。2018 年 9 月 30 日证监会发布修订后的《上市公司治理准则》，其第三章第二十一条中指出"董事应当遵守法律法规及公司章程有关规定忠实、勤勉、谨慎履职，并履行其作出的承诺。"这表明董事在董事会中是否发挥其应有的治理作用受到了学术界和实务界的广泛关注。因此，本书在作者博士毕业论文的基础上探讨了董事会结构与投资效率两者的关系。

作者认为本书具有如下几方面的鲜明特征：

第一，研究主题新颖。本书系统地研究了董事会结构对投资效率的影响。董事会治理一直是公司治理讨论中的热点话题，本书抓住了研究热点，结合中国的特定环境进行了深入研究，具有一定的研究价值。

第二，研究内容丰富。本书系统地研究了董事长兼任与投资效率的关系，并进一步研究了高管变更、募资投向变更、IPO 抑价、IPO 长期收益率、债务结构等重要问题。研究内容紧密围绕研究目标展开，研究内容之间具有极强的逻辑性。

第三，研究过程规范。本书围绕一根主线，从各个角度、采用各种实证方法进行了研究，研究过程符合国际上主流研究的范式。从研究方法看，对于每个研究内容，都采用描述统计、参数检验、回归分析、稳健性检验等一系列的方法进行了研究，并对投资效率这项重要变量选用了不同的衡量方法，以确保研究结论的可靠性。

第四，研究结论富有启发性。作者通过细致的实证研究得到了如下研究结论：①董事长内部兼任公司的投资效率显著低于不存在董事长内部兼任公司，董事长外部兼任公司的投资效率显著高于不存在董事长外部兼任公司。②大股东控制并不总是降低投资效率。只有在董事长内部兼任的公司中才会出现大股东控制降低投资效率的问题，而在董事长与总经理两职分离公司和董事长外部兼任公司中大股东控制能提高投资效率。③公司审计意见为非标时，高管变更的概率更大；相对于没有政治关联的公司来说，有政治关联的公司被出具非标意见时高管变更的概率更低。审计师选择与募资投向变更负相关，且这种负相关关系会随着市场化程度的提高而增强。这些结论极大地增进了我们对董事会结构与投资效率关系的认识，对于企业来说，也具有重要的借鉴意义。

本书适宜专注于公司治理、审计意见、债务结构和投资效率等方面的学者和研究生阅读。

由于水平有限，书中难免存在不足之处，恳请广大读者批评指正。


叶若慧

2020 年 12 月 5 日 中国·杭州

# 目　　录

# 第1章 前　言

## 1.1　研究背景

公司所有权和控制权的分离使委托人和代理人之间存在冲突。他们之间的冲突有可能使公司投资过度（Jensen，1986），而信息不对称有可能使公司投资不足（Myers and Majluf，1984）。投资过度和投资不足被称为"非效率投资"，非效率投资会损害公司利益。

为了使代理人以委托人的目标为工作出发点，委托人会通过一系列的治理因素来监督和限制代理人。公司内部治理机制可以抑制代理人的非效率投资行为，从而提高资金的配置效率。其中，董事会治理在公司治理中具有重要作用。董事会在委托人和代理人两者的关系中起桥梁作用，董事会的结构和治理效果关乎公司的经营成败。董事会是公司的最高控制系统，通过对管理层的领导和监督，进而改善公司业绩。中国证监会在《上市公司治理准则》第三章第一节第二十一条中指出"董事应当遵守法律法规及公司章程有关规定，忠实、勤勉、谨慎履职，并履行其作出的承诺"。董事在董事会中是否发挥其应有的治理作用受到了学术界和实务界的广泛关注。那么，作为董事会领导者的董事长在董事会中扮演了怎样的重要角色呢？董事长兼任所起的作用对公司治理会是怎样的影响，是破坏了治理的作用还是增加了治理的有效性呢？上述问题是公司治理方面非常重要的研究问题，已有文献尚未得到比较一致的结论（Boyd，1995；Jensen，1993；陈运森、谢德仁，2011），本书将对此进行深入的研究。

董事长是董事会的领导者，具有战略家的眼光，负责把握公司的发展方向；董事长具有老师的品质，把董事会建设成学习型的组织，使董事会更加高效，在公司治理中发挥着积极的作用。由此可知，董事长是董事会中的重要角色，占据核心地位，在董事会治理中具有重要作用。在中国，董事长存在内部兼任和外部兼任的实际情况。董事长内部兼任即董事长和总经理两职合一，当

1

董事长兼任总经理职务时，董事会对总经理的领导和监督作用还能正常发挥吗？已有国内外文献基于代理理论和管家理论研究了董事长内部兼任与组织效率两者的关系（Fizel and Louie，1990；Mintzberg and Waters，1982）。一些文献表明董事长内部兼任有助于提高组织效率，也就是说董事长内部兼任并没有破坏公司治理；另一些文献指出董事长内部兼任不利于组织效率，也就是说董事长内部兼任破坏了公司治理。关于董事长内部兼任与组织效率两者关系的文献，尚未有一致的研究结论。此外，中国也存在董事长外部兼任的情况。董事长外部兼任使董事长处于社会网络之中，使董事长可以不断学习，更加具有战略眼光。已有国内外文献基于资源依赖理论通过对连锁董事（在两家或两家以上公司的董事会担任董事职务的董事）的研究表明，存在于社会网络之中的董事具有裙带治理效应，为公司的发展提供了丰富的社会资本（Putman，2003；陈运森、谢德仁，2011）。从已有文献可知，董事长在董事会中扮演了重要的角色，且董事长兼任将会对公司治理产生影响。已有文献把董事长兼任作为一种公司内部治理机制，但对其约束公司的过度投资行为和投资不足行为研究较少，这为本书考察"董事长兼任对投资效率的影响"提供了很好的研究机会。在中国，存在董事长内部兼任和外部兼任的实际情况，从决策权配置的影响机理方面考察董事长内部兼任和投资效率两者关系的文献暂不多见，而且尚未有文献涉及董事长外部兼任对投资效率的影响。因此，本书将董事长兼任分为董事长内部兼任和董事长外部兼任，使研究"董事长兼任对投资效率的影响"这一问题更加全面。

更进一步地，已有研究表明股权结构会影响公司投资行为，进而影响公司价值（Jensen and Meckling，1976；黄福广等，2005）。由此可知，股权结构会影响公司治理效果的发挥。股权结构从广义上讲包括股权集中度和股权性质。由于控股股东和各行为主体的关系有所不同，不同的股权集中度在投资决策中会体现出不同的作用。已有文献指出，大股东控制具有激励效应和隧道效应（Wei and Zhang，2008）：一方面，大股东通过对管理者的监督或参与管理来提升企业价值；另一方面，大股东通过对公司的控制获得私有收益而降低公司价值。另外，股权性质不同的公司，其代理问题产生的原因和解决的措施也不相同。因此，不同股权性质的公司，其高管所做的投资决策也会不同。在中国，企业具有多样化的股权性质，因此对不同股权性质下投资行为的研究具有重要的现实意义。综上所述，在研究董事长兼任对投资效率的影响时，分别从"大股东控制"视角和"地方政府控制"视角来考察，具有理论意义和现实意义。

在研究"董事长兼任对投资效率的影响"这一问题时，需要度量投资效率是不足还是过度。国内学者主要通过对投资－现金流敏感性的影响动因进行研究，然后判断公司是处于投资过度还是处于投资不足状态（郑江淮等，2001；朱红军等，2006），或者借鉴理查森（2006）、比德尔等（2009）的残差度量模型来对投资效率进行度量（申慧慧等，2012）。不过，由于使用的方法存在不足之处，已有研究衡量出的投资效率数据的准确性有待进一步验证。本书在借鉴理查森（2006）度量模型的优点、克服其不足的基础上，提出新的度量投资效率的方法，该方法考虑了代理问题和信息不对称问题会引发管理者的机会主义行为，从而产生代理人的非效率投资行为，而有效的公司外部环境可以制约企业的非效率投资行为。公司治理是企业内部机制和外部治理环境的总称，这种制度安排可以减轻委托人和代理人两者之间的矛盾。如果把代理成本问题和公司治理两者之间的关系进行研究，那么研究公司治理会变得更加有意义，而且会更加丰富。一般来说，公司的治理因素包括内部治理因素（如股权结构、董事会结构）和外部治理环境（如产品市场竞争、投资者保护、金融发展）。在良好的外部治理环境下，内部的治理因素才会得到有效的发挥。因此，本书考虑了公司的外部环境可以制约企业的非效率投资行为，在理查森（2006）模型的基础上加入了产品市场竞争程度、法治水平、金融市场发展程度等变量，进而确定新的投资效率指标，并将新的投资效率指标运用到考察"董事长兼任对投资效率的影响"的实际问题中，以此进一步验证理查森（2006）修正模型的有效性和其在中国的适用性。

近年来，开始有学者对审计意见与高管变更之间的关系问题进行研究，因为这是检验公司是否有效解决委托代理问题的重要方法。在非标准审计意见下，高管将会面临来自投资者的压力以及政府的管制，若追究责任，高管将是非标准审计意见的首要责任人。但在我国，经理人行为深受政治关系的影响。因此，当管理层职位受到威胁时，他们拥有的政治资源很可能就成了其构筑职位壕沟的资本，从而引起职位壕沟效应（游家兴等，2010）。常和王（2009）研究表明，高管变更也与非经济的政治因素有关。樊等（2007）研究发现，当经理与政府关系密切时，公司更倾向聘请官员而不是具有专业背景的人士担任公司董事。游家兴等（2010）研究发现，高管的政治关联越密切，因业绩不佳而被变更的概率越小。虽然已有研究关注了审计意见与高管变更之间的关系问题（蒋荣等，2007；王进朝，2011），但他们要么只以"非标"意见的上市公司作为样本，要么只以高管变更的上市公司作为样本，因此他们的研究结论是否能够作为一个普遍性的结论，还需要更多的实证研究予以考察。另外，游家兴等（2010）研究了政治关联对高管变更的影响，但未涉及审计意见。本书将对以上两类文献进行拓展，研究审计意见与高管变更之间的关系是否受到政治关联的影响。

从已有文献可以看出，目前还没有文献涉及外部审计师对募资投向变更的治理作用（朱武祥、朱白云，2002；刘勤等，2002；杨全文、薛清梅，2009）。代理理论认为，高质量的审计出具的财务报告更加可靠，其提供的会计信息将会更加可信，从而减轻代理问题（Jensen and Meckling, 1976；Watts and Zimmerman, 1983）。宋衍蘅（2008）指出，公司的募集资金的投资项目缺乏有效的监督，这种监督包括公司内部治理和外部监督。高质量的外部审计师可以发挥治理作用，樊和王（2004）通过研究东亚八国（或地区）得出，代理问题严重的公司，更倾向聘请"五大"事务所。由此可以看出，高质量审计师的治理作用也将会在募集资金的使用问题上扮演重要的角色，起到应有的监督作用。改革开放以来，市场化进展得到了认可，但各地区之间的市场化存在差异，如东部沿海地区走在改革的前端，市场化程度更高。不同市场化程度的地区，审计师对募资投向变更的治理作用可能存在差异。

IPO抑价和长期收益率是IPO研究的核心问题。根据洛克伦等（2010）的统计发现，IPO抑价现象广泛存在于世界各国。已有较多文献表明，我国股票市场存在比较严重的IPO抑价现象（Chen et al., 2004; Chi and Padgett, 2005a; Tian, 2011）。但是，我国的IPO抑价率为何远远大于世界其他国家？已有文献尚未对此进行系统研究。我国绝大多数上市公司为国有控股公司，并且我国股票市场是受到高度管制的，尤其是一级市场。我国管制主体——中国证券监督管理委员会（CSRC），控制着整个IPO过程，包括制定IPO市场准入和定价机制。由此可见，我国独特的制度背景为研究IPO抑价问题提供了一个天然的实验室。同时，国有企业私有化改革以及民营企业上市后的资源配置效率问题是国有企业改革、民营企业发展以及证券市场发展过程中应予以关注的重要问题。因此，研究公司IPO后的市场表现问题对我国上市公司和证券市场的发展具有重要的启示意义。基于上述分析，本章试图实证研究我国IPO抑价和长期收益率的影响因素，以期为我国IPO高抑价率和IPO后的低效市场表现提供经验证据。

国有股权如何影响公司的市场表现是一个需要实证检验的问题。另外，我国具有特殊的政府管制背景，IPO市场定价长期受到政府的高度管制。那么，政府定价管制又将会如何影响国有股权与IPO长期收益率之间的关系？目前很少有研究关注国有股权与IPO长期收益率之间的关系，并且它们没有考虑政府定价管制对国有股权与 IPO 长期收益率之间关系影响的问题。博德曼和劳林（2000）以 1980—1990 年 129 家跨国 IPO 公司为样本，发现国有股权比例越高，IPO 长期收益率越高。但是，迟和帕吉特（2005）运用 1996—1997 年 409 家中国 A 股 IPO 公司数据，发现国有股权比例越高，IPO 长期收益率越低。虽然有较多的研究关注了所有权性质与 IPO 长期收益率之间的关系，但没有取得比较一致的结论。比如，国有企业的 IPO 长期收益率高于民营企业（Levis, 1993; Menyah et al., 1995; Jelic and Briston, 1999; 徐浩萍等，2009）；国有企业的 IPO 长期收益率低于民营企业（Aggarwal et al., 1993）；国有企业的 IPO 长期收益率与民营企业没有显著区别（Paudyal et al., 1998; Foerster and Karolyi, 2000）。已有研究结论存在争议可能有以下两个方面的原因：第一，研究样本或者样本时间区间选择的差异可能导致研究结论不具有普遍性；第二，欧美国家在制度背景、法律法规以及市场环境等方面差别较大，尤其是发达国家与发展中国家之间的差别更大，因此选择不同国家的公司作为研究样本可能会得到不同的研究结论。

税收是否会如何影响债务结构，现有文献并没有取得一致的结论。本章认为，产生这种不一致的原因除税收对债务期限结构的影响的确可能存在不同的作用机制外，还可能在于这些文献基本上都考察了实际税率或边际税率对债务期限结构的影响。在中国，由于各种各样税收优惠制度的存在，企业之间在法定税率上存在很大差异。这为本章更好地研究税率对债务结构的影响提供了机会。这是因为与模拟出的实际税率或边际税率不同，法定税率相对公司的债务结构是一个外生变量，因而可以避免考察实际税率或边际税率对债务结构的影响过程中所可能存在的严重的内生性问题。然而，尚无文献研究公司法定所得税率对中国上市公司债务结构的影响。本书考察了公司法定所得税率对公司债务期限结构和债务来源结构的影响及其在国有控股公司和非国有控股公司之间的差异。

总经理和董事长两职合一如何影响企业经济效率，理论上还没有形成统一的观点。关于总经理和董事长两职合一对企业经济效率影响问题的经验研究也没有形成一致的结论。雷希纳和道尔顿（1991）发现总经理和董事长两职合一会降低经济效率；辛普森和格里森（1999）、博伊德（1995）、斯里德哈兰和马辛克（1997）以及彭等（2007）等发现总经理和董事长两职合一提高经济效率；恰格那提等（1985）没有发现总经理和董事长两职合一对经济效率有显著影响。可见，已有文献关于总经理和董事长两职合一对经济效率影响的理论研究和经验研究尚未形成统一的结论。然而，投资效率直接影响公司业绩，体现经济效率。从这一层面看，总经理和董事长两职合一对投资效率的影响是考察总经理和董事长两职合一对企业经济效率影响问题的重要视角。但是，两职合一与投资效率的关系还会受到大股东控制的影响，已有文献在研究两职合一与经济效率之间的关系时并没有考虑大股东控制的影响，而且大股东控制对投资效率影响的经验研究没有取得比较一致的结论。此外，大股东控制与投资效率的关系还会受到总经理和董事长两职合一的影响，已有文献在研究大股东控制与投资效率之间的关系时并没有考虑总经理和董事长两职合一对两者之间关系的影响。

基于上述研究背景，本书首先选择中国 1999—2012 年的 A 股上市公司为研究样本，系统地研究理查森（2006）模型的修正和验证，以及董事长内部兼任在大股东控制和地方政府控制的视角下对投资效率的影响；其次，选择中国 2005—2012 年的 A 股上市公司为研究样本，研究董事长外部兼任在大股东控制和地方政府控制的视角下对投资效率的影响；再次，选择中国 1999—2015 年的 A 股上市公司为研究样本，分别研究了高管变更、募资投向变更、IPO 抑价、IPO 长期收益率、债务结构等重要问题；最后，在本书研究的基础上提出研究贡献，指出研究的不足，并对未来研究进行展望。

## 1.2 研究目标与研究意义

### 1.2.1 研究目标

在现有文献的基础上，本书试图回答如下问题。

（1）理查森（2006）模型存在不足，该如何修正？修正后的模型是否有效，是否适合中国的市场环境？

（2）在我国，存在董事长内部兼任，那么董事长内部兼任将会对投资效率产生什么影响？更进一步地，不同的股权结构会如何影响两者之间的关系？

（3）在我国，存在董事长外部兼任，那么董事长外部兼任将会对投资效率产生什么影响？更进一步地，不同的股权结构会如何影响两者之间的关系？

（4）审计意见与高管变更之间的关系是否受到政治关联的影响？审计师选择是否对募资投向变更产生影响？不同市场化程度的地区之间这种影响是否存在差异？

（5）我国 IPO 抑价和长期收益率的影响因素有哪些？国有股权是否影响

IPO 长期收益率，政府定价管制对国有股权与 IPO 长期收益率之间的关系有何影响？

（6）所得税率对公司债务期限结构和债务来源结构是否存在影响，这种影响在国有控股公司和非国有控股公司之间是否存在差异？

对上述问题的回答构成了本书的研究目标，本书的具体研究目标如下：

（1）在理查森（2006）模型的基础上加入产品市场竞争程度、法治水平、金融市场发展程度等变量，进而衡量出新的投资效率指标，并选取国内外学者运用较多的三个投资效率度量模型，即理查森（2006）的残差度量模型、边际托宾 $q$ 比率以及伍格勒模型，对其进行调整以适应中国的市场环境。在研究可行性后，分别验证其估算特定公司投资效率的有效性。同时，把理查森（2006）修正模型与原理查森（2006）模型进行比较，说明理查森（2006）修正模型能更好地衡量公司的投资效率。

（2）研究董事长内部兼任对投资效率的影响，选取大股东控制与地方政府控制两个视角分别进一步考察董事长内部兼任与投资效率两者之间的关系。

（3）研究董事长外部兼任对投资效率的影响，选取大股东控制与地方政府控制两个视角分别进一步考察董事长外部兼任与投资效率两者之间的关系。

（4）研究审计意见对高管变更的影响，探讨审计意见与高管变更之间的关系是否受到政治关联的影响；研究审计师选择对募资投向变更的影响，并比较不同市场化程度地区之间这种影响的差异。

（5）研究我国 IPO 抑价和长期收益率的影响因素；研究国有股权对 IPO 长期收益率的影响，并进一步研究政府定价管制程度对国有股权与 IPO 长期收益率之间关系的影响。

（6）研究所得税率对公司债务结构的影响，并考察这种影响在国有控股公司和非国有控股公司之间的差异。

## 1.2.2 研究意义

### 1. 理论意义

第一，本书以理查森（2006）模型为基础，对其进行了修正，提出新的度量投资效率的方法，从而为研究中国上市公司投资效率相关方面的课题提供了一个较好的变量。

第二，丰富了董事长兼任与投资效率两者关系的文献。关于董事长内部兼任与组织效率两者关系的文献中，尚未有一致的研究结论。有的文献表明董事长内部兼任有助于提高组织效率，有的文献指出董事长内部兼任不利于组织效率的提高，也有文献得出董事长内部兼任与组织效率两者无显著关系，而且从决策权配置的影响机理来考察董事长内部兼任和投资效率两者关系的文献暂不多见，一般只是把董事长内部兼任作为回归模型的控制变量进行研究。另外，暂没有文献涉及董事长外部兼任对投资效率的影响。已有文献在资源依赖理论和共谋理论等基础上，通过对连锁董事的研究来判断董事和董事会是否具有治理作用。因此，本书的研究丰富了董事长内外部兼任与投资效率两者关系的文献。

第三，丰富了董事会治理方面的文献。本书通过考察董事长内部兼任与投资效率两者之间的关系，发现董事长内部兼任的公司的投资效率显著低于不存在董事长内部兼任的公司，研究结论说明董事长内部兼任会破坏董事会的治理作用，影响公司治理作用的发挥。同时，本书通过考察董事长外部兼任与投资效率两者之间的关系，发现董事长外部兼任的公司的投资效率显著高于不存在董事长外部兼任的公司，研究结论说明董事长外部兼任在董事和董事会治理中发挥了积极的治理作用，增加了公司治理的效果。

第四，丰富了大股东控制与投资效率两者关系的研究，深化了大股东控制的经济后果方面的研究。本书第4章通过考察不同股权集中度下董事长内部兼任对投资效率的影响，发现大股东控制并不总是降低投资效率，只有在董事长与总经理两职合一的公司中才会出现因大股东控制而降低投资效率的问题，在董事长与总经理两职分离的公司中大股东控制则能提高投资效率。本书第6章通过考察不同股权集中度下董事长外部兼任对投资效率的影响，发现大股东控制并不总是降低投资效率，在部分董事长外部兼任的公司中，大股东控制反而提高了投资效率。这两章的内容深化了董事长内外部兼任与投资效率两者关系的研究，也深化了大股东控制的经济后果方面的研究。

第五，丰富了地方政府控制的经济后果方面的研究。本书第5章通过考察不同产权主体下董事长内部兼任对投资效率的影响，发现地方政府控制并不总是降低投资效率，只有在董事长与总经理两职合一的公司中才会出现地方政府控制降低投资效率的问题。本书第7章通过考察不同产权主体下董事长外部兼任对投资效率的影响，发现董事长外部兼任和投资效率两者的关系会受政府干预的影响。这两章的内容丰富了地方政府控制的经济后果方面的研究。

第六，目前，国内外对高管变更的影响因素的研究主要集中于公司业绩、股权结构、董事会特征以及法律法规等方面，本书结合审计意见来研究高管变更问题，为高管变更的影响因素分析提供了一个新的研究角度，丰富了高管变更方面的研究；从政治关联的角度研究了审计意见对高管变更的影响，推进了目前亟待发展的审计意见对高管变更影响问题的研究；揭示了政治关联是影响审计意见与高管变更之间关系的重要因素。此外，本书从募资投向变更和募资投向变更频率两个角度检验了高质量审计师的治理作用，丰富了审计师选择方面的研究；已有文献关于募资投向变更的研究主要集中于公司内部因素，本书从外部审计师的治理作用来研究募资投向变更，丰富了募资投向变更方面的文献；本书进一步研究了市场化程度对审计师选择与募资投向变更之间关系的影响，推进了审计师选择与募资投向变更之间关系的研究，也丰富了我们关于中国不同市场化进程下公司财务决策行为之间差异的认识。

第七，本书为未来 IPO 抑价和长期收益率的特定影响因素的研究提供了经验证据，丰富了 IPO 抑价和长期收益率方面的研究；欧美国家之间的制度背景、法律法规以及市场环境等都差别较大，尤其是发达国家与发展中国家之间的差别更大，因此选择不同国家的公司作为研究样本将可能得到不同的研究结论，本书丰富和深化了我们对中国市场上 IPO 抑价和长期收益率问题的认识；已有文献的研究样本太少或者样本时间区间太短（Chen et al., 2004; Chan et al., 2004; Chi and Padgett, 2005a; Chi and Padgett, 2005b），这可能导致已有研究结论不具有普遍性，本书运用 1990—2010 年所有 A 股上市公司的资料，所得到的结论相对更加可靠。同时，本书研究发现我国上市公司 IPO 长期收益率整体为正，与布拉夫和保罗（1997）、麦金森等（2000）以及迟和帕吉特（2005）的结论一致，但已有大多数研究发现 IPO 长期收益率为负（Megginson and Netter, 2001），为此，本书提供了来自新兴市场的经验证据，丰富了上市后市场业绩方面的研究；本书研究了国有股权对 IPO 长期收益率的影响，推进了目前亟待发展的国有股权与 IPO 长期收益率之间关系的研究（Boardman and Laurin, 2000; Chi and Padgett, 2005），也有助于认识中国上市公司上市后的市场表现；本书揭示了政府定价管制加剧了国有股权与 IPO 长期收益率之间的负相关关系，丰富了政府干预和寻租方面的研究（Megginson and Netter, 2001; Tian, 2002; Fan et al., 2007; Kao et al.; 2009）。

第八，本书通过研究公司法定所得税率对公司债务期限结构和债务来源结构的影响，比较其在国有控股公司和非国有控股公司之间的差异，丰富和深化了税收与资本结构方面的研究。不仅如此，公司法定所得税率对公司债务期限结构和债务来源结构的影响在国有控股公司和非国有控股公司之间的差异，还揭示了国有控股公司和非国有控股公司之间因融资环境方面面临的重要差异而导致的财务行为差异。因此，本书可以丰富我们关于中国不同产权类型公司财务决策行为之间差异的认识。

第九，本书从投资效率的角度研究了总经理和董事长两职合一对经济效率的影响，从某一具体的影响途径上检验两职合一对经济效率的影响，并通过考察不同股权集中度下总经理和董事长两职合一对投资效率的影响，发现两职合一并不总是会降低投资效率，只有股权集中度较高公司的两职合一才会降低投资效率，股权集中度较低公司的两职合一并不会显著影响投资效率，提供了与现有研究两职合一与投资效率关系的文献不一样的经验证据，从而深化了两职合一对投资效率影响的研究；本书通过考察不同两职状况下大股东控制对投资效率的影响，发现大股东控制并不总能降低投资效率，只有在董事长与总经理两职合一的公司中才会出现大股东控制降低投资效率的问题，而在董事长与总经理两职分离的公司中大股东控制能提高投资效率，提供了与现有研究大股东控制与投资效率关系的文献不一样的经验证据，从而深化了大股东控制与投资效率之间关系的研究，也丰富了大股东控制的经济后果方面的研究。

2.现实意义

第一，本书通过研究大股东控制与董事长内部兼任的交互作用对投资效率的影响，发现大股东控制并不总是降低投资效率，只有在董事长与总经理两职合一的公司中才会出现大股东控制降低投资效率的问题，而在董事长与总经理两职分离的公司中大股东控制能提高投资效率。研究结论对企业管理者、投资者以及政府监管者具有以下启示作用：首先，对于企业管理者来说，管理者针对具体的决策问题可以选择通过调整企业董事长和总经理两职状况，或者分散股权集中度来提高决策效率，还可以选择同时调整董事长和总经理两职状况与股权集中度来提高企业决策效率。其次，对于投资者来说，投资者应当选择那些董事长和总经理两职分离从而对管理者的监督和控制效果更好的公司。再次，对政府监管者来说，监管者应当更加重视加强对那些两职合一公司大股东控制的监管，因为大股东控制对公司决策效率的负面影响在两职合一公司中会更加明显。

第二，本书通过考察不同产权主体下董事长内外部兼任对投资效率的影响，发现地方政府控制并不总是降低投资效率。在董事长内部兼任的公司中，地方政府控制会降低投资效率；董事长外部兼任和投资效率两者之间的关系会受政府干预的影响。研究结论可以为改革国有企业的政企关系提供政策启示：作为微观企业的投资增长格局，应加快由政府及其政策推动为主向市场推动为主的方向转变，减少政府对企业的干预，提高投资者的法律保护程度。

第三，本书通过考察董事长外部兼任对投资效率的影响，并从大股东控制视角来研究董事长外部兼任和投资效率两者的关系，检验董事长在董事和董事会治理中发挥的作用。研究发现，董事长外部兼任的公司的投资效率显著高于不存在董事长外部兼任的公司，董事长外部兼任在董事和董事会治理中发挥了积极的治理作用。

第四，本书研究结果发现，公司审计意见为非标准审计意见时，高管变更的概率更大；相对于没有政治关联的公司来说，有政治关联的公司被出具非标准审计意见时高管变更的概率更低。研究结论可以为完善公司高管考评体系提供重要的依据，也可以为完善公司治理机制提供依据，还可以为培育和发展职业经理人市场提供参考。

第五，本书揭示了政府定价管制加剧了国有股权与 IPO 长期收益率之间的负相关关系，有助于我们认识国有企业私有化过程中的政府行为及其影响，有助于理解中国证券市场发展过程中政府、企业与市场之间的关系，也有助于政府监管部门完善 IPO 发行制度，以更好地利用证券市场推动国有企业私有化进程。

# 1.3   主要概念界定

## 1.3.1   投资效率

本书的投资效率指企业的投资额偏离理想投资额的程度。投资过度是投资额超过了理想投资额，投资不足则是投资额未达到理想投资额。投资额与理想投资额相差太大，说明企业投资过度或者投资不足的程度很高，整体的投资效率低下。有文献中提到的投资异化，就是投资额与理想投资额相差太大，出现投资效率低下的情况，这样的情况可以统称为非效率投资或者非理性投资。非效率投资的后果是公司资源配置非有效，进一步使公司价值降低。接下来简要介绍投资过度和投资不足。

### 1.投资过度

投资过度是投资额超过了理想投资额。理查森（2006）在研究中指出，投资过度是超过维持资产原有状态的投资。詹森（1993）认为当企业投资净现值（NPV）小于零的投资项目时，就是投资过度。通过以上内容可以知道，投资过度包括两方面的意思：第一，这种投资行为超过了企业可承受的范围，会导致自由现金流的枯竭和超能力融资；第二，这种投资行为不会增加企业价值，因为投资项目的净现值是负的。

2.投资不足

梅叶斯和梅吉拉夫（1984）认为在有正净现值的投资项目时，公司拥有足够的自由现金流，却放弃投资，这就是投资不足。投资不足不仅会导致错过有价值的投资机会，还会对公司的长远发展造成影响。

已有文献对投资效率的衡量会使用不同的计量模型，其中使用频率最高的是理查森（2006）的残差度量模型。理查森（2006）使用模型（1-1）的残差来衡量公司的投资效率。残差的绝对值用来判断公司的投资效率，残差的绝对值越大，说明非效率投资问题越严重，公司的投资效率越低下。

$$Invest_{it}=\beta_0+\beta_1 Growth_{it-1}+\beta_2 Lev_{it-1}+\beta_3 Cash_{it-1}+\beta_4 Age_{it-1}$$
$$+\beta_5 Size_{it-1}+\beta_6 Returns_{it-1}+\beta_7 Invest_{it-1}+\xi \qquad （1-1）$$

式中：$Invest$ 为新增投资；$Growth$ 为投资机会变量；$Lev$ 表示资产负债率；$Cash$ 表示现金存量；$Age$ 表示企业成立年数；$Size$ 表示企业规模；$Return$ 表示个股年度回报；$Invest_{it-1}$ 为滞后一期的因变量。

模型（1-1）回归得出的残差（$Xinvest$）用来判断公司的投资效率。当 $\xi>0$ 时，说明公司投资过度，$\xi$ 的值越大，表明公司过度投资越严重；当 $\xi<0$ 时，说明公司投资不足，$\xi$ 的值越小，表明公司投资不足越严重。

### 1.3.2　董事长兼任

本书中，董事长兼任分为董事长内部兼任和董事长外部兼任两种。董事长内部兼任，从决策权配置的角度来考察董事长在董事会治理中发挥的作用；董事长外部兼任，从社会关系网络的角度来考察董事长在董事会治理中发挥的作用。把董事长兼任分为董事长内部兼任和董事长外部兼任可使研究"董事长兼任对投资效率的影响"这一问题更加全面而具体。

1.董事长内部兼任

董事长内部兼任是指公司董事长兼任总经理的职务，有文献把董事长是否兼任总经理的职务称为"两职状况"。董事长兼任总经理职务称为"两职合一"；董事长没有兼任总经理职务称为"两职分离"。董事长内部兼任（两职合一）作为一种重要的决策权配置机制，直接影响着企业的投资效率。在两职合一的情况下，决策制定权与决策控制权没有分开，决策在制定过程中没有受到应有的控制和监督，管理者可能会趁机寻求私人收益。

为了行文更加流畅和合理，本书在不同的地方会使用不同的表达方式，董事长内部兼任或两职合一都是指董事长兼任总经理的职务，是同一个概念。

2. 董事长外部兼任

董事长外部兼任是指公司董事长是否在除上市公司外的其他单位有兼任职务，包括兼任公司职务和社会职务。公司职务主要是董事长、董事、执行董事等；社会职务主要是政协常委、人大代表、某协会的副会长等。

关于董事长外部兼任，有如下两种主要理论，一种是资源依赖理论，另一种是共谋理论。资源依赖理论认为，存在着的组织如果想维持生存，需要从环境中获取资源。但由于环境的不确定和资源的缺乏，组织为了保障自身利益，会去追求更多的资源，以此来降低外部环境对组织的影响。但外部资源不是无限的，不能满足全部的人和存在的组织，因此那些可以获得更多资源的组织会占有优势和主动性，并会对那些在资源上比较缺乏的组织造成影响。从资源依赖理论的角度看，组织间是联系在一起的。也就是说，公司与公司之间将会因为董事长外部兼任而有更紧密的联系，形成一个社会关系网络，从而帮助公司解决资源的稀缺问题和环境不确定带来的影响。共谋理论的目的是通过共谋来抑制同行业的竞争，公司之间通过董事长外部兼任来避免激烈的竞争，从而实现共赢。此外，也可以通过兼任来达到控制市场的目的。

### 1.3.3　审计意见

注册会计师工作结束后，必须给财务报表一个集中、凝练的表达，即审计意见。审计意见的类型就像是给审计结果贴上的一个标签，这个标签必须贴得准确无误，不然会误导使用者。

根据《中国注册会计师审计准则第 1501 号——审计报告》[①] 的规定，我们对审计意见理解如下：审计意见是注册会计师根据已获取的审计证据，评价是否已对财务报表整体不存在重大错报获取合理保证；评价财务报表是否按照适用的会计准则和相关会计制度的规定编制；评价财务报表是否做出公允反映。同时，审计准则指明注册会计师应当在审计报告中清楚地表达对财务报表的意见（审计意见）。

根据《中国注册会计师审计准则第 1501 号——审计报告》《中国注册会计师审计准则第 1502 号——非标准审计报告》，审计报告的类型包括标准审计报告和非标准审计报告。带强调事项段的无保留意见的审计报告和非无保留意见的审计报告（非无保留意见的审计报告包括保留意见的审计报告、否定意见的审计报告和无法表示意见的审计报告）都属于非标准审计报告。

---

① 2006 年 2 月 15 日发布，2007 年 1 月 1 日在境内会计师事务所施行。

本书所研究的审计意见的含义遵从审计准则的表述，把审计意见分为标准审计意见与非标准审计意见。

### 1.3.4 政治关联

政治关联又称政治关系或政治联系。查阅已有文献可知，政治关联的企业有如下定义：其一，如果公司至少有一个大股东或高管有政治关联，那么该公司就被认定为政治关联公司（Chaney et al., 2007）；其二，如果公司的 CEO 有政治关联，那么该公司就被认定为政治关联公司（Fan et al.,2007）。

考虑到中国上市公司的实际情况，董事长和总经理在公司中起着至关重要的作用，因此公司中的董事长或者总经理有政治关联，即政治关联公司。借鉴已有研究的表述，政治关联的人员是指现任或前任的政府官员、人大代表或政协委员。

本书所研究的政治关联指公司的董事长或总经理是政治关联人员，其数据来源于上市公司所披露的关于董事长或总经理的背景资料。为了研究的深化，本书还将细分如下政治关联情况：董事长或总经理至少有一人有政治关联、董事长和总经理都有政治关联、董事长具有政治关联以及总经理具有政治关联。

### 1.3.5 高管变更

高级管理人员变更是企业中高管人员离任和继任行为的总称，是公司股东（委托人）对公司高管（代理人）重新选择的结果，是公司内外部治理机制对企业权力拥有者重新配置的行为，也是企业重要的战略决策行为。

一般来讲，企业中的高管变更可以分为两大类[①]：正常性变更和强制性变更。正常性变更是指由于高管个人年龄、身体健康或其他不可控的意外事故等原因造成的高管人员的离职行为，如退休、重病、死亡等，通常不是公司内外部治理机制的约束行为，也与公司的业绩无关。而强制性变更是指在公司业绩不良的情况下，由公司的内外部治理机制对公司管理控制权主体的战略调整而造成的高管人员离任和继任行为，通常是由董事会的决策、大股东的变更或者战略并购等行为造成的。强制性变更是企业试图调整战略决策以适应环境并提高公司业绩时所采取的方法，也是企业管理者激励约束机制的一部分，它是委托人即公司用终止契约作为约束经营管理层的极端手段，也是为挽救公司和提升公司业绩而实施的战略决策。

---

① 韩晓明 . 公司治理的更迭机制研究 [D]. 北京：财政部财政科学研究所，2002：44.

本书研究的高管变更是指董事长或总经理至少有一个发生变更，包括正常性变更和强制性变更。

### 1.3.6 IPO 抑价

已有的 IPO 文献大多采用首日收益率来衡量 IPO 抑价率，有未经市场收益调整和经过市场收益调整两种形式。经过市场收益调整的首日收益率计算公式如下：

$$AdjRet_i = (P_{i1} - P_{i0}) / P_{i0} - (P_{m1} - P_{m0}) / P_{m0} \qquad (1-2)$$

式中：$AdjRet_i$ 是公司 $i$ 的首日超额收益率；$P_{i1}$ 是上市首日的收盘价；$P_{i0}$ 是发行价格；$P_{m1}$ 是上市首日的市场指数；$P_{m0}$ 是 IPO 发行日的市场指数。参照陈等（2004）、迟和帕吉特（2005）及刘煜辉和熊鹏（2005）的研究，式中市场指数收益采用考虑现金红利再投资的综合日市场回报率（流通市值加权平均法）。刘煜辉和熊鹏（2005）认为，我国市场中新股发行上市时间间隔较长，如果在此期间市场条件发生了较大的变化，首日收益率就应该对市场收益做出一定的调整。

### 1.3.7 IPO 长期收益率

IPO 长期收益率主要用长期累计超额回报和买入并持有的长期超常收益率表示。本书主要采用两年期累计超额回报和买入并持有的两年期超常收益率来表示 IPO 长期收益率。其中，$CAR$ 为两年期累计超额回报，即公司上市后第 6 个交易日到第 510 个交易日的累计超额回报（Ritter,1991; Chi and Padgett,2005; Fan et al.,2007）。在累计超额回报计算过程中，本书使用的市场回报是考虑现金红利再投资的综合日市场回报率（流通市值加权平均法）。其计算公式如下：

$$CAR_i = \left[ \sum_{t=6}^{\min(510, delist)} (r_{it} - r_{mt}) \right] \qquad (1-3)$$

式中：$CAR1_i$ 是公司 $i$ 的两年期累计超额回报；$delist$ 为退市日期，如果在此期间公司退市了，那么以退市日期为准；$r_{it}$ 是公司 $i$ 在 $t$ 交易日的收益率；$r_{mt}$ 是在 $t$ 交易日的综合市场收益率。

另外，$BHAR$ 为买入并持有的两年期超常收益率，即公司上市后第 6 个交易日到第 510 个交易日的买入并持有的两年期超常收益率。其计算公式如下：

$$BHAR_i = \left[ \prod_{t=6}^{\min(510, delist)} (1+r_{it}) \right] - \left[ \prod_{t=6}^{\min(510, delist)} (1+r_{mt}) \right] \qquad (1-4)$$

式中：$BHAR_i$ 是公司 $i$ 的买入并持有的两年期超常收益率；市场回报仍然采用考虑现金红利再投资的综合日市场回报率（流通市值加权平均法）。参照里特（1991）、卡特等（1998）、迟和帕吉特（2005）以及郭泓和赵震宇（2006）的研究，本书也使用 $BHAR$ 来衡量公司上市后的市场表现。

### 1.3.8  政府定价管制

本书涉及的政府定价管制是指政府对证券市场的价格管制（市盈率管制），这一管制的主体是中国证监会。而政府对定价方式的管制又可分为实行管制和放开管制，实行管制又可分为显性管制与隐性管制，后者如"窗口指导"（朱红军、钱友文，2010）。窗口指导原则规定，原则上需遵守发行市盈率不得超过 30 倍，并且不得高于参与报价的全部机构投资者的中值与平均值和其中基金投资者报价的中值与平均值共四个价格；但 A+H 型新股发行，A 股定价不得超过 H 股市场价（严小洋，2008；朱红军、钱友文，2010；邹斌，2010）。

## 1.4  研究内容和框架

根据本书的研究目标，本书的总体框架如下。

第 1 章是前言部分。本章包括研究背景、研究目标、研究意义、概念界定、研究内容、研究框架、研究方法。

第 2 章是文献综述。本章对投资效率的度量模型、企业投资、董事长兼任等相关方面的文献进行回顾，并在已有文献的基础上，指出本书的研究方向。

第 3 章是修正投资效率模型的理论依据和实证检验。从产品市场竞争、投资者保护、金融市场发展三个方面对投资效率的影响进行理论分析，在理查森（2006）模型的基础上加入了产品市场竞争程度、法治水平、金融市场发展程度等变量，进而衡量出新的投资效率指标，并选取国内外学者运用较多的三个投资效率度量模型，即理查森（2006）的残差度量模型、边际托宾 $q$ 比率以及伍格勒模型，在对其进行调整以适应中国的市场环境和研究可行性后，分别验证其估算特定公司投资效率的有效性。同时，把理查森（2006）修正模型与原理查森（2006）模型进行比较，说明理查森（2006）修正模型能更好地衡量公司的投资效率。

第 4 章是董事长内部兼任与投资效率：大股东控制视角。本章研究了董事长内部兼任与大股东控制的交互作用对投资效率的影响。

第5章是董事长内部兼任与投资效率：地方政府控制视角。本章研究了董事长内部兼任与地方政府控制的交互作用对投资效率的影响。

第6章是董事长外部兼任与投资效率：大股东控制视角。本章研究了董事长外部兼任与大股东控制的交互作用对投资效率的影响。

第7章是董事长外部兼任与投资效率：地方政府控制视角。本章研究了董事长外部兼任与地方政府控制的交互作用对投资效率的影响。

第8章分别对公司治理如何影响高管变更以及会产生怎样的经济后果的研究成果进行了梳理和总结。

第9章研究审计意见、政治关联与高管变更。本章具体研究审计意见对高管变更的影响，并且探讨审计意见与高管变更之间的关系是否受到政治关联的影响。

第10章研究审计师选择对募资投向变更的影响，并比较不同市场化程度地区之间这种影响的差异，以检验审计师的治理作用。

第11章研究我国IPO抑价和长期收益率的影响因素。

第12章研究国有股权对IPO长期收益率的影响，并进一步研究了政府定价管制程度对国有股权与IPO长期收益率之间关系的影响。

第13章研究所得税率对公司债务结构的影响，并考察了这种影响在国有控股公司和非国有控股公司之间的差异。

第14章研究董事长和总经理两职合一、大股东控制及其交互作用对投资效率的影响。

第15章是结论、贡献、局限与展望。本章是对本书研究内容的总结，指出本书的研究贡献，对研究不足进行归纳，并对未来研究进行展望。

根据具体内容，可以把本书分为四大部分。

第一部分是研究基础部分，包括第1章和第2章。第1章是前言，第2章是文献综述。

第二部分是主体部分，包括第3～7章。这部分先从理论角度分析了投资效率模型的修正过程，实证检验了修正后的投资效率模型，然后把修正后的投资效率模型应用到研究"董事长兼任对投资效率的影响"的具体问题中。主体部分又可以分为两大部分，第3章是模型修正和检验的过程，第4～7章是模型的实际应用部分，即运用修正后的投资效率模型依次考察董事长内部兼任与大股东控制的交互作用对投资效率的影响；董事长内部兼任与地方政府控制的交互作用对投资效率的影响；董事长外部兼任与大股东控制的交互作用对投资效率的影响；董事长外部兼任与地方政府控制的交互作用对投资效率的影响。

第三部分是拓展研究部分，包括第 8 ～ 14 章。首先，第 8 章分别对公司治理如何影响高管变更以及会产生怎样的经济后果的研究成果进行了梳理和总结。其次，第 9 ～ 14 章分别实证研究了高管变更、募资投向变更、IPO 抑价、IPO 长期收益率、债务结构、投资效率等重要问题。具体来说，实证研究了审计意见对高管变更的影响，并且探讨审计意见与高管变更之间的关系是否受到政治关联的影响；审计师选择对募资投向变更的影响，并比较不同市场化程度地区之间这种影响的差异；实证研究了我国 IPO 抑价和长期收益率的影响因素；国有股权对 IPO 长期收益率的影响，并且进一步研究了政府定价管制程度对国有股权与 IPO 长期收益率之间关系的影响；实证研究了所得税率对公司债务结构的影响，并考察了这种影响在国有控股公司和非国有控股公司之间的差异；实证研究了总经理和董事长两职合一、大股东控制及其交互作用对投资效率的影响。

第四部分是结论部分，即第 15 章，这部分是对本书研究内容的总结。

## 1.5　研　究　方　法

本书应用会计学、财务管理学、行为金融学、计量经济学、统计学等理论，借鉴国内外最新研究成果，努力在理论研究和实际应用方面有所创新。本书在写作过程中采用了规范研究结合实证研究和定性分析结合定量分析的方法。采用的规范研究方法包括归纳 – 演绎、比较研究、文献研究等，采用的实证研究方法则包括描述性统计分析、相关系数分析、多元回归分析等。同时，论文针对每个部分的不同特点采用了不同的研究方法，具体如下。

第 2 章和第 8 章通过收集大量的文献资料，对以投资效率度量模型、企业投资、董事长兼任、高管变更等公司治理方面的文献进行观点提炼和总结，根据已有文献分析本书可能的研究方向；第 3 章从理论上分析公司外部环境对投资效率的影响，并对修正投资效率模型进行研究设计；提出修正投资效率模型，并对修正后的投资效率模型进行度量；第 4 ～ 7 章、第 9 ～ 14 章是论文的主要实证部分，主要采用计量分析手段，选择合适的样本，构建回归模型进行统计分析。所涉及的统计方法包括描述性统计分析、相关系数分析、均值 $t$ 检验、非参数检验、OLS 回归、Logistic 回归、Cluster 回归、"系鞋带法"（Bootstrap）回归等。此外，为了消除变量之间的内生性问题，还采用了联立方程模型等。

# 1.6 主要结论

本书通过研究，主要得到以下结论。

本书发现，理查森（2006）修正模型能更好地衡量公司的投资效率，以其测算出的投资效率越好，公司下一年的股票回报率越高，表明理查森（2006）修正模型得到的非效率投资程度数据符合市场规律和理论预期。然而，以边际托宾比率 $q$ 和伍格勒模型得到的非效率投资程度数据不能有效地反映股票回报率，因此采用这两种方法得到的非效率投资程度数据是基本无效的。

本书发现，董事长内部兼任的公司的投资效率显著低于不存在董事长内部兼任的公司；大股东控制并不总是降低投资效率，只有在董事长与总经理两职合一的公司中才会出现大股东控制降低投资效率的问题，而在董事长与总经理两职分离的公司中，大股东控制能提高投资效率。具体而言，在股权集中度较低的公司中，董事长内部兼任没有显著影响投资效率；相对于股权集中度较低的公司来说，股权集中度较高的公司的董事长内部兼任更能降低公司的投资效率。在不存在董事长内部兼任的公司中，第一大股东持股比例越高，投资效率越高；相对于不存在董事长内部兼任的公司来说，董事长内部兼任的公司的第一大股东持股比例更易造成非效率投资。董事长内部兼任的公司的第一大股东持股比例与非效率投资显著正相关；股权集中度较高的公司的董事长内部兼任与非效率投资显著正相关。

本书发现，地方政府控制并不总是降低投资效率，只有在董事长与总经理两职合一的公司中，才会出现地方政府控制降低投资效率的问题。具体而言，在中央政府控制的国有企业中，董事长内部兼任没有显著影响投资效率，当国有企业的产权主体为地方政府时，董事长内部兼任会对投资效率产生负面影响；在不存在董事长内部兼任的公司中，地方政府控制与投资效率不存在显著相关性，当董事长内部兼任时，地方政府控制则会降低投资效率；相对于不存在董事长内部兼任的公司来说，地方政府控制的董事长内部兼任的国有企业，其投资效率更低；相对于中央政府控制的国有企业来说，董事长内部兼任的地方政府控制的国有企业，其投资效率更低。这表明当国有企业的产权主体为地方政府时，董事长内部兼任会对投资效率产生负面影响。

本书发现，董事长外部兼任的公司的投资效率显著高于不存在董事长外部兼任的公司；大股东控制并不总是降低投资效率，在董事长外部兼任的公司中，大股东控制反而提高了投资效率。具体而言，在董事长不存在外部兼任的公司中，第一大股东持股比例没有显著影响投资效率；相对于董事长不存在外部兼任的公司来说，董事长外部兼任的公司的第一大股东持股比例能够提高投资效率；相对于股权集中度较低的公司来说，股权集中度较高的公司的董事长外部兼任能够提高投资效率；董事长外部兼任公司的第一大股东持股比例与非效率投资显著负相关；股权集中度较高的公司的董事长外部兼任与非效率投资显著负相关。

本书发现，董事长外部兼任和投资效率的两者关系受政府干预的影响。具体而言，对于地方政府控制的国有企业来说，董事长外部兼任与投资效率的负相关关系会减弱；当国有企业的产权主体为中央政府时，董事长外部兼任会提高投资效率。当董事长不存在外部兼任时，地方政府控制会降低投资效率；当董事长存在外部兼任时，地方政府控制不会显著影响投资效率。

本书发现，国有股权比例、公司成长性与IPO抑价率显著正相关，发行管制、内部职工持股比例与IPO抑价率显著负相关。同时，本书以多种方法衡量IPO长期收益率，均发现IPO抑价率与IPO长期收益率显著负相关，公司未来现金流风险与IPO长期收益率显著正相关。国有股权比例越高，IPO长期收益率越低；相对于政府定价管制程度较低的公司来说，国有股权降低了政府定价管制程度较高的公司的IPO长期收益率。

本书发现，税率越高，公司有息债务占总负债的比例就越高，并且这种关系在国有控股的公司中更加明显；税率越高，公司有息债务中长期债务的比例就越高，并且这种关系在非国有控股的公司中更加明显。

# 第2章 文献综述

## 2.1 投资效率的度量

在这节中，笔者回顾了已有投资效率度量模型，主要包括托宾 $q$ 分析法、FHP（1988）的投资 – 现金流敏感性模型、沃格特（1994）的现金流与投资机会交互项判别模型、霍瓦基米安和蒂特曼（2006）的预期投资模型、理查森（2006）的残差度量模型和比德尔等（2009）的残差度量模型等，并对已有模型进行简要评价，指出其不足，说明理查森（2006）残差度量模型修正的必要性。

### 2.1.1 托宾 $q$ 分析法

托宾 $q$ 用公司现有资本的市场价值与其重置成本之比来表示。早期研究大多采用托宾 $q$ 来分析公司的投资效率。当公司的托宾 $q$ 大于 1 时，会追加投资直至托宾 $q$ 等于 1；当托宾 $q$ 小于 1 时，则说明公司存在过度投资。托宾 $q$ 比率最大优点在于公司投资产生的未来利润的折现值可以直接通过其市场价值来衡量。但是，这种区分过度投资和投资不足的方法存在很大的局限性，因为投资机会是边际量的概念，如果托宾 $q$ 和边际 $q$ 的等价条件无法满足，那么只有边际 $q$ 才能真正解释公司的投资行为。然而，托宾 $q$ 易于衡量，边际 $q$ 则往往难以量化。

### 2.1.2 FHP（1988）的投资 – 现金流敏感性模型

当企业存在外部融资约束时，可能会难以取得足够的资金投资净现值（ $NPV$ ）大于 0 的项目，即产生投资不足。FHP（Fazzari et al., 1988）最早研究了公司投资 – 现金流敏感性与融资约束程度之间的关系。FHP（1988）按照股息支付率将样本分为"低股息支付率组""中股息支付率组"和"高股息支付率组"，根据模型（2-1），依次估算出各分组的投资 – 现金流敏感系数。

$$(I/K)_{it} = f(X/K)_{it} + g(CF/K)_{it} + \mu_{it} \qquad (2-1)$$

上述模型中，$I/K$ 表示企业投资规模，$f(X/K)$ 为以托宾 $q$ 表示的投资机会，$g(CF/K)$ 指内部现金流量。研究发现，当投资机会不会对投资产生影响时，高股息支付率组的系数最小，中股息支付率组的系数次之，低股息支付率组的敏感系数最大；股息支付率越高的公司，其融资约束程度越大，表现出更高的投资 – 现金流敏感性。然而，卡普兰和金格莱斯（1997）指出，融资约束与公司投资 – 现金流敏感性是负相关关系，这一结论与 FHP（1988）的研究结论相反。后来，有学者从企业养老基金计划、有形资产、金融发展等视角研究了融资约束与投资 – 现金流敏感性之间的关系，但仍没有得到一致的结论（Rauh，2006；Almeida and Campello，2007；沈红波等，2010）。

由于投资 – 现金流敏感性并不必然随着融资约束程度单调增加以及托宾 $q$ 存在衡量偏误，投资 – 现金流敏感性并不能准确地衡量企业融资约束（张功富、宋献中，2009）。并且，中国和西方市场经济存在较大差异，对中国数据进行研究，采用托宾 $q$ 替代边际 $q$ 计量出来的偏误会更大。

### 2.1.3　沃格特（1994）的现金流与投资机会交互项判别模型

使用 FHP（1988）模型不能有效解释投资与现金流敏感性两者的关系，沃格特（1994）在 FHP（1988）的基础上加入了内部现金流与托宾 $q$ 的交互项，构建了模型（2-2）。

$$I/K = C + CF/K + CF_0/K + q + S/K + q \times CF/K + \mu \qquad (2-2)$$

式中：$I$ 为期末固定资产原值与期初固定资产原值之差；$K$ 为期初固定资产原值；$CF$ 为内部现金流量；$CF_0$ 为时滞变量；$q$ 为期初托宾 $q$；$S$ 为销售收入；$q \times CF/K$ 为 $q$ 与 $CF/K$ 的交互项。运行模型估计出 $q \times CF/K$ 的系数，根据其系数的正负号来判断是投资不足还是过度投资。若系数是正号，则为投资不足；若系数是负号，则为过度投资。因为如果公司存在较多投资机会（托宾 $q$ 增加），投资 – 现金流敏感性增加，说明投资依赖内部现金流，可能外部融资成本过高，则可能存在投资不足；而对于低投资机会的公司（托宾 $q$ 减少）来说，投资 – 现金流系数为正，说明只存在有限的机会，而经理依然还扩大投资，则可能存在过度投资。

何金耿和丁加华（2001）以及梅丹（2005）在研究我国上市公司投资行为时采用了沃格特模型，在计算投资机会时采用托宾 $q$ 值，但托宾 $q$ 存在误差，因而使投资 – 现金流敏感性动因的验证结果减弱。

### 2.1.4　霍瓦基米安和蒂特曼（2006）的预期投资模型

沃格特（1994）虽然将公司区分为过度投资与投资不足，但没有对其进行量化。因此，霍瓦基米安和蒂特曼（2006）在沃格特（1994）的基础上，创建了预期投资模型（2–3），对投资过度和投资不足的程度进行了量化。

$$Investment_{it} =f(growth\ oppt,\ liquidity,\ assets\ sales,\ control\ variables)+ \varepsilon_{it} \quad (2-3)$$

式中：$Investment$ 表示投资规模；$growth\ oppt$ 为成长机会，分别用托宾 $q$ 和市场 – 账面价值比来表示；$liquidity$ 为内部现金流；$assets\ sales$ 为资产销售额；$control\ variables$ 包括财务宽松度、资产负债率、短期借款占总资产之比、长期借款占总资产之比以及偿付利息能力比率等控制变量。他们首先用上述模型（2–3）进行横截面回归，将拟合值作为公司的理想投资水平；其次用公司的实际投资水平与理想投资水平之差来度量非效率投资。这种方法对过度投资和投资不足的程度进行了量化，是投资行为研究的一大进步。但是，该模型对预期投资水平的估计仅考虑了成长机会、内部现金流、资产销售额等变量，并没有充分考虑其他影响投资水平的因素，这是其局限性所在。

### 2.1.5　理查森（2006）的残差度量模型

理查森（2006）通过模型（2–4）的残差来度量公司的投资效率。

$$Invest_{it}=\beta_0+\beta_1 Growth_{it-1}+\beta_2 Lev_{it-1}+\beta_3 Cash_{it-1}+\beta_4 Age_{it-1}$$
$$+\beta_5 Size_{it-1}+\beta_6 Returns_{it-1}+\beta_7 Invest_{it-1}+\xi \quad (2-4)$$

2006 年，理查森在期刊 $Review\ of\ Accounting\ Studies$ 上发表了一篇文章，认为 FHP（1988）和沃格特（1994）两个模型无法量化具体某一公司 – 年度的非效率投资程度，因此提出用模型（2–4）的残差来衡量公司的投资效率情况。在模型（2–4）中，$Invest$ 为新增投资，$Growth$ 为投资机会变量，$Lev$ 为资产负债率，$Cash$ 为现金存量，$Age$ 为企业成立年数，$Size$ 为企业规模，$Return$ 表示个股年度回报，$Invest_{it-1}$ 为滞后一期的因变量。理查森（2006）的研究表明，投资（$Invest$）与投资机会（$Growth$）、资产负债率（$Lev$）、企业成立年数（$Age$）负相关，而与现金存量（$Cash$）、公司规模（$Size$）、个股年度回报（$Return$）和滞后一期的投资（$Invest_{it-1}$）正相关。

理查森在衡量投资效率时进行了改进，但笔者认为通过模型（2–4）估计出的投资效率值不是最优的，原因是模型（2–4）只从公司内部特征（投资机会、资产负债率、现金存量、企业成立年数、企业规模等）来考虑投资效率。上市公司的委托人和代理人之间存在利益冲突，而良好的公司治理可以减少委托代理问题和信息不对称问题。公司治理是企业内部机制和外部治理环境的总称，这种制度安排可以缓解委托人和代理人两者的矛盾。如果对代理成本问题和公司治理两者之间的关系进行研究，那么研究公司治理将会变得更加有意义，而且会更加丰富。一般来说，公司的治理因素包括内部治理因素和外部治理环境（如产品市场竞争、投资者保护、金融发展）。在良好的外部治理环境下，内部治理因素的作用才会得到有效发挥。因此，在衡量投资效率的同时，要考虑公司外部治理环境的影响。另外，理查森是使用国外数据得到的模型，中国上市公司在运用理查森（2006）来衡量投资效率时，应该先对其进行修正，然后再应用。

### 2.1.6 比德尔等（2009）的残差度量模型

比德尔等（2009）使用模型（2-5）分年度、分行业来估计公司的投资效率。

$$Invest_t=\beta_0+\beta_1 Growth\ Opportunities +\xi \tag{2-5}$$

式中：$Invest$ 为衡量新增投资，$Invest=$（资本支出 + 并购支出 – 出售长期资产收入 – 折旧）/ 总资产；$Growth\ Opportunities$ 为衡量投资机会，使用上期营业收入的增长来衡量。然而，只在理想的环境中，公司投资才会只由投资机会决定。

## 2.2 股权结构与企业投资的文献回顾

已有研究主要是基于委托代理理论（Jensen and Meckling, 1976；黄福广等, 2005），得出股权结构通过影响公司投资行为来影响公司价值。由此可知，股权结构会影响公司的治理效果。股权结构从广义上讲包括股权集中度和股权性质，所以对股权结构和企业投资的文献回顾将分别从股权集中度和股权性质两方面展开，而且第一大股东持股比例可以反映股权集中度的情况，实际控制人类型可以反映股权性质的情况。因此，后续的研究将分别从"大股东控制视角"和"地方政府控制视角"来考察股权集中度与投资效率两者关系的变化。

### 2.2.1 股权集中度与企业投资的文献回顾

股权集中度和投资效率两者的关系是怎样的？从本质上说，这个问题是委托代理的问题。但是，不同的股权集中度表现出的代理问题将会不同。分散的股权结构之下,是所有者和管理者之间的矛盾。适当的股权集中度可以改善对管理者监督不到位的问题,但是当股权越来越集中,达到一个股东就能控制整个企业的时候,大股东和小股东之间的矛盾就会变得越来越突出。在公司中,如果大股东没有绝对的控制权,且受其他股东的制衡和监督,那么在进行投资决策时,大股东不会和管理者合谋。同时,公司绩效的改善可以使其获得更多的监督收益,因此大股东有动力去监督管理者。这就是股权集中度监督效应的体现。因为监管效应的存在,大股东对管理者的监督会更加积极,从而有效遏制了管理者因为自利动机而产生的非效率投资行为。但是,如果大股东在公司中拥有绝对的控制权,其他股东对大股东的监督作用变弱,那么大股东将会有动机去寻找管理者,与管理者合谋,使中、小股东的利益受到侵害。公司自由现金流越充沛,非效率投资的问题就会越严重。

股权集中度不同,控股股东和各行为主体的关系就会不同,在投资决策中也会体现出不同的作用。

1.基于第一类代理问题下的股权集中度对企业投资的影响研究

詹森和麦克森(1976)开创性地研究了分散型股权结构对企业投融资决策和公司价值的影响以后,较多的国内外文献研究了分散型股权结构下的股东与经理之间的代理冲突的表现及其经济后果。在分散型股权结构下,股东的"搭便车"问题比较严重,从而使管理者受到的监督约束作用较弱。非效率投资就是经理与股东的代理冲突在投资行为上的体现。如果不以股东价值最大化为目标,而只是从经理层的自利行为出发来考虑投资项目,就容易出现投资不足或投资过度的问题。代理冲突的根源在于经理层构建商业帝国、建立良好的声誉和维护职业安全等方面。

詹森(1993)认为,管理者为了商业帝国的构建,倾向投资可以为其带来私人收益的投资项目,从而进行过度投资。贝克(2000)认为,对于已经投资但是经营业绩不好的项目,管理者还是会选择继续维系,而不是选择退出或者清算。如果管理者选择退出或者清算,说明管理者投资失败,会影响管理者的声誉。出于职业安全的考虑,管理者有可能投资过度,也有可能投资不足。

从以上文献可以看出,在股权结构较分散的企业,如果存在大股东控制,将会有利于缓解委托人和代理人两者之间的矛盾,从而遏制管理者自利行为下非效率投资行为(Shleifer and Vishny,1986)。已有的一些研究就是按照这样的思路展开的。

庞德(1988)通过案例来研究大股东的投资效率,案例是1981—1985年美国上市公司发生的100次大的代理权争夺案。研究得出,大股东会选择自己觉得合适的管理者来管理公司，并监督管理者的活动，以此来保证股东价值最大化，达到抑制过度投资的问题。德弗罗和申塔雷利（1990）指出，在分散的股权结构中，管理者受到的监督和约束较少，委托人和代理人的矛盾更加突出，从而导致非效率投资的发生。

2. 基于第二类代理问题的股权集中度对企业投资的影响研究

随着大股东持股比例的提高，所有者与管理者之间的矛盾有所缓解，大小股东之间的矛盾加剧。当大股东的持股比例超过阈值时，大股东将会对公司有实际的控制力，可能会为了获得私有收益而进行非效率投资，从而损害小股东的利益，这就是"堑壕效应"。

查森斯等（2000）认为，公司的过度投资或者投资不足是因为在大股东控制的公司中，控制权私有收益的存在。戴克和金格莱斯（2004）研究发现，股权越集中，控股股东越是会通过控制资源来开展有利于自身利益的投资活动，从而导致非效率投资的发生。

刘朝晖（2002）的研究表明，上市公司的投资过度或者投资不足是因为控股股东采用关联交易等手段来获取私有利益。何源等（2007）认为，在股权集中的公司中，大股东控制会降低代理成本，但大股东也会为了获取额外收益而产生非效率投资，主要表现为投资过度。

### 2.2.2　股权性质与企业投资的文献回顾

股权性质不同的公司，其代理问题产生的原因和解决的措施也不相同。因此，不同股权性质对公司的投资决策和公司业绩的影响也会不同。另外，中国的企业具有多样化的股权性质，对不同股权性质下投资行为的研究具有重要的现实意义。

戈尔根和仁奉（2001）研究了股权结构对投资现金流敏感性的影响。研究表明，如果控股股东为企业，则会出现过度投资的现象，并且控股股东持股比例越高，过度投资程度越高；如果控股股东为机构投资者，股权性质和投资现金流两者的相关性将降低，甚至可能导致投资不足。杰达洛维等（2003）以1996—1998年日本247家制造公司为样本，研究股权结构与企业投资、股权结构与企业业绩之间的关系，得出如下结论：金融机构持股比例和投资水平是正相关关系，外资股权、内部投资者股权均和投资水平是负相关关系，但没有发现投资基金、养老信托基金与投资水平之间存在的显著相关性。

黄福广等（2005）以我国1998—2002年的A股上市公司为样本，研究了股权结构与投资决策两者之间的关系。研究表明，国有企业有过度投资的倾向，而非国有企业的过度投资行为能够被有效控制，但在一定程度上存在投资不足。研究表明，在国有企业中所有者是缺位的，股东对经理的监控不够、银行贷款的"软约束"导致了明显的过度投资行为；对于非国有企业来说，因为非国有股东对经济利益的追求，对管理者的机会主义行为将实行更加严格的监管，从而降低过度投资，但由于非国有企业受到银行贷款方面"硬约束"的影响，可能会出现投资不足。支晓强和童盼（2007）以 1999—2004 年我国 A 股上市公司的数据为研究对象，研究公司内部现金流和投资行为两者之间的关系是如何受管理者业绩报酬敏感性影响的。研究表明，在国有企业中，随着业绩报酬敏感度的增强，投资现金流敏感度先增强后减弱，而在非国有企业中，随着业绩报酬敏感度的增强，投资现金流敏感度先减弱后增强。这说明控股股东的所有权性质会影响管理层业绩报酬敏感度和投资现金流敏感度两者之间的关系，即在国有企业中，投资现金流敏感性受信息不对称的影响，而在非国有企业中，投资现金流敏感性受自由现金流的影响。刘星等（2014）研究认为，国有企业和非国有企业都有较高的投资 - 现金敏感性，但表现出的投资行为不一样，国有企业存在过度投资的问题，而非国有企业存在投资不足的问题。

国有企业依据不同的终极控制人性质，可以分为中央政府控制的国有企业和地方政府控制的国有企业。国有产权的实际持有和行使主体不同使国有企业的项目投资决策不同。地方政府控制的国有企业比中央政府控制的国有企业有更强的自利动机，出现了更严重的过度投资问题。

张翼和李辰（2005）的研究表明，投资过度的问题在地方政府控制的国有企业或者一般国有企业中较为突出。辛清泉等（2007）从产权性质角度考察了经理薪酬和投资效率之间的关系，认为在中央政府控制的国有企业和私有产权的企业中，经理薪酬契约的失效不会引起非效率投资。安灵等（2008）的研究表明，不同所有权性质对非效率投资行为和股权制衡效果具有显著的影响，地方政府控制的上市公司过度投资问题比中央政府控制的上市公司严重。

## 2.3　董事长兼任的文献回顾

公司所有权和控制权的分离使委托人和代理人产生冲突。基于委托代理理论，关于董事长内部兼任对组织效率的研究一直未有定论。基于资源依赖理论，从社会网络视角研究公司财务和治理的研究刚刚起步。格兰诺维特

（1985）认为，作为董事会的领导者，董事长处于社会网络之中，社会网络会影响董事长在董事会治理中的作用。此外，我国存在董事长内部兼任和董事长外部兼任的实际情况。因此，本书把董事长兼任分为董事长内部兼任和董事长外部兼任。综上所述，在董事长兼任文献回顾部分将分别回顾董事长内部兼任和董事长外部兼任的相关文献。

### 2.3.1　董事长内部兼任的文献回顾

董事长内部兼任的已有文献主要研究的是董事长内部兼任与组织效率的关系，而且是基于两种理论展开研究的：一是代理理论，二是管家理论。从代理理论的角度看，代理人具有自利行为，为了避免管理者出现"逆向选择"和"败德行为"，需要分离公司的决策制定权与控制权。董事长在公司内部兼任总经理的职务将会损害组织效率（Fizel and Louie，1990）。从管家理论的角度看，公司需要统一的命令、清晰的权威和强有力的领导（Mintzberg and Waters，1982）。因此，公司的决策制定权和控制权应该合一，董事长在公司内部兼任总经理的职务有助于提高组织效率。董事长是否应该兼任总经理职务，以及董事长内部兼任对组织效率将会有怎样的影响，在理论上暂时没有一致的看法。

已有的国内外研究董事长内部兼任与组织效率关系的文献有以下几种观点。一些文献认为董事长内部兼任有助于提高组织效率。辛普森和格里森（1999）的研究指出，董事长内部兼任可以降低企业陷入财务困境的概率；博伊德（1995）、里达森和马辛克（1997）以及彭等（2007）的研究都表明，董事长内部兼任可以提高公司价值；谭等（2001）指出，在企业处于资源匮乏的情况下，董事长内部兼任的积极作用会得到显现。李健和李晏墅（2013）认为董事长内部兼任的公司，管理者会以"管家"身份管理公司，从而提高公司绩效。

另有一些文献认为董事长内部兼任不利于提高组织效率。雷希纳和道尔顿（1991）的研究指出，董事长内部兼任使公司业绩下降；詹森（1993）支持董事长与总经理的职务分离，其研究表明，在规模大的公司中，管理层越容易获得私人收益和社会地位，因此董事长不能兼任总经理的职务，这样会使代理人的行为受到监督；皮和蒂姆（1993）表明，董事长和总经理两职分离有助于提高公司绩效；戴利和道尔顿（1994）表明，董事长内部兼任使公司破产的概率上升。高雷和宋顺林（2007）指出，董事长内部兼任的公司，其公司透明度会降低，从而影响公司治理因素的作用发挥；刘行和叶康涛（2013）将董事长内部兼任作为控制变量进行研究，研究结果表明董事长内部兼任会降低投资效率。

同时，查甘蒂等（1985）对董事长内部兼任和企业业绩两者关系进行研究，发现两者并不存在显著的关系；法雷耶（2007）研究认为，在组织结构复杂的企业，董事长内部兼任与企业业绩正相关，在组织结构简单的企业，董事长内部兼任与企业业绩负相关。刘慧龙等（2014）没有发现董事长内部兼任与投资效率之间存在显著关系。

通过对已有文献的回顾可以发现，关于董事长内部兼任与组织效率两者关系的研究尚未有一致的结论。有的文献表明董事长内部兼任有助于提高组织效率，有的文献指出董事长内部兼任不利于提高组织效率，也有文献得出董事长内部兼任与组织效率两者无显著关系。投资效率是组织效率的重要体现，从决策权配置的影响机理来考察董事长内部兼任和投资效率两者关系的文献暂不多见，一般只是把董事长内部兼任作为回归模型的控制变量进行研究。

### 2.3.2　董事长外部兼任的文献回顾

关于董事长外部兼任，有两种主要理论：一种是资源依赖理论，另一种是共谋理论。资源依赖理论认为，存在着的组织如果想维持生存，需要从环境中获取资源。但由于环境的不确定和资源的缺乏，组织为了保障自身利益，会去追求更多的资源，以此来降低外部环境对组织的影响。外部资源不是无限的，不能满足全部的人和存在的组织，因此那些可以获得更多资源的组织会占有优势和主动性，并会对那些在资源上比较缺乏的组织产生影响。从资源依赖理论的角度看，各个组织是联系在一起的。公司与公司之间将会因为董事长的外部兼任而产生更紧密的联系，形成一个社会关系网络，帮助公司解决资源的稀缺问题，削弱环境不确定带来的影响。共谋理论的目的是通过共谋来抑制同行业的竞争，公司间通过董事长外部兼任来避免激烈的竞争，从而实现共赢，也可以通过兼任来达到控制市场的目的。

尚未有文献涉及董事长外部兼任对投资效率的影响。已有文献主要是基于资源依赖理论和共谋理论，通过对连锁董事的研究来判断董事会在公司治理中的作用。因此，在这部分文献回顾中，主要回顾的是连锁董事与企业资本配置效率、连锁董事与企业绩效以及连锁董事与企业行为几方面的文献。

1. 连锁董事与企业资本配置效率方面的文献

普特曼（2003）研究指出，连锁董事形成的网络中心会影响企业的多元化投资行为，使企业获得更多关于投资方面的信息。叶尔马克（2004）指出，连锁董事所处的网络中心度越高，其受到的认可度和声誉越高，越有动力监督经理人的行为。奥菲瑟（2011）、哈克哈特和毛尔（2012）指出，连锁董事可能参与过类似的投资决策，或者和其他董事交流过类似的投资经验，从而更加了解投资项目的优势和投资风险。勒纳等（2011）认为，连锁董事的知识结构不同于经理人，对经理人的投资项目的可行性将会有更加全面的认识，从而对投资决策产生一定的影响。陈运森和谢德仁（2011）研究发现，独立董事的网络中心度越高，越能发挥其治理效果，企业的投资效率越高。

2. 连锁董事与企业绩效方面的文献

有大量文献研究连锁董事和公司绩效两者的关系，又因为连锁董事是一种监督机制和资源共享机制，所以大部分文献都是通过研究连锁董事网络来检验公司治理机制的有效性的，即连锁董事是否会使公司绩效得到提升。彭宁斯（1980）研究表明，连锁董事会提高公司绩效。弗莱格斯坦和布兰特利（1992）则指出连锁董事会降低公司绩效。理查森（1987）指出，在一定条件下，企业的连锁董事会使公司绩效得到提升。郑熙等（2003）以法国企业为样本进行研究，表明连锁董事与公司绩效正相关。菲齐和史弗达萨尼（2006）以美国500家公司为样本进行研究，认为连锁董事使企业监督无法有效实施，使公司治理恶化，最后影响到公司价值。李等（2013）使用中国的数据进行研究，认为连锁董事的网络中心度越高，其公司绩效越好，而这两种关系在非国有企业中表现得更加显著。任兵等（2007）研究认为，连锁董事使公司治理失效，处于更加中心的连锁董事公司网络中，其公司绩效越差。刘涛和朱敏（2009）研究指出，对于处于网络中心位置的连锁董事网来说，环境的动态性越高，其公司绩效越低。田高良等（2011）的研究表明，连锁董事与资产收益的变动正相关，对公司价值也有正向的影响。谢德仁和陈运森（2012）研究指出，连锁董事可以解决企业面临的资源稀缺问题和环境的不确定性问题，所以连锁董事对企业绩效是正向的影响。曲亮和任国良（2014）把连锁董事形成的关系网络进行"质"与"量"的区分，指出连锁董事"质"的中心度和公司绩效是正相关关系，而连锁董事"量"的中心度和公司绩效是负相关关系。

3. 连锁董事与企业行为方面的文献

在研究连锁董事与企业行为的文献中，主要运用了信息理论和模仿理论。连锁董事在企业相互模仿过程中起着很重要的作用，当某一企业的经理兼任另一企业的董事时，他会面对该企业的经营决策和战略决策，那么相连锁的企业其公司行为自然会成为被模仿的对象（Haunschild，1993）。另外，连锁董事在信息传递上也起到至关重要的作用。连锁董事使公司之间形成紧密联系，互相之间传递着第一手信息，为企业的决策提供了非常有价值的参考。乌瑟姆（1984）对美国和英国129位高管进行访谈，访谈的结果支持了信息理论。帕尔默等（1993）研究指出，连锁企业对公司采取事业部组织形式有很大影响。奥莱利等（1988）研究得出，CEO 的报酬与其在外部兼任的报酬呈正相关的关系。刘冰等（2011）研究表明，连锁董事的网络位置在冗余资源和多元化战略两者的关系中起到调节作用。汪要文（2012）研究发现，连锁董事会影响会计师事务所的选择。

## 2.4 对现有研究的简要评价

本章对已有的投资效率度量模型、企业投资、董事长兼任等方面的文献进行回顾，并对现有研究进行简要评价。

已有投资效率度量模型包括托宾 $q$ 分析法、FHP（1988）的投资－现金流敏感性模型、沃格特（1994）的现金流与投资机会交互项判别模型、霍瓦基米安和蒂特曼（2006）的预期投资模型、理查森（2006）的残差度量模型和比德尔等（2009）的残差度量模型等。其中，理查森（2006）的残差度量模型使用频率最高。已有的投资效率模型存在一些不足。例如，理查森（2006）在衡量投资效率方面进行了改进，但我们认为通过此模型估计出的投资效率值不是最优的值，原因是此模型只从公司内部特征来考虑投资效率。委托人和代理人两者存在矛盾时，良好的外部环境可以减少委托代理问题和信息不对称问题，因此在衡量投资效率的时候，需要考虑公司外部治理环境的影响。另外，理查森（2006）模型是根据国外数据得到的模型，中国上市公司运用理查森（2006）模型来衡量投资效率时，应该先对其进行修正，然后再应用。在接下来的第 3 章将对理查森（2006）模型进行修正，并检验其有效性，以说明理查森（2006）修正模型能更好地衡量公司的投资效率，可以用于研究"董事长兼任对投资效率的影响"这一实际问题。

通过对董事长内部兼任相关文献的回顾可知，在董事长内部兼任的文献中，主要通过代理理论和管家理论来研究董事长内部兼任与组织效率的关系，但关于董事长内部兼任与组织效率两者关系的文献中，尚未有一致的研究结论。有的文献表明董事长内部兼任有助于提高组织效率，有的文献指出董事长内部兼任不利于提高组织效率，也有文献指出董事长内部兼任与组织效率两者无显著关系。投资效率是组织效率的重要体现，从决策权配置的影响机理来考察董事长内部兼任和投资效率两者关系的文献暂不多见，一般只是把董事长内部兼任作为回归模型的控制变量进行研究。因此，本书将从决策权配置的角度来检验董事长内部兼任与投资效率两者的关系。

通过对董事长外部兼任相关文献的回顾可知，尚未有文献涉及董事长外部兼任对投资效率的影响。已有文献在资源依赖理论和共谋理论等基础上，通过对连锁董事的研究来判断董事和董事会是否具有治理作用。已有文献主要研究连锁董事与企业资本配置效率、连锁董事与企业绩效以及连锁董事与企业行为等方面，且从社会网络视角开展的对公司财务和治理的研究刚刚起步。因此，本书将从社会网络视角来检验董事长外部兼任与投资效率两者的关系。

通过对股权结构与企业投资方面的文献回顾可知，股权性质不同的公司，其代理问题产生的原因和解决的措施也不相同。因此，不同股权性质的公司，其高管所做的投资决策也会不同。另外，在中国，企业具有多样化的股权性质，因此对不同股权性质下投资行为的研究具有重要的现实意义。不同的股权集中度，控股股东和各行为主体的关系将会不同，在投资决策中也会体现出不同的作用，而且第一大股东持股比例可以反映股权集中度的情况，实际控制人类型可以反映股权性质的情况。综上所述，在研究董事长内外部兼任对投资效率的影响时，分别从大股东控制视角和地方政府控制视角来考察，是具有理论意义和现实意义的。

在已有文献的基础上，本书对第4～7章董事长兼任与投资效率两者关系进行研究，并分别从大股东控制视角和地方政府控制视角来考察以上两者的关系。第4～7章对"董事长兼任对投资效率的影响"的研究丰富了董事会治理作用方面的研究，深化了董事长内部兼任与投资效率方面的研究，不仅初次从理论角度进行分析，通过实证方法检验了董事长外部兼任与投资效率两者的关系，还丰富了大股东控制与地方政府控制的经济后果方面的研究。同时，从实际问题上检验了理查森（2006）修正模型的有效性和在中国的适用性。

# 第 3 章　修正投资效率模型：理论依据与实证检验

国内学者主要通过研究投资－现金流敏感性的影响动因来推断公司的投资行为是投资过度或是投资不足（郑江淮等，2001），或者借鉴理查森（2006）、比德尔等（2009）的残差度量模型来对投资效率进行度量（申慧慧等，2012）。不过，由于使用的方法存在不足之处，已有研究衡量出的投资效率数据的准确性有待进一步验证。本书在研究"董事长兼任对投资效率的影响"时，需要衡量投资效率是投资不足还是投资过度。因此，本书在借鉴理查森（2006）度量模型的优点、克服其不足的基础上，提出新的度量投资效率的方法，以更加有效地衡量公司的投资效率。

第 2 章中已经介绍了理查森（2006）模型及其存在的不足。本章将对其进行修正，并对修正后的模型进行有效性的检验。具体而言，首先在理查森（2006）模型的基础上加入产品市场竞争程度、法治水平、金融市场发展程度等变量对其进行修正。其次，选取国内外学者运用较多的三个投资效率度量模型进行调整，在适应中国的市场环境和研究可行性后，分别验证其估算特定公司投资效率的有效性。再次，通过比较理查森（2006）原模型、理查森（2006）修正模型、边际托宾 $q$ 比率和伍格勒模型这几个模型的实证结果，说明理查森（2006）修正模型能更好地衡量公司的投资效率，从而肯定理查森（2006）修正模型的有效性以及其在中国的适用性。

## 3.1　产品市场竞争对投资效率的影响

产业组织理论研究市场在不完全竞争条件下企业行为和市场结构的关系，认为企业的市场行为会受市场结构的影响。从公司财务理论看，代理冲突主要是因为信息不对称或激励不足。为了监督和激励代理人，使委托人和代理人的利益尽量一致，可以通过公司外部治理机制来调节，如产品市场竞争。产品市场竞争越激烈，管理层经营失败的风险和失去职位的风险越高，从而会减少败德行为，提高经营效率。激烈的产品市场竞争还有一个好处，即可以显示管理者在经营方面的能力，从而降低委托人与代理人两者的信息不对称。所以，产品市场竞争可以使管理者和所有者的目标趋于一致，降低代理成本，提高投资效率。

激烈的产品市场竞争会提高管理者的努力程度。在高度竞争的行业中，管理者如果投资净现值（NPV）小于零的项目，就会降低公司的市场竞争力，随之公司业绩就会变差，可能会出现兼并重组或者破产清算，甚至退出这个行业。所以，产品市场竞争越激烈，管理层越会慎重地选择投资项目。因为投资NPV为负的项目，不仅会影响管理层的声誉，还会降低他们的收入，甚至会让他们失业。格鲁隆和麦可（2002）指出，在竞争激烈的行业中，公司如果有较充裕的自由现金流，管理者会选择发放股利，放弃把资金投资于NPV为负的项目中。从另外的角度考虑，处于不同竞争程度的公司，其行业风险和资产周转率也会存在差异，这也将影响到公司的投资效率。在激烈的产品市场竞争环境下，企业面临的风险也会加大，代理人的投资行为变得愈发谨慎，从而导致投资不足。在竞争不太激烈的市场环境或者寡头垄断的市场环境中，企业为了维护自身的垄断优势，会加大资金的支出，这样就产生了过度投资问题。

已有文献对产品市场竞争与公司投资行为进行了研究。国外的研究一般是从投资－现金流的角度来考察产品市场竞争程度与投资行为之间的关系，国内的研究考虑的角度则不一样，一般是从非效率投资（投资过度或投资不足）的角度来考察产品市场竞争程度与投资行为之间的关系。张功富（2008）以2000—2006年的中国工业类上市公司为样本，研究产品市场竞争如何影响非效率投资，得出如下结论：①公司的治理环境可以通过产品市场竞争得到改善，从而抑制代理人过度投资。②投资者和经营者之间的信息不对称问题可以通过产品市场竞争得到改善，减少投资不足现象的出现。张功富（2009）研究指出，产品市场竞争通过大股东持股这一中介有效地抑制了经理层的过度投资行为。徐一民和张志宏（2010）认为，产品市场竞争的激烈程度与投资效率正相关。

综上所述，本书认为，激烈的产品市场竞争可以抑制非效率投资行为。

## 3.2　投资者法律保护对投资效率的影响

20 世纪 90 年代末，法律金融学开始盛行。法律金融理论强调法律环境会对金融主体行为和金融系统运行产生影响，认为法治环境是重要的公司外部治理环境。投资者法律保护会影响上市公司的资本成本、股权集中度、股利政策等财务行为，然后通过资本市场影响实体经济的增长。公司内部人可能会损害外部投资者的利益，而设计良好的公司治理可以保护外部投资者的利益。在普通法系国家中，投资者利益得到较好保护，具有更好的公司治理环境，资本配置更加有效。在大陆法系国家，对投资者利益的保护力度较小，且公司的股权集中度较高，并受股利政策的约束。

对于企业来说，投资者法律保护越完善，个人产权越容易受到保护，事后利益被侵害的风险越低。在这样的法律保护环境下，可以刺激和鼓励投资者的投资，具有更好的投资者法律保护环境。越是发达的资本市场，新进入的企业在融资方面的难度越低，以缓解投资时的融资约束问题，因此投资者法律保护对过度投资与投资不足等非效率投资行为有着重要的影响。

拉波特等（2000）研究指出，在法律保护较好的环境下，中、小股东可以用法律来保护自己的利益。内部管理者或者股东出于自利的考虑，会损害中小股东的利益，而在良好的法治环境下，中、小股东可以通过法律手段保护自己的利益。完善的投资者法律保护程度提高了股利支付率，公司不会有太多的自由现金用于 NPV 为负的投资项目。阿尔伯克鲁厄和王（2008）研究指出，投资者法律保护越不完善，越有可能进行过度投资。魏明海和柳建华（2007）对现金股利政策和过度投资两者关系进行研究，并从治理因素角度考察了这两者的关系，指出法治环境良好的地区，国有上市公司一般不会通过降低股利发放率来进行过度投资。刘志强（2009）的研究说明，投资者法律保护越好，非效率投资发生的可能性越低，从而提高了资本配置效率。于文超和何勤英（2013）以 2004—2009 年中国民营上市公司为样本行进研究，发现具有政治联系的公司，其投资者保护环境对投资效率的影响更加显著。

从上述可知，无论是理论分析还是实证分析，投资者法律保护是有效的外部治理机制，在投资者法律保护完善的地区，公司价值得到提升，代理成本降低，资本配置效率得到提高。也就是说，完善的投资者法律保护环境可以抑制非效率投资行为。

## 3.3 金融发展对投资效率的影响

经典的财务理论认为，在一个完美的市场环境中，企业的投资不受自身财务状况的影响，而只和投资需求有关系。但在现实中，并不存在这样的环境。现代公司财务理论指出，代理冲突和信息不对称会提高公司外部融资的成本，导致出现融资约束问题。拉詹和金格莱斯（1998）以及洛夫（2001）认为发达的金融市场会降低公司的融资约束、减轻公司的融资压力、降低交易成本，而交易成本的降低会导致投资效率相应提高，成本降低、效益提高必然推动经济的良性发展。从樊纲等（2003）编制的中国各地区市场化指数可以看出，中国各地区之间的金融业市场化程度和竞争程度等方面存在较大差异，这说明我国各地区金融市场的发展不在一个水平线上，这样的实际情况为考察我国金融市场发展和企业投资行为之间的关系提供了很好的研究机会。

国外文献主要研究金融发展对经济增长的影响，从企业投资的视角来考察金融市场的发展与经济增长两者的关系。伍格勒（2000）指出，发达国家之所以发达，是因为比起发展中国家，发达国家的资本配置更加有效，也就是说，发展中国家没能有效地利用融资到的资金。发达国家与发展中国家在资本配置效率上的不同，很大一部分原因是发展中国家和发达国家金融市场的完善程度不同。

在改革开放的推动下，我国的金融市场也随之发展，但各地区的发展水平参差不齐。这样的现实环境为考察金融市场发展对投资效率的影响提供了自然的实验场景。杨华军和胡奕明（2007）研究指出，金融市场的发展降低了自由现金流的过度投资问题。杨华军和胡奕明（2007）的研究结论推进了金融市场发展对投资–现金流敏感度的影响机制方面的研究，说明金融市场的发展，不仅可以像已有的研究结论中所说的那样减少融资约束，还可以减少公司因自由现金流而导致的过度投资问题，从而改善资本配置效率。

综上所述，金融市场发展可以提高资本配置的效率，抑制非效率投资行为。

# 3.4　修正投资效率模型的研究设计

本章选取了国内外学者运用较多的三个投资效率度量模型，并对其进行调整，在适应中国的市场环境和研究可行性后，分别验证其估算特定公司投资效率的有效性。

## 3.4.1　投资效率计量模型（3-1）——理查森（2006）修正模型

在借鉴理查森（2006）度量模型的优点、克服其不足的基础上，我们提出新的度量投资效率的方法，即模型（3-1）的残差度量模型。该方法考虑了代理问题和信息不对称会引发管理者的机会主义行为，从而产生管理者非理性投资行为，而有效的公司外部环境（如产品市场竞争、投资者保护、金融市场发展等）可以制约企业的非理性投资行为。因此，本书在理查森（2006）模型的基础上加入了产品市场竞争程度（$PMC$）、法治水平（$LLI$）、金融市场发展程度（$FMD$）等变量。

$$Invest_{it}=\beta_0+\beta_1 q_{it-1}+\beta_2 Lev_{it-1}+\beta_3 Cash_{it-1}+\beta_4 Age_{it-1}+\beta_5 Size_{it-1}$$
$$+\beta_6 Returns_{it-1}+\beta_7 Invest_{it-1}+\beta_8 PMC_{it-1}+\beta_9 LLI_{it-1}+\beta_{10}FMD_{it-1}+\xi \quad （3-1）$$

式中：$Invest$ 为新增投资变量，其值为（资本支出 + 并购支出 - 出售长期资产收入 - 折旧）/ 总资产。$q$ 为投资机会的代理变量。然而，辛清泉等（2007）认为，中国股票市场由于受到"消息"市和"政策"市的影响，托宾 $q$ 比率并不是投资机会的最佳替代变量，我国学者多使用营业收入增长率和净利润增长率作为成长机会的代理变量。因此，本书在模型（3-1）中将分别使用托宾 $q$ 和营业收入增长率（$Growth$）来表示公司的投资机会，并将结果进行比较。$Lev$ 为公司的财务杠杆，其值等于总负债除以总资产。$Cash$ 为现金流变量，用现金及现金等价物与总资产之比来表示。$Age$ 为上市年限变量，用公司上市年限的自然对数来表示。$Size$ 为公司规模，用总资产的自然对数来表示。$Return$ 表示公司股票年度回报。$PMC$ 为产品市场竞争程度，本书参考姜付秀等（2008）的做法，采用主营业务利润率作为产品市场竞争程度的代理变量，主营业务利润率越高，表明该公司所处行业竞争越不激烈。$LLI$ 为法治水平，采用樊纲等提供的各年"法律制度环境指数"的平均值来衡量地区当年法治化水平，数值越高说明法治化水平越好。$FMD$ 为金融市场发展程度，采用樊纲等构造的地区性的金融市场化指标来测量金融发展水平。同时，本书在模型（3-1）中对年度和行业效应进行了控制。

本书用模型（3-1）回归出来的残差（*Xinvest*）来衡量公司投资效率，如果 *Xinvest*>0，说明公司投资过度，*Xinvest* 的值越大，过度投资越严重；如果 *Xinvest*<0，说明公司投资不足，*Xinvest* 的值越小，投资不足越严重。*Xinvest* 取绝对值后的值记作 *AbsXinvest*，*AbsXinvest* 的值越大，说明公司的投资效率越低。

### 3.4.2　投资效率计量模型（3-2）——边际托宾 *q* 比率

$$
\begin{aligned}
q\_\text{marginal} &= \Delta V_{it} / \Delta K_{it} \\
&= \Delta MV_{it} / \Delta Assets_{it} \\
&= (MV_{it} - MV_{it-1}) / (Assets_{it} - Assets_{it-1}) \\
&= 1 + \xi_{it}
\end{aligned}
\tag{3-2}
$$

模型（3-2）中 *q_marginal* 为边际托宾 *q*，用公司市值的变动除以总资产变动来表示；*MV* 为市场价值，其值等于股权市值加上净债务市值；*Assets* 为公司总资产。边际托宾 *q* 是公司经营者从价值最大化出发对项目获利指数的预期，因此当边际 *q*>1 时，说明存在投资不足，边际 *q*<1，则存在投资过度。模型中 $\xi_{it}$ >0，表示投资不足；$\xi_{it}$ <0，表示过度投资；$\xi_{it}$ 绝对值越大，投资效率越低。

### 3.4.3　投资效率计量模型（3-3）——伍格勒模型

$$
Inv\_growth = \alpha + \eta VA\_growth + \sum Year + \sum Industry + \varepsilon_{it}
\tag{3-3}
$$

即 $\ln(Inv_{it} / Inv_{it-1}) = \alpha + \eta \ln(VA_{it} / VA_{it-1}) + \sum Year + \sum Industry + \varepsilon_{it}$。

模型（3-3）中 *Inv_growth* 为投资增长，用当期投资水平与上期投资水平之比的自然对数来表示；*VA_growth* 为价值增加值增长，用当期价值增加值与上期价值增加值之比的自然对数来表示；*VA* 为价值增加值，其值等于（净利润＋财务费用＋支付给职工以及为职工支付的现金＋本期应付职工薪酬－应付职工薪酬期初余额＋支付的各项税费－收到的税费返还＋本期应交税费－应交税费期初余额）。原模型研究的是国家水平和行业水平的投资效率，本书尝试利用此模型的原理研究公司水平的投资效率问题。在最优的资本配置下，投资的增长率应该与价值增加值的增长率相匹配，因此模型中的残差项 $\varepsilon_{it}$ 表示对最佳投资水平的偏离。$\varepsilon_{it}$ >0 表示过度投资，$\varepsilon_{it}$ <0 表示投资不足；$\varepsilon_{it}$ 绝对值越大，投资效率越低。

### 3.4.4　验证模型（3-4）

$$Return_{it+1}=\alpha_0+\alpha_1NewInv_{it}+\alpha_2PES_{it}+\alpha_3ROA_{it}+\alpha_4Size_{it}+\alpha_5Lev_i$$
$$+\alpha_6Stock_{it}+\alpha_7Float_{it}+\alpha_8PE_{it}+\alpha_9MB_{it}+\alpha_{10}Growth_{it}+\alpha_{11}SOE_{it} \quad （3-4）$$
$$+\sum Year+\sum Industry+\xi$$

模型（3-4）中 $NewInv$ 为解释变量，代表非效率投资的水平，即模型（3-1）—模型（3-3）中残差项的绝对值；$Return$ 为被解释变量，为特定公司投资年度下一期的普通股收益率。由于投资效率与公司股票在资本市场的表现呈负相关关系，即投资过度或投资不足都会降低公司股票的回报率，如果模型（3-1）—模型（3-3）能够有效度量公司的投资效率，则非效率投资水平（$NewInv$）的系数 $\alpha_1$ 应当显著为负。如果负相关关系不显著或为正相关，则投资效率度量模型缺乏有效性。本书依靠系数 $\alpha_1$ 的符号和显著性来判断投资效率度量模型的有效性。

已有很多学者研究过股票收益率的影响因素。刘志新等（2000）对 1995—1999 年我国 A 股上市公司进行横截面回归，发现公司规模和市盈率对股票收益率有显著的解释力；陈信元等（2001）发现公司规模、市净率和流通股比例对预期股票收益解释显著；陆静等（2002）对 1998—2000 年的 A 股上市公司的数据进行回归发现，股票价格可以用每股收益来解释，而现金流量信息基本不包含信息含量，经营活动产生的现金流量和自由现金流量都不能对股票价格提供增量信息。因此，在验证模型（3-4）中，将每股收益（$PES$）、公司规模（$Size$）、股本规模（$Stock$）、流通股比例（$Float$）、市盈率（$PE$）、市账比（$MB$），资产利润率（$ROA$）、盈利能力（$Lev$）、营业收入增长率（$Growth$）代表成长性作为自变量，同时控制了公司实际控制人性质（$SOE$）、行业和年份。

### 3.4.5　样本选择

本章运用 1999—2012 年非金融类中国 A 股上市公司的年度数据。由于估计投资效率所用到的现金流量表的数据从 1998 年才开始披露，样本的最早数据始于 1999 年。关于最终控制人类型和第一大股东持股比例数据，CCER 数据库只提供到 2012 年。CSMAR 数据库也提供了最终控制人类型数据，但它只提供了最近一年的数据。至于第一大股东持股比例，CSMAR 数据库存在很多个第一大股东的问题，且持股比例经常不一致，可能是将流通股第一大股东误当作第一大股东所致。这需要逐个去核实，增加了研究难度，因而笔者从 CCER 数据库中获取了相关数据。此外，按照下列要求还对样本做了以下三个方面的处理：①删除了金融行业公司的数据；②删除了数据缺失的样本；③对所有连续变量均在 1% 和 99% 分位数上进行了温莎处理。最后得到了 16 423 个样本。本章最终实际控制人类型和第一大股东持股比例数据取自色诺芬（CCER）数据库，其余数据取自国泰安（CSMAR）数据库。各年度和行业的样本分布如表 3-1 所示。

表 3-1　样本分布

| 变量 | 1999 | 2000 | 2001 | 2002 | 2003 | 2004 | 2005 | 2006 | 2007 | 2008 | 2009 | 2010 | 2011 | 2012 | 合计 |
|---|---|---|---|---|---|---|---|---|---|---|---|---|---|---|---|
| 农林牧渔业 | 14 | 16 | 19 | 24 | 26 | 28 | 26 | 32 | 33 | 34 | 34 | 34 | 38 | 35 | 393 |
| 采掘业 | 3 | 5 | 8 | 12 | 14 | 17 | 19 | 20 | 19 | 22 | 27 | 33 | 34 | 30 | 263 |
| 制造业 | 358 | 440 | 508 | 576 | 621 | 653 | 682 | 733 | 722 | 754 | 817 | 866 | 929 | 899 | 9558 |
| 电力、煤气及水的生产与供应业 | 25 | 30 | 32 | 40 | 44 | 50 | 52 | 59 | 59 | 60 | 60 | 61 | 62 | 60 | 694 |
| 建筑业 | 9 | 12 | 15 | 16 | 18 | 17 | 23 | 26 | 26 | 29 | 32 | 33 | 38 | 33 | 327 |
| 交通运输、仓储业 | 18 | 22 | 29 | 36 | 43 | 49 | 52 | 56 | 55 | 59 | 59 | 61 | 64 | 62 | 665 |
| 信息技术业 | 35 | 39 | 43 | 53 | 61 | 66 | 72 | 73 | 68 | 75 | 87 | 89 | 106 | 101 | 968 |
| 批发和零售贸易业 | 81 | 83 | 81 | 85 | 88 | 87 | 86 | 87 | 85 | 83 | 81 | 88 | 87 | 84 | 1186 |
| 房地产业 | 28 | 27 | 30 | 33 | 41 | 52 | 53 | 55 | 53 | 57 | 64 | 74 | 76 | 73 | 716 |
| 社会服务业 | 24 | 28 | 33 | 38 | 34 | 35 | 35 | 36 | 36 | 37 | 43 | 44 | 50 | 48 | 521 |
| 传播与文化产业 | 10 | 10 | 11 | 12 | 12 | 10 | 9 | 9 | 9 | 7 | 9 | 10 | 11 | 9 | 138 |
| 综合类 | 69 | 75 | 79 | 80 | 76 | 73 | 72 | 70 | 65 | 68 | 67 | 67 | 67 | 66 | 994 |
| 合计 | 674 | 787 | 888 | 1005 | 1078 | 1137 | 1181 | 1256 | 1230 | 1285 | 1380 | 1460 | 1562 | 1500 | 16 423 |

# 3.5　修正投资效率模型的实证结果分析

本节选取理查森（2006）的残差度量修正模型、伍格勒模型，在对其进行调整以适应中国的市场环境和研究可行性后，分别验证其估算特定公司投资效率的有效性。

## 3.5.1　理查森（2006）的残差度量修正模型的实证结果

理查森（2006）的残差度量修正模型（模型（3-1））中变量的描述性统计如表 3-2 所示。$XqInvest$ 的平均值和中位数分别为 0.027 和 0.012，说明样本中投资规模的平均值和中位数分别为公司总资产的 2.27% 和 1.2%，$XqInvest$ 的最小值为 -0.537，最大值为 0.587，标准差为 0.063，显示出不同公司之间的投资规模存在较大差异；托宾 $q$ 的最小值为 0.483，最大值为 25.305，标准差为 1.313，说明我国上市公司在托宾 $q$ 方面的差异较大；$Growth$ 的平均值和中位数分别为 0.256 和 0.144，说明从总体上来说我国上市公司的成长性较好，但最小值为 -1.000，最大值为 19.693，标准差为 0.875，说明我国上市公司在成长性方面差异较大；$Lev$ 的平均值和中位数分别为 0.484 和 0.489，说明我国上市公司的资产负债率接近 0.5，符合资本结构的一般情况，但最小值为 0.008，最大值为 0.999，标准差为 0.188，说明我国上市公司在财务杠杆方面差异较大；$Cash$ 的最小值和最大值分别为 0.000 和 0.931，$Return$ 的最小值和最大值分别为 0.000 和 2.996，$Size$ 的最小值和最大值分别为 17.497 和 28.138，$Age$ 的最小值和最大值分别为 -0.909 和 21.526，$Return$ 的最小值和最大值分别为 -0.909 和 21.526，$Invest$ 的最小值和最大值分别为 -0.537 和 0.587，说明我国上市公司间的现金持有量、上市年限、企业规模、股票年度回报以及上一年的投资规模均存在较大差异；$PMC$ 的最小值和最大值分别为 0.000 和 0.910，说明我国上市公司间的产品市场竞争程度差异较大；$LLI$ 的最小值和最大值分别为 0.000 和 19.900，$FMD$ 的最小值和最大值分别为 0.900 和 11.600，说明我国上市公司所在地区的法治化水平和金融市场发展程度差异较大。

表3-2 模型（3-1）描述性统计

| 变量 | 均值 | 标准差 | 中位数 | 最小值 | 最大值 |
|---|---|---|---|---|---|
| *XqInvest* | 0.027 | 0.063 | 0.012 | −0.537 | 0.587 |
| *q* | 1.864 | 1.313 | 1.488 | 0.483 | 25.305 |
| *Growth* | 0.256 | 0.875 | 0.144 | −1.000 | 19.693 |
| *Lev* | 0.484 | 0.188 | 0.489 | 0.008 | 0.999 |
| *Cash* | 0.146 | 0.114 | 0.118 | 0.000 | 0.931 |
| *Age* | 1.708 | 0.758 | 1.792 | 0.000 | 2.996 |
| *Size* | 21.317 | 1.106 | 21.175 | 17.497 | 28.138 |
| *Return* | 0.360 | 0.988 | 0.028 | −0.909 | 21.526 |
| *Invest* | 0.031 | 0.065 | 0.014 | −0.537 | 0.587 |
| *PMC* | 0.233 | 0.139 | 0.267 | 0.000 | 0.910 |
| *LLI* | 8.121 | 5.030 | 6.600 | 0.000 | 19.900 |
| *FMD* | 7.230 | 2.400 | 7.750 | 0.900 | 11.600 |

　　模型（3-1）中变量之间的相关系数如表3-3所示。皮尔森相关系数显示，*Growth* 和 *XqInvest* 的相关系数在1%水平上显著为正，说明企业成长性越高，投资规模越大；*Lev* 和 *XqInvest* 的相关系数在1%水平上显著为负，说明企业资产负债率越高，投资规模越小；*Cash* 和 *XqInvest* 的相关系数在1%水平上显著为正，说明企业现金持有量越高，投资规模越大；*Age* 和 *XqInvest* 的相关系数在1%水平上显著为负，说明企业上市年限越高，投资规模越小；*Size* 和 *XqInvest* 的相关系数在1%水平上显著为正，说明企业规模越高，投资规模越大；*Return* 和 *XqInvest* 的相关系数在1%水平上显著为正，说明企业股票年度回报越高，投资规模越大；*Invest* 和 *XqInvest* 的相关系数在1%水平上显著为正，说明企业上一年的投资规模越大，下一年的投资规模也会越大；*PMC* 和 *XqInvest* 的相关系数在1%水平上显著为负，说明企业产品市场竞争程度越高，投资规模越小；*LLI* 和 *XqInvest* 的相关系数在1%水平上显著为负，说明企业所在地区的法治化水平越高，投资规模越小；*FMD* 和 *XqInvest* 的相关系数在1%水平上显著为负，说明企业所在地区的金融市场发展程度越高，投资规模越小。

表 3-3　模型（3-1）皮尔森（斯皮尔曼）相关系数

| | XqInvest | q | Growth | Lev | Cash | Age | Size | Return | Invest | PMC | LLI | FMD |
|---|---|---|---|---|---|---|---|---|---|---|---|---|
| XqInvest | | 0.038*** | 0.221*** | −0.132*** | 0.209*** | −0.197*** | 0.138*** | 0.076*** | 0.562*** | −0.035*** | −0.103*** | −0.113*** |
| q | 0.005 | | −0.005 | −0.154*** | 0.105*** | −0.006 | −0.399*** | 0.453*** | −0.036*** | 0.102*** | 0.121*** | 0.213*** |
| Growth | 0.046*** | −0.001 | | 0.055*** | 0.109*** | −0.062*** | 0.149*** | 0.098*** | 0.207*** | 0.021** | 0.083*** | 0.061*** |
| Lev | −0.131*** | −0.166*** | 0.054*** | | −0.299*** | 0.247*** | 0.264*** | 0.001 | −0.089*** | −0.190*** | 0.082*** | 0.057*** |
| Cash | 0.141*** | 0.151*** | 0.025** | −0.337*** | | −0.107*** | 0.005 | 0.027*** | 0.121*** | −0.021** | 0.043*** | 0.027*** |
| Age | −0.188*** | 0.030*** | 0.015 | 0.255*** | −0.157*** | | 0.245*** | 0.077*** | −0.251*** | 0.013 | 0.009 | −0.014 |
| Size | 0.105*** | −0.331*** | 0.036*** | 0.245*** | −0.049*** | 0.208*** | | 0.052*** | 0.156*** | 0.091*** | 0.132*** | 0.151*** |
| Return | 0.034*** | 0.377*** | 0.091*** | 0.044*** | 0.021** | 0.123*** | 0.062*** | | −0.011 | 0.071*** | 0.037*** | 0.052*** |
| Invest | 0.467*** | −0.048*** | 0.041*** | −0.088*** | 0.025** | −0.251*** | 0.121*** | −0.024*** | | −0.041*** | −0.103*** | −0.063*** |
| PMC | −0.040*** | 0.011 | 0.026*** | −0.255*** | −0.019*** | 0.021** | 0.072*** | 0.058*** | −0.035*** | | 0.130*** | 0.090*** |
| LLI | −0.112*** | 0.010 | 0.079*** | 0.021** | 0.041*** | 0.012 | 0.151*** | 0.011 | −0.099*** | 0.160*** | | 0.110*** |
| FMD | −0.092*** | 0.021** | 0.061*** | 0.053*** | 0.041*** | −0.030*** | 0.141*** | 0.041*** | −0.091*** | 0.131*** | 0.089*** | |

注：左下方为皮尔森相关系数，右上方为斯皮尔曼相关系数；\***、\*\*、\* 分别表示在 1%、5%、10% 水平上显著。

在报告模型（3-1）的回归结果之前，我们先报告理查森（2006）原度量模型的回归结果，如表 3-4 所示。其中，模型 1 和模型 2 分别为托宾 $q$ 和营业收入的增长率（Growth）作为投资机会的代理变量的回归结果。两个模型的回归结果显示，$q$、Growth 的回归系数均为正但不显著，表明采用托宾 $q$ 和 Growth 作为投资机会的代理变量并无实质的区别，因此后文将只采用托宾 $q$ 作为投资机会的代理变量。Lev 的回归系数均在 1% 水平上显著为负，说明企业的资产负债率越高，投资规模越小，验证了债务融资的约束效应；Cash 的估计系数均在 1% 水平上显著为正，说明企业的现金持有量与投资规模正相关；Age 的回归系数均在 1% 水平上显著为负，说明企业的上市年限越高，投资规模越小；Size 的估计系数均在 1% 水平上显著为正，说明企业规模与投资规模正相关；Return 的回归系数均在 1% 水平上显著为正，说明企业股票年度回报越高，投资规模越大；Invest 的回归系数均在 1% 水平上显著为正，说明企业上一年的投资规模越大，下一年的投资规模越大。

表 3-4　理查森（2006）度量模型的回归结果

| 变量 | 模型 1 | | 模型 2 | |
|---|---|---|---|---|
| | 系数 | $t$ 值 | 系数 | $t$ 值 |
| 截距项 | −0.064 | −5.60*** | −0.057 | −5.76*** |
| $q$ | 0.000 | 1.21 | | |
| Growth | | | 0.002 | 1.63 |
| Lev | −0.015 | −5.95*** | −0.019 | −6.51*** |
| Cash | 0.062 | 13.95*** | 0.061 | 13.91*** |
| Age | −0.006 | −7.40*** | −0.007 | −8.10*** |
| Size | 0.004 | 8.51*** | 0.004 | 8.57*** |
| Return | 0.005 | 6.08*** | 0.005 | 6.51*** |
| Invest | 0.410 | 56.50*** | 0.411 | 56.80*** |
| 行业效应 | 已控制 | 已控制 | 已控制 | 已控制 |
| 年度效应 | 已控制 | 已控制 | 已控制 | 已控制 |
| $Adj.R^2$ | 0.264 | | 0.271 | |
| $F$ 值 | 171.68*** | | 172.21*** | |
| 观测数 | 16 423 | | 16 423 | |

注：因变量为 $XqInvest$；***、**、* 分别表示在 1%、5%、10% 水平上显著。

模型（3-1）的回归结果如表 3-5 所示。其中，模型 1 和模型 2 分别为托宾 $q$ 和营业收入的增长率（Growth）作为投资机会的代理变量的回归结果。$q$、Growth、Lev、Cash、Age、Size、Return 以及 Invest 的回归结果与理查森（2006）原度量模型中的回归结果基本保持一致，因此不再赘述。PMC 的回归系数均在 5% 水平上显著为负，说明企业产品市场竞争程度越高，投资规模越小；LLI 的回归系数均在 1% 水平上显著为负，说明企业所在地区的法治化水平越高，投资规模越小；FMD 的回归系数均在 10% 水平上显著为负，说明企业所在地区的金融市场发展程度越高，投资规模越小。由此可见，产品市场竞争、投资者保护、金融市场发展等企业的外部环境因素确实能显著影响企业的投资规模。因此，本书在理查森（2006）模型的基础上加入了产品市场竞争程度（PMC）、法治水平（LLI）、金融市场发展程度（FMD）等变量具有一定的合理性。

表 3-5 模型（3-1）的回归结果

| 变量 | 模型 1 | | 模型 2 | |
|---|---|---|---|---|
| | 系数 | *t* 值 | 系数 | *t* 值 |
| 截距项 | −0.063 | −5.57*** | −0.056 | −5.72*** |
| *q* | 0.000 | 1.03 | | |
| *Growth* | | | 0.001 | 1.61 |
| *Lev* | −0.017 | −6.28*** | −0.018 | −6.44*** |
| *Cash* | 0.061 | 13.75*** | 0.060 | 13.62*** |
| *Age* | −0.006 | −8.10*** | −0.006 | −8.04*** |
| *Size* | 0.004 | 8.35*** | 0.004 | 8.59*** |
| *Return* | 0.005 | 6.08*** | 0.005 | 6.60*** |
| *Invest* | 0.409 | 56.30*** | 0.409 | 56.15*** |
| *PMC* | −0.029 | −2.11** | −0.030 | −2.24** |
| *LLI* | −0.067 | −3.10*** | −0.067 | −3.10*** |
| *FMD* | −0.031 | −1.75* | −0.032 | −1.91* |
| 行业效应 | 已控制 | 已控制 | 已控制 | 已控制 |
| 年度效应 | 已控制 | 已控制 | 已控制 | 已控制 |
| *Adj.R*$^2$ | 0.255 | | 0.255 | |
| *F* 值 | 171.18*** | | 171.02*** | |
| 观测数 | 16 423 | | 16 423 | |

注：因变量为 *XqInvest*；***、**、* 分别表示在 1%、5%、10% 水平上显著。

## 3.5.2 伍格勒模型的实证结果

伍格勒模型（3-3）中变量的描述性统计如表 3-6 所示。*Inv_growth* 的最小值为 −2.583，最大值为 3.961，标准差为 0.845，显示出不同公司之间的投资增长存在较大差异；*VA_growth* 的最小值为 −1.805，最大值为 2.230，标准差为 0.550，显示出不同公司之间的价值增加值增长也存在较大差异。

表 3-6 模型（3-3）描述性统计

| 变量 | 均值 | 标准差 | 中位数 | 最小值 | 最大值 |
|---|---|---|---|---|---|
| *Inv_growth* | 0.096 | 0.845 | 0.071 | −2.583 | 3.961 |

续表

| 变量 | 均值 | 标准差 | 中位数 | 最小值 | 最大值 |
|---|---|---|---|---|---|
| *VA_growth* | 0.157 | 0.550 | 0.161 | −1.805 | 2.230 |

模型（3-3）变量之间的相关系数如表3-7所示。从皮尔森和斯皮尔曼相关系数看，*VA_growth* 和 *Inv_growth* 的相关系数均在1%水平上显著为正，说明企业的价值增加值增长越高，投资增长也越大，符合伍格勒模型的预期。

表3-7　模型（3-3）皮尔森（斯皮尔曼）相关系数

| | *Inv_growth* | *VA_growth* |
|---|---|---|
| *Inv_growth* | | 0.181**** |
| *VA_growth* | 0.152**** | |

注：*** 表示1%水平上显著。

模型（3-3）的回归结果如表3-8所示。回归结果显示，*VA_growth* 的回归系数为0.270，在1%水平上显著为正，说明企业的价值增加值增长越高，投资增长越大，进一步证明了相关系数分析的结果，但模型的解释力度（*Adj.R²*）只有0.037，这在一定程度上说明运用 Wurgler 模型来度量企业的投资效率缺乏充分的说服力。

表3-8　模型（3-3）的回归结果

| | 系数 | *t* 值 |
|---|---|---|
| 截距项 | 0.035 | 0.89 |
| *VA_growth* | 0.270 | 12.97*** |
| 行业效应 | 已控制 | 已控制 |
| 年度效应 | 已控制 | 已控制 |
| *Adj.R²* | 0.037 | |
| *F* 值 | 21.18*** | |
| 观测数 | 16423 | |

注：因变量为 *Inv_growth*；***：1%水平上显著。

## 3.6　验证模型的实证结果

验证模型（3-4）的回归结果如表 3-9 所示。被解释变量为 *Return*，为特定公司投资年度下一期的普通股收益率；解释变量 *NewInv* 依次为理查森（2006）原度量模型、模型（3-1）—模型（3-3）度量出来的投资效率，本书对它们均取绝对值，表示企业的非效率投资程度。

表 3-9　验证模型的回归结果

| 变量 | 理查森（2006）模型 | | 理查森的修正模型 | | 边际托宾 *q* 比率 | | 伍格勒模型 | |
|---|---|---|---|---|---|---|---|---|
| | 系数 | *t* 值 | 系数 | *t* 值 | 系数 | *t* 值 | 系数 | *t* 值 |
| 截距项 | 0.048 | 3.60*** | 0.043 | 3.57*** | 0.026 | 2.12*** | 0.033 | 2.47** |
| *NewInv* | −0.192 | −1.98** | −0.215 | −2.34** | 0.001 | 2.81*** | −0.011 | −1.62 |
| *PES* | 0.101 | 3.30*** | 0.102 | 3.34*** | 0.107 | 3.50*** | 0.104 | 3.41*** |
| *ROA* | 0.408 | 2.42** | 0.368 | 2.12** | 0.37 | 2.13** | 0.367 | 2.11** |
| *Size* | −0.09 | −7.80*** | −0.086 | −7.60*** | −0.084 | −7.42*** | −0.085 | −7.54*** |
| *Lev* | 0.113 | 3.65*** | 0.102 | 3.41*** | 0.103 | 3.45*** | 0.102 | 3.43*** |
| *Stock* | 0.001 | 1.02 | 0.001 | 1.01 | 0.001 | 1.05 | 0 | 1.03 |
| *Float* | 0.126 | 4.11*** | 0.129 | 4.22*** | 0.123 | 4.02*** | 0.126 | 4.12*** |
| *PE* | −0.001 | −1.04 | −0.001 | −1.04 | −0.001 | −1.1 | 0 | −1.02 |
| *MB* | 0.4 | 9.66*** | 0.41 | 9.74*** | 0.358 | 8.50*** | 0.374 | 8.89*** |
| *Growth* | 0.003 | 1.23 | 0.003 | 1.23 | 0.004 | 1.45 | 0.004 | 1.35 |
| *SOE* | −0.029 | 1.98** | −0.027 | 1.94* | −0.026 | −1.86* | −0.025 | −1.76* |
| 行业效应 | 已控制 | 已控制 | 已控制 | 已控制 | 已控制 | 已控制 | 已控制 | 已控制 |
| 年度效应 | 已控制 | 已控制 | 已控制 | 已控制 | 已控制 | 已控制 | 已控制 | 已控制 |
| *Adj.R²* | 0.121 | | 0.136 | | 0.139 | | 0.131 | |
| *F* 值 | 9.87*** | | 10.27*** | | 10.06*** | | 10.02*** | |
| 观测数 | 16 423 | | 16 423 | | 16 423 | | 16 423 | |

注：因变量为 *Return*；***、**、* 分别表示在 1%、5%、10% 水平上显著。

理查森（2006）原度量模型的回归结果显示，*NewInv* 的回归系数为 −0.192，在 5% 水平上显著为负，说明非效率投资程度越高，公司下一年的股票回报率越低，表明理查森（2006）原度量模型得到的非效率投资程度数据符合市场规律和理论预期。

理查森修正模型的回归结果显示，*NewInv* 的回归系数为 −0.215，在 5% 水平上显著为负，且回归系数大小比较林科检验表明，其回归系数显著高于理查森（2006）原度量模型中的 *NewInv* 的回归系数，进一步说明非效率投资程度越高，公司下一年的股票回报率越低，表明理查森（2006）修正模型得到的非效率投资程度数据更符合市场规律和理论预期。

边际托宾 *q* 比率的回归结果显示，*NewInv* 的回归系数为 0.001，在 1% 水平上显著为正，说明非效率投资程度越高，公司下一年的股票回报率越高，这不符合我们的判断标准，说明以边际托宾 *q* 比率得到的非效率投资程度数据是无效的。

伍格勒模型的回归结果显示，*NewInv* 的回归系数为 −0.011，但不显著，说明伍格勒模型得到的非效率投资程度数据没有通过显著性检验，因此伍格勒模型得到的非效率投资程度数据也是基本无效的。

综合以上分析可知，在理查森（2006）原模型和理查森（2006）修正模型的回归结果中，*NewInv* 的回归系数在 5% 水平上显著为负，符合预期，而边际托宾 *q* 比率和伍格勒模型的回归结果显示，*NewInv* 的回归系数不符合预期。回归系数大小比较林科检验表明，理查森（2006）修正模型中 *NewInv* 的回归系数显著高于理查森（2006）原度量模型中 *NewInv* 的回归系数。由此表明，理查森（2006）修正模型能更好地衡量公司的投资效率，比理查森（2006）原模型更优，且适合在中国市场上应用。

## 3.7　本　章　小　结

本章在理查森（2006）模型的基础上加入产品市场竞争程度、法治水平、金融市场发展程度等变量对理查森（2006）模型进行修正。对模型修正后发现，与理查森（2006）原度量模型相比，理查森（2006）修正模型能更好地衡量公司的投资效率，以其测算出的投资效率越好，公司下一年的股票回报率越高，表明理查森（2006）修正模型得到的非效率投资程度数据更符合市场规律和理论预期。然而，以边际托宾 *q* 比率和伍格勒模型得到的非效率投资程度数据不能有效地反映股票回报率，因此采用这两种方法得到的非效率投资程度数据是基本无效的。近年来，国内外关于投资效率的实证研究证实，采用理查森（2006）模型计算出的残差来衡量投资效率具有一定的可信度和有效性；理查森（2006）修正模型能更好地衡量公司的投资效率，且适合在中国市场上应用。

接下来的第 4 ～ 7 章将研究"董事长兼任对投资效率的影响"这一实际问题，其中需要衡量投资效率是投资不足还是投资过度。而在本章中，已经从理论上分析了理查森（2006）模型修正的必要性和实证检验了理查森（2006）修正模型在度量投资效率方面的有效性。因此，本书在后续第 4 ～ 7 章中将采用理查森（2006）修正模型来度量投资效率，以进一步证明理查森（2006）修正模型的有效性和在中国的适用性，并同时采用原理查森（2006）模型和比德尔等（2009）模型来重新衡量投资效率作为稳健性检验是否合适。

# 第4章 董事长内部兼任与投资效率：大股东控制视角

由第 3 章的研究结论可知，理查森（2006）修正模型能更好地衡量公司的投资效率，且适用于中国市场。从第 4 章开始，我们研究"董事长兼任对投资效率的影响"这一实际问题时，将用理查森（2006）修正模型来衡量投资效率是投资不足还是投资过度。

决策权配置是一个重要的公司治理问题，其中一个重要的体现就是董事长是否在公司兼任总经理的职务，即董事长和总经理两职合一问题。公司董事长内部兼任问题一直以来是经济学和管理学领域所研究的重要问题，并且尚未得出一致的结论。委托代理理论认为，应该把企业的决策制定权和决策控制权分开（Fama and Jensen，1983），使不同职务之间可以相互制衡，降低代理人的自利行为；董事长兼任总经理职务违背了这一原则，使董事会失去其应有的独立性，达不到监督管理层的目的，最终损害了企业的组织效率（Fizel and Louie，1990）。管家理论认为，清晰的权威和统一的命令会提升组织效率；总经理和董事长两职合一能够增强总经理的领导权威，降低职权分离带来的不协调情况，从而促进组织效率的提高（Mintzberg and Waters，1982）。

投资效率可以反映企业的组织效率。董事长内部兼任与投资效率的关系受到大股东控制的影响。大股东相对于中、小股东而言，处于信息优势地位，在公司决策中并不一定以全体股东利益最大化为出发点，而是以牺牲中、小股东的利益为代价获取控制权收益（Johnson et al.，2000）。大股东控制具有激励效应和隧道效应，一方面大股东通过有效监督管理层来提升公司价值，另一方面大股东通过对公司的控制获得私有收益而降低公司价值（Shleifer and Vishny，1997；La Porta et al.，2002；Claessens et al.，2002）。投资效率是连接大股东控制与公司价值关系的纽带。魏和张（2008）、俞红海等（2010）在研究股权集中度与投资效率之间的关系中均发现了股权激励效应和隧道效应。

　　然而，大股东控制的上述两种效应还受到决策权配置的影响。但是，暂没有文献从决策权配置角度来研究大股东控制和投资效率两者之间的关系。

　　本章以中国 A 股上市公司为样本，检验了董事长内部兼任、大股东控制及其交互作用对投资效率的影响。本章的贡献如下：第一，本章从投资效率的角度研究了董事长内部兼任对组织效率的影响，它直接从某一具体的影响途径上检验董事长内部兼任对组织效率的影响，因而可以丰富董事长内部兼任对组织效率影响的研究；第二，本章通过考察不同股权集中度下董事长内部兼任对投资效率的影响，发现大股东控制并不总是降低投资效率，只有在董事长内部兼任的公司中才会出现大股东控制降低投资效率的问题，而不存在董事长内部兼任的公司中大股东控制能提高投资效率的问题，从而丰富了董事长内部兼任与投资效率两者关系的研究，也深化了大股东控制的经济后果方面的研究。

# 4.1　理论分析与研究假设

　　董事长内部兼任作为一种重要的决策权配置机制，直接影响着企业投资效率。一方面，从委托代理理论角度考虑，在董事长内部兼任的情形下，决策制定权与决策控制权没有分开，达不到不同职务之间相互制约的目的，使管理层有机会获取私人收益。过度投资可以使管理层得到更多的私人收益，其原因在于公司规模越大，管理层获得的私人收益越多，社会地位也越高，因此管理层容易进行过度投资。另外，董事长内部兼任会使董事会对管理层的监督和控制减弱，助长管理层过度投资行为，进而损害投资效率。另一方面，从管家理论角度考虑，董事长内部兼任有可能通过加强管理层的领导权威而提高决策效率。但是，只有在企业资源缺乏时，董事长内部兼任的积极作用才有可能得到显现。在企业内部，各责任中心拥有的资源在其发展中占据了很重要的位置。当资源缺乏时，各责任中心争夺资源的激烈程度增加，此时企业的决策权配置将会对企业的发展产生影响：集权环境下具有统一的领导，会减少各责任中心的寻租行为，使企业利益得到维护，决策效率得到提高。当企业资源并不缺乏时，资源的核心地位下降，各责任中心并不会激烈地争夺资源，此时集权带来的强有力的领导并不能发挥明显的作用，分权反而可以使各责任中心的积极性增加。由此可知，在当前的情形下，董事长内部兼任更多体现的是对投资效率的负面影响。综上所述，我们提出假设 1。

假设 1：与不存在董事长内部兼任的公司相比，董事长内部兼任的公司的投资效率更低。

大股东控制具有的"激励效应"和"隧道效应"在股权集中度与投资效率的关系中均有体现。随着大股东持股比例的提高，大股东参与公司经营管理的积极性有所提高，增加了对管理者的领导和控制，抑制了管理者为获取私有收益而进行的非效率投资行为，避免了在股权分散情况下的"搭便车"现象的出现。但是，当大股东持股比例超过一定阈值时，大股东容易将自身意志强加于公司经营之中，如果缺乏有效的监督或控制，就会产生大股东控制问题。大股东为了追求私有收益，将进行非效率投资，从而损害投资效率。

然而，大股东控制的上述两种效应会受到两职状况的影响。董事长内部兼任使董事会对管理层的监督和控制减弱，易于控股股东及其代理人为追求私人收益而非公司价值最大化而进行的非效率投资行为，因此大股东控制加剧了董事长内部兼任对投资效率的负面影响。但不存在董事长内部兼任的情形下，决策制定权与决策控制权是分开的，企业的经营决策受到了监督，管理者发生机会主义行为的概率降低。此时，控股股东即使有足够的动机和能力去促使管理者进行非效率投资而获取私人收益，也会由于受到董事会的监督和控制，使为获取控制权收益所付出的成本大于收益。同时，大股东持股比例的增加，使大、小股东的利益趋于一致，导致控股股东进行非效率投资带来的损害较大。大股东与小股东的利益趋同，将会抑制大股东的非效率投资行为。综上所述，我们提出假设 2。

假设 2：不存在董事长内部兼任公司的第一大股东持股比例越高，投资效率越高；董事长内部兼任公司的第一大股东持股比例越高，投资效率越低。

## 4.2　变量与模型

### 4.2.1　投资效率的衡量

本章在参照魏明海和柳建华（2007）、辛清泉等（2007）、程仲鸣等（2008）等做法的基础上，用理查森（2006）修正模型来衡量投资效率，具体模型如下：

$$Invest_{it}=\beta_0+\beta_1 q_{it-1}+\beta_2 Lev_{it-1}+\beta_3 Cash_{it-1}+\beta_4 Age_{it-1}+\beta_5 Size_{it-1}$$
$$+\beta_6 Returns_{it-1}+\beta_7 Invest_{it-1}+\beta_8 PMC_{it-1}+\beta_9 LLI_{t-1} \quad （4-1）$$
$$+\beta_{10} FMD_{it-1}+\xi$$

模型（4-1）中的变量及其变量定义与模型（3-1）完全保持一致，用回归出来的残差（*Xinvest*）来判断公司的投资效率。*Xinvest*>0，表示公司投资过度，*Xinvest* 的值越大，则公司过度投资越严重；*Xinvest*<0，表示公司投资不足，*Xinvest* 的值越小，则公司投资不足越严重。表 4-1 对理查森（2006）修正后的投资效率模型的变量进行了说明。

表 4-1　投资效率模型的变量说明

| 变量 | 变量说明 |
| --- | --- |
| *Invest* | 新增投资变量，其值为（资本支出 + 并购支出 - 出售长期资产收入 - 折旧）/ 总资产 |
| *q* | 投资机会的代理变量 |
| *Lev* | 公司的财务杠杆，用总负债与总资产之比来表示 |
| *Cash* | 现金流变量，用现金及现金等价物与总资产之比来表示 |
| *Age* | 上市年限变量，用公司上市年限的自然对数来表示 |
| *Size* | 公司规模，用总资产的自然对数来表示 |
| *Return* | 公司股票年度回报 |
| *PMC* | 产品市场竞争程度 |
| *LLI* | 法治水平 |
| *FMD* | 金融市场发展程度 |

## 4.2.2　检验模型

使用模型（4-2）来检验董事长内部兼任（两职合一）、大股东控制及其交互作用对投资效率的影响。

$$AbsXinvest_t=\gamma_0+\gamma_1 Dual_t+\gamma_2 Dual_t*Top1_t+\gamma_3 Top1_t+\gamma_4 NSOE_t$$
$$+\gamma_5 AbsDAC_t+\gamma_6 Board_t+\gamma_7 IndDir_t+\gamma_8 Pay_t+\zeta \quad （4-2）$$

式中：*AbsXinvest* 为投资效率的衡量指标；*Dual* 为董事长内部兼任变量，当 *Dual*=1 时，表示董事长兼任总经理的职务，称为两职合一，当 *Dual*=0 时，表示董事长没有兼任总经理的职务，称为两职分离；*Top*1 为大股东控制的衡量指标，用第一大股东持股比例来表示；*Dual*\**Top*1 是 *Dual* 和 *Top*1 的交互项。所有权性质、董事会规模、董事会独立性以及高管薪酬等公司治理特征会对代理问题产生重要的影响，从而影响公司的投资效率，因此本章控制了这些变量对投资效率的影响。其中，*NSOE* 为所有权性质的虚拟变量，当 *NSOE*=1 时，表示非国有企业，当 *NSOE*=0 时，表示国有企业；*Board* 为董事会规模变量，用董事会人数来表示；*IndDir* 为董事会独立性变量，其值等于独立董事人数除以董事会人数。低质量的会计信息会使投资效率降低（Biddle et al.，2009），因此在对投资效率进行计量时需要控制会计信息质量。*AbsDAC* 为会计信息质量变量，本章用修正琼斯模型（Dechow et al.，1995）来计算盈余管理；*Pay* 为高管薪酬变量，采用薪酬最高的前三位董事的平均薪酬的自然对数来表示。同时，本章控制了年度和行业效应。表 4-2 对验证模型的变量进行了说明。

表 4-2　检验模型的变量说明

| 变量 | 变量说明 |
| --- | --- |
| *AbsXinvest* | 投资效率的衡量指标 |
| *Dual* | 董事长内部兼任变量，当董事长兼任总经理职务时 *Dual*=1，否则 *Dual*=0 |
| *Top*1 | 大股东控制的衡量指标，用第一大股东持股比例来表示 |
| *Dual\*Top*1 | *Dual* 和 *Top*1 的交互项 |
| *NSOE* | 所有权性质的虚拟变量，假如最终实际控制人为非国有股东，则 *NSOE*=1，否则 *NSOE*=0 |
| *AbsDAC* | 会计信息质量变量 |
| *Board* | 董事会规模变量，用董事会人数来表示 |
| *IndDir* | 董事会独立性变量，它用独立董事人数与董事会人数之比来表示 |
| *Pay* | 高管薪酬变量，用薪酬最高的前三位董事的平均薪酬的自然对数来表示 |

## 4.3　样本和描述性统计

同第 3 章，本章最终实际控制人类型和第一大股东持股比例数据取自色诺芬（CCER）数据库，其他数据取自国泰安（CSMAR）数据库，样本为 16 423 个。

表 4-3 报告了模型（4-2）中主要变量的描述性统计结果。本章对所有连续变量均在 1% 和 99% 分位数上进行了温莎处理。其中，*AbsXinvest* 的值等于

*Xinvest* 先进行温莎处理，然后取绝对值；同理，*AbsDAC* 的值等于 *DAC* 先进行温莎处理，然后取绝对值。

基本描述统计结果显示，*AbsXinvest* 的均值为 0.032，可知样本公司中非效率投资规模的均值大致为公司总资产的 3.2%，*AbsXinvest* 的最小值为 0.000，最大值为 0.173，可知不同公司之间的投资效率存在较大差异。*Dual* 的平均值为 0.140，表明我国大致有 14% 的上市公司存在董事长内部兼任的情况；*Top*1 的均值和中位数约为 0.387 和 0.364，可知样本公司的股权比较集中，普遍存在一股独大的现象。

表 4-3 的第（2）部分比较了两职分离公司与两职合一公司的投资效率。投资效率的单变量检验结果显示，两职分离公司与两职合一公司的平均值之差为 -0.002，在 5% 水平上显著，中位数之差为 -0.038，也在 5% 水平上显著，说明两职分离的公司投资效率的平均值和中位数都显著低于两职合一公司，这说明两职分离的公司的投资效率可能高于两职合一公司，这与假设 1 一致。

表 4-3　模型（4-2）描述性统计

| 变量 | 均值 | 标准差 | 中位数 | 最小值 | 最大值 |
|---|---|---|---|---|---|
| （1）基本描述统计 | | | | | |
| *AbsXinvest* | 0.032 | 0.032 | 0.023 | 0.000 | 0.173 |
| *Dual* | 0.140 | 0.347 | 0.000 | 0.000 | 1.000 |
| *Top*1 | 0.387 | 0.164 | 0.364 | 0.004 | 0.886 |
| *NSOE* | 0.310 | 0.463 | 0.000 | 0.000 | 1.000 |
| *AbsDAC* | 0.067 | 0.063 | 0.048 | 0.000 | 0.307 |
| *Board* | 9.398 | 2.121 | 9.000 | 2.000 | 19.000 |
| *IndDir* | 0.296 | 0.133 | 0.333 | 0.000 | 0.750 |
| *Pay* | 12.005 | 1.028 | 12.032 | 9.371 | 14.290 |
| （2）投资效率的差异：两职分离公司与两职合一公司的比较 | | | | | |
| | | 两职分离公司与两职合一公司 | | | |
| | 平均值之差 | *t* 值 | 中位数之差 | *Z* 值 | |
| *AbsXinvest* | -0.002 | -2.12** | -0.038 | 2.40** | |

表 4-4 报告了模型（4-2）变量之间的相关系数。从皮尔森和斯皮尔曼相

关系数来看，*AbsXinvest* 和 *Dual* 的相关系数都在 5% 水平上显著为正，说明总经理和董事长两职合一可能降低了投资效率。

表4-4　模型（4-2）皮尔森（斯皮尔曼）相关系数

| | *AbsXinvest* | *Dual* | *Top*1 | *NSOE* | *AbsDAC* | *Board* | *IndDir* | *Pay* |
|---|---|---|---|---|---|---|---|---|
| *AbsXinvest* | | 0.020** | 0.014 | 0.003 | −0.027*** | 0.000 | −0.010 | −0.058*** |
| *Dual* | 0.018** | | −0.079*** | 0.133*** | 0.046*** | −0.088*** | 0.024*** | 0.018* |
| *Top*1 | 0.004 | −0.081*** | | −0.291*** | −0.027*** | 0.019** | −0.125*** | −0.139*** |
| *NSOE* | 0.010 | 0.133*** | −0.284*** | | 0.074*** | −0.185*** | 0.147*** | 0.001 |
| *AbsDAC* | −0.021** | 0.047*** | −0.029*** | 0.088*** | | −0.060*** | 0.002 | −0.098*** |
| *Board* | −0.005 | −0.077*** | 0.032*** | −0.181*** | −0.060*** | | −0.158*** | 0.057*** |
| *IndDir* | −0.005 | −0.002 | −0.133*** | 0.151*** | −0.011 | −0.117*** | | 0.358*** |
| *Pay* | −0.048*** | 0.020*** | −0.151*** | 0.010 | −0.121*** | 0.055*** | 0.457*** | |

注：下三角是皮尔森相关系数，上三角是斯皮尔曼相关系数；***、**、* 分别表示在 1%、5%、10% 水平上显著。

## 4.4　实　证　结　果

表4-5 报告了全样本的回归结果。我们对全样本进行了两次回归，其中第一次回归没有纳入 *Dual*Top*1 交互项。第一次回归结果显示，*Dual* 的回归系数在 5% 水平上显著为正，表明董事长内部兼任公司的投资效率显著低于不存在董事长内部兼任的公司，该结果支持了假设 1。

第二次回归结果显示，*Dual* 的回归系数不显著，*Dual*Top*1 的回归系数在 5% 水平上显著为正，*Top*1 的回归系数在 10% 水平上显著为负。线性约束结果显示，（*Dual*+*Dual*Top*1）在 5% 水平上显著，（*Top*1+*Dual*Top*1）在 1% 水平上显著。回归结果说明，在股权集中度较低的公司中，董事长内部兼任没有显著影响投资效率；相对于股权集中度较低的公司来说，股权集中度较高的公司的董事长内部兼任更能降低公司的投资效率。在不存在董事长内部兼任的公司中，第一大股东持股比例越高，投资效率越高；相对于不存在董事长内部兼任的公司来说，董事长内部兼任的公司的第一大股东持股比例更能造成非效率投资。董事长内部兼任的公司的第一大股东持股比例与非效率投资显著正相关；股权集中度较高的公司的董事长内部兼任与非效率投资显著正相关。以上结果支持了假设 2。

表 4-5　全样本回归结果（因变量 =*AbsXinvest*）

| 变量 | 第一次回归 | | 第二次回归 | |
|---|---|---|---|---|
| | 系数 | *t* 值 | 系数 | *t* 值 |
| 截距项 | 0.032 | 15.70*** | 0.033 | 15.89*** |
| *Dual* | 0.002 | 2.48** | −0.002 | −1.30 |
| *Dual*Top*1 | | | 0.012 | 2.52** |
| *Top*1 | −0.002 | −1.09 | −0.004 | −1.87* |
| *NSOE* | 0.002 | 3.11*** | 0.002 | 3.11*** |
| *AbsDAC* | 0.004 | 0.98 | 0.004 | 0.97 |
| *Board* | 0.000 | −1.81* | 0.000 | −1.83* |
| *IndDir* | −0.004 | −0.78 | −0.004 | −0.78 |
| *Pay* | −0.001 | −1.58 | −0.001 | −1.58 |
| 行业效应 | 已控制 | 已控制 | 已控制 | 已控制 |
| 年度效应 | 已控制 | 已控制 | 已控制 | 已控制 |
| *Adj.R*² | 0.032 | | 0.032 | |
| *F* 值 | 17.04*** | | 16.69*** | |
| 样本量 | 16423 | | 16423 | |
| 检验：*Dual*+*Dual*Top*1=0 | | | *F*=4.43** | |
| 检验：*Top*1+*Dual*Top*1=0 | | | *F*=5.31*** | |

注：***、**、* 分别表示在 1%、5%、10% 水平上显著。

表 4-6 报告了子样本的回归结果。我们根据第一大股东持股比例将样本划分为股权集中度较高样本和股权集中度较低样本，并分别进行回归。如果 *Top*1 等于或高于全样本的中位数，则为股权集中度较高样本（*HighTop*1=1），否则为股权集中度较低样本（*HighTop*1=0）。在股权集中度较低样本中，*Dual* 的回归系数不显著异于 0；在股权集中度较高样本中，*Dual* 的回归系数在 1% 水平上显著为正。这表明当股权集中度较高时，董事长内部兼任会对投资效率产生负面影响。

另外，我们还将样本区分为董事长和总经理两职分离（*Dual*=0）、董事长和总经理两职合一（*Dual*=1）两个子样本分别进行回归。在董事长和总经理两职分离的样本中，*Top*1 的回归系数在 5% 水平上显著为负，表明不存在董事长内部兼任的公司中，较高的股权集中度会提高投资效率。在董事长和总经理两职合一的样本中，*Top*1 的回归系数在 10% 水平上显著为正，表明存在董事长内部兼任的公司中，较高的股权集中度会降低投资效率。

表 4-6　子样本回归结果（因变量 =*AbsXinvest*）

| 变量 | *HighTop*1=0 | | *HighTop*1=1 | | *Dual*=0 | | *Dual*=1 | |
|---|---|---|---|---|---|---|---|---|
| | 系数 | *t* 值 | 系数 | *t* 值 | 系数 | *t* 值 | 系数 | *t* 值 |
| 截距项 | 0.029 | 9.83*** | 0.033 | 13.91*** | 0.033 | 14.72*** | 0.026 | 5.07*** |
| *Dual* | 0.000 | 0.25 | 0.004 | 3.61*** | | | | |
| *Top*1 | | | | | −0.004 | −2.02** | 0.009 | 1.77* |
| *NSOE* | 0.001 | 1.38 | 0.003 | 3.12*** | 0.001 | 2.10** | 0.005 | 2.97*** |
| *AbsDAC* | 0.014 | 2.23** | −0.005 | −0.83 | −0.002 | −0.39 | 0.033 | 3.00*** |
| *Board* | 0.000 | −0.73 | 0.000 | −1.69* | 0.000 | −2.69*** | 0.001 | 1.48 |
| *IndDir* | 0.001 | 0.10 | −0.007 | −1.14 | −0.006 | −1.13 | 0.009 | 0.79 |
| *Pay* | 0.000 | −1.52 | −0.001 | −1.64 | −0.001 | −1.59 | 0.000 | −1.56 |
| 行业效应 | 已控制 | 已控制 | 已控制 | 已控制 | 已控制 | 已控制 | 已控制 | 已控制 |
| 年度效应 | 已控制 | 已控制 | 已控制 | 已控制 | 已控制 | 已控制 | 已控制 | 已控制 |
| *Adj.R*² | 0.022 | | 0.046 | | 0.034 | | 0.028 | |
| *F* 值 | 6.65 | | 13.14*** | | 16.42*** | | 3.06*** | |
| 样本量 | 8212 | | 8211 | | 14 156 | | 2267 | |

注：***、**、* 分别表示在 1%、5%、10% 水平上显著。

为了使研究结论更加可靠，本章改变投资效率的估计方法，进而重新运行相关的回归模型。这次用理查森（2006）模型来计算投资效率，并使用营业收入增长率代替托宾 *q* 来表示公司的投资机会，衡量投资效率变量，进而重新运行模型（4-2）。

表 4-7 报告了稳健性检验的回归结果：第一次回归结果显示，*Dual* 的回归系数在 5% 水平上显著为正；第二次回归结果显示，*Dual* 的回归系数不显著，*Dual*\**Top*1 的回归系数在 5% 水平上显著为正，*Top*1 的回归系数在 10% 水

平上显著为负。线性约束结果显示，（ *Dual+ Dual\*Top*1 ）在 5% 水平上显著，
（ *Top*1+ *Dual\*Top*1 ）在 1% 水平上显著。由此可知，表 4-7 回归结果与表 4-5
完全一致，说明投资效率估计方法的选择不会影响本章结论。同时，证明了理
查森（2006）修正模型的有效性和在中国的适用性。

表 4-7　模型（4-2）稳健性检验（改变 *Xinvest* 估计方法）

| 变量 | （1） | | （2） | |
|---|---|---|---|---|
| | 系数 | *t* 值 | 系数 | *t* 值 |
| 截距项 | 0.032 | 15.50\*\*\* | 0.033 | 15.64\*\*\* |
| *Dual* | 0.002 | 2.25\*\* | −0.002 | −1.05 |
| *Dual\*Top*1 | | | 0.011 | 2.15\*\* |
| *Top*1 | −0.002 | −1.06 | −0.003 | −1.71\* |
| *NSOE* | 0.002 | 2.95\*\*\* | 0.002 | 2.95\*\*\* |
| *AbsDAC* | 0.004 | 0.88 | 0.004 | 0.86 |
| *Board* | 0.000 | −1.90\* | 0.000 | −1.93\* |
| *IndDir* | −0.003 | −0.65 | −0.003 | −0.65 |
| *Pay* | −0.001 | −1.56 | −0.001 | −1.56 |
| 行业效应 | 已控制 | 已控制 | 已控制 | 已控制 |
| 年度效应 | 已控制 | 已控制 | 已控制 | 已控制 |
| *Adj.R*² | 0.033 | | 0.033 | |
| *F* 值 | 17.39\*\*\* | | 16.97\*\*\* | |
| 样本量 | 15 981 | | 15 981 | |
| 检验：*Dual+Dual\*Top*1=0 | | | *F*=4.01\*\* | |
| 检验：*Top*1+*Dual\*Top*1=0 | | | *F*=5.11\*\*\* | |

注：\*\*\*、\*\*、\* 分别表示在 1%、5%、10% 水平上显著。

莫迪利亚尼和米勒（1958）的研究表明，如果市场条件是完美的，则公司
投资只由投资机会决定。所以，本章借鉴了威尔第（2006）、比德尔等（2009）
的做法，使用模型（4-3）分行业、年度来估计公司的投资效率：

$$Invest_t=\beta_0+\beta_1 Growth\ Opportunities+\xi \tag{4-3}$$

在表 4-8 中，模型一和模型二用托宾 *q* 来度量投资机会，模型三和模型四
用营业收入增长率来度量投资机会。然后，在检验的过程中包含了模型（4-2）
所缺少的理查森（2006）已经包含的变量进行回归，表 4-8 报告了回归结果。

没有纳入 $Dual*Top1$ 交互项的回归结果均表明，董事长内部兼任与非效率投资显著正相关；纳入了 $Dual*Top1$ 交互项的回归结果均表明，总经理和董事长两职合一与第一大股东持股比例的交互项同非效率投资显著正相关，第一大股东持股比例与非效率投资显著负相关，而两职合一与非效率投资没有存在显著的相关性。综上所述，本章的研究结论是稳健的，投资效率方法的选择没有改变研究结论。

表4-8　稳健性检验（改变 $Xinvest$ 估计方法）

| 变量 | 模型一 | | 模型二 | | 模型三 | | 模型四 | |
|---|---|---|---|---|---|---|---|---|
| | 系数 | $t$ 值 | 系数 | $t$ 值 | 系数 | $t$ 值 | 系数 | $t$ 值 |
| 截距项 | 0.105 | 15.31*** | 0.105 | 15.33*** | 0.102 | 14.67*** | 0.102 | 14.70*** |
| $Dual$ | 0.002 | 2.22** | −0.002 | −0.72 | 0.002 | 2.75*** | −0.001 | −0.52 |
| $Dual*Top1$ | | | 0.010 | 1.78* | | | 0.010 | 1.79* |
| $Top1$ | −0.003 | −1.43 | −0.004 | −1.92* | −0.004 | −1.71* | −0.005 | −2.19** |
| $NSOE$ | 0.000 | −0.18 | 0.000 | −0.15 | 0.000 | −0.37 | 0.000 | −0.34 |
| $AbsDAC$ | 0.005 | 1.02 | 0.005 | 1.00 | 0.005 | 1.02 | 0.005 | 1.00 |
| $Board$ | 0.000 | −1.91* | 0.000 | −1.93* | 0.000 | −1.84* | 0.000 | −1.85* |
| $IndDir$ | −0.007 | −1.26 | −0.007 | −1.26 | −0.006 | −1.05 | −0.006 | −1.05 |
| $Pay$ | −0.001 | −1.57 | −0.001 | −1.57 | −0.001 | −1.60 | −0.001 | −1.60 |
| $Lev_{t-1}$ | 0.002 | 1.52 | 0.002 | 1.52 | 0.004 | 2.52** | 0.004 | 2.52** |
| $Cash_{t-1}$ | −0.005 | −1.52 | −0.005 | −1.50 | −0.001 | −0.20 | −0.001 | −0.18 |
| $Age_{t-1}$ | 0.001 | 1.81* | 0.001 | 1.85* | 0.001 | 1.10 | 0.001 | 1.14 |
| $Size_{t-1}$ | −0.003 | −9.67*** | −0.003 | −9.63*** | −0.003 | −9.63*** | −0.003 | −9.59*** |
| $Returns_{t-1}$ | 0.002 | 3.11*** | 0.002 | 3.11*** | 0.002 | 2.53** | 0.002 | 2.52** |
| $Invest_{t-1}$ | 0.109 | 19.88*** | 0.109 | 19.82*** | 0.132 | 23.58*** | 0.131 | 23.52*** |
| 行业效应 | 已控制 | 已控制 | 已控制 | 已控制 | 已控制 | 已控制 | 已控制 | 已控制 |
| 年度效应 | 已控制 | 已控制 | 已控制 | 已控制 | 已控制 | 已控制 | 已控制 | 已控制 |
| $Adj.R^2$ | 0.075 | | 0.075 | | 0.084 | | 0.084 | |
| $F$ 值 | 34.53*** | | 33.67*** | | 39.03*** | | 38.04*** | |
| 样本量 | 16 091 | | 16 091 | | 16 110 | | 16 110 | |

注：***、**、*分别表示在1%、5%、10%水平上显著。

另外，本书将投资效率分成投资不足（*Xinvest*<0）和过度投资（*Xinvest*>0）两种类型来进一步考察董事长内部兼任对投资效率的影响，表 4-9 报告了投资不足和过度投资两个子样本的回归结果。

投资不足样本的回归结果显示，*Dual*、*Top*1 以及 *Dual*\**Top*1 的回归系数均不显著异于 0。在过度投资样本中，*Dual* 和 *Top*1 的回归系数均不显著异于 0，而 *Dual*\**Top*1 的回归系数在 5% 水平上显著为正。线性约束结果显示，（*Dual*+ *Dual*\**Top*1）在 10% 水平上显著，（*Top*1+ *Dual*\**Top*1）在 5% 水平上显著。

从上述研究结论可知，在投资不足的样本中，总经理和董事长两职合一、第一大股东持股比例及其交互项均没有显著影响投资不足；在过度投资样本中，两职合一公司的第一大股东持股比例与过度投资显著正相关，股权集中度较高公司的董事长内部兼任与过度投资显著正相关。由此可见，只有在过度投资子样本中才会发现总经理和董事长两职合一与第一大股东持股比例的交互项对投资效率存在显著的影响。

表 4-9　进一步检验（分投资不足和过度投资样本）

| 变量 | 投资不足样本 | | 过度投资样本 | |
|---|---|---|---|---|
| | 系数 | *t* 值 | 系数 | *t* 值 |
| 截距项 | 0.025 | 12.45\*\*\* | 0.046 | 11.39\*\*\* |
| *Dual* | 0.001 | 0.35 | −0.006 | −1.59 |
| *Dual*\**Top*1 | 0.004 | 0.80 | 0.020 | 2.11\*\* |
| *Top*1 | −0.001 | −0.67 | −0.006 | −1.51 |
| *NSOE* | 0.002 | 3.93\*\*\* | 0.001 | 1.11 |
| *AbsDAC* | 0.010 | 2.47\*\* | −0.003 | −0.30 |
| *Board* | 0.000 | −0.88 | −0.001 | −2.11\*\* |
| *IndDir* | −0.001 | −0.33 | −0.011 | −1.18 |
| *Pay* | −0.001 | −1.59 | −0.001 | −1.58 |
| 行业效应 | 已控制 | 已控制 | 已控制 | 已控制 |
| 年度效应 | 已控制 | 已控制 | 已控制 | 已控制 |
| *Adj.R*² | 0.042 | | 0.034 | |
| *F* 值 | 13.11\*\*\* | | 7.81\*\*\* | |

续表

| 变量 | 投资不足样本 | | 过度投资样本 | |
|---|---|---|---|---|
| | 系数 | t 值 | 系数 | t 值 |
| 样本量 | 9 596 | | 6 827 | |
| 检验：$Dual+Dual*Top1=0$ | $F=1.40$ | | $F=3.53*$ | |
| 检验：$Top1+Dual*Top1=0$ | $F=1.57$ | | $F=4.21**$ | |

注：***、**、* 分别表示在 1%、5%、10% 水平上显著。

# 4.5 本 章 小 结

本章以 1999—2012 年中国 A 股上市公司为样本，研究了董事长内部兼任、大股东控制及其交互作用对投资效率的影响。结果表明，董事长内部兼任的公司的投资效率显著低于不存在董事长内部兼任的公司，说明董事长内部兼任会破坏治理的效果；大股东控制并不总是降低投资效率，只有在董事长与总经理两职合一的公司中才会出现大股东控制降低投资效率的问题，而在董事长与总经理两职分离的公司中，大股东控制能够提高投资效率。具体而言，在股权集中度较低的公司中，董事长内部兼任没有显著影响投资效率；相对于股权集中度较低的公司而言，股权集中度较高的公司的董事长内部兼任更能降低公司的投资效率。在不存在董事长内部兼任的公司中，第一大股东持股比例越高，投资效率越高；相对于不存在董事长内部兼任的公司而言，董事长内部兼任的公司的第一大股东持股比例更能造成非效率投资。董事长内部兼任的公司的第一大股东持股比例与非效率投资显著正相关；股权集中度较高的公司的董事长内部兼任与非效率投资显著正相关。

进一步将投资效率分成投资不足和过度投资两种类型来考察董事长内部兼任对投资效率的影响。投资不足样本的回归结果表明，董事长内部兼任、第一大股东持股比例及其交互项均没有显著影响投资不足；过度投资样本的回归结果表明，董事长内部兼任的公司的第一大股东持股比例与过度投资显著正相关，股权集中度较高的公司的董事长内部兼任与过度投资显著正相关。本章一方面拓展了大股东控制和投资效率两者关系的研究，另一方面深化了大股东控制的经济后果方面的研究。

本章的研究结论对企业管理者、投资者以及政府监管者具有以下的启示作用：

首先，对企业管理者来说，管理者针对具体的决策问题，可以选择通过调整企业董事长和总经理两职状况，或者分散股权集中度来提高决策效率，还可以选择同时调整董事长和总经理两职状况与股权集中度来提高企业决策效率。

其次，对于投资者来说，投资者应当选择那些董事长和总经理两职分离从而对管理者的监督和控制效果更好的公司。

再次，对政府监管者来说，监管者应当更加重视加强对那些董事长内部兼任公司大股东控制的监管，因为大股东控制对公司决策效率的负面影响在董事长内部兼任公司中会更加明显。

# 第5章　董事长内部兼任与投资效率：地方政府控制视角

第4章的研究结论指出：董事长内部兼任的公司的投资效率显著低于不存在董事长内部兼任的公司；在董事长与总经理两职合一的公司中会出现大股东控制降低投资效率的问题，而在董事长与总经理两职分离的公司中大股东控制能够提高投资效率。这说明大股东控制会影响董事长内部兼任与投资效率两者的关系。另外，鲜有文献直接研究我国政府控制对投资行为的影响。因此，本章将从地方政府控制视角来研究董事长内部兼任与投资效率两者的关系，并以此深化董事长内部兼任与投资效率两者关系的研究。

中央政府控制的上市公司受到更多方面的监督，如审计署的审计，其高管的自利行为容易受到约束。相对来说，受地方政府控制的上市公司，其高管的自利行为受到的监督比较松散（Xu，2004）。原因在于，在分权化过程中，对中央政府来说，地方政府更像是一个代理人，在某种程度上需要上市公司的帮助，所以地方政府对国企经理的机会主义行为睁一只眼闭一只眼。程仲鸣等（2008）指出，由于经济与政治晋升目标的设定，地方国企的投资行为容易受到地方政府的干预。因政府干预而导致的投资过度问题在地方国企中更加突出；暂没有证据显示政府干预和投资不足之间有显著关系。因此，地方政府控制的国有企业董事长内部兼任与投资效率的关系可能受到政府干预的影响。

本章运用1999—2012年11 966个非金融类中国A股国有上市公司的年度数据，考察了董事长内部兼任与地方政府控制的交互作用对投资效率的影响。通过本章的研究发现，地方政府控制并不总是降低投资效率，只有在董事长内部兼任的公司中才会出现地方政府控制降低投资效率的问题。本章的研究一方面深化了董事长内部兼任和投资效率两者关系的研究，另一方面丰富了地方政府控制的经济后果方面的研究。

# 5.1　理论分析与研究假设

董事长内部兼任作为一种重要的决策权配置机制，直接影响着企业投资效率。董事长内部兼任的公司，其决策制定权与决策控制权没有分开，决策在制定过程中没有受到应有的控制和监督，使管理层有机会获取私人收益。在规模更大的公司，管理者可以得到更多的各种非货币和货币收入，也可以有更高的社会地位，而通过过度投资可以使公司规模变大。由此可知，管理层为了获取私人收益会增加过度投资的概率。另外，董事长内部兼任弱化了董事会对管理层的监督和控制，从而助长了管理层的过度投资行为，进而降低了投资效率。

此外，中央政府控制的上市公司受到更多方面的监督，如审计署的审计，其高管的自利行为容易受到约束。但是，在地方国企中，地方政府有干预企业经营的动机。首先，政府的社会目标动机。地方政府有社会任务需要完成，如发展地方经济、提高政府的财政收入、维护社会稳定等。政府会将自身的任务转嫁到其控制的上市公司。政府为完成社会任务，会强制性地要求当地企业参与经济建设，进行基础设施建设项目的投资，或者通过兼并、收购地方国有企业，帮助企业渡过难关，同时提高政府的财政收入和就业率。其次，政府官员的政绩考核动机。政府官员有仕途上升迁的需要，而升迁要求对其进行政绩考核，考核政绩之一是当地的 GDP 和财政收入。为了增加财政收入和提高 GDP，官员会要求公司进行过度投资。所以，地方政府对公司的监督会比较松散，对国企经理的机会主义行为会适当容忍。对地方政府控制的国有企业来说，在董事长内部兼任情况下，决策在制定过程中更不会受到应有的控制和监督，从而更容易出现管理者的机会主义行为。因此，与中央政府控制的国有企业相比，地方政府控制的国有企业董事长内部兼任会对投资效率带来更多的负面影响。综上所述，我们提出本章假设。

假设：与中央政府控制的国有企业相比，地方政府控制的国有企业，其董事长内部兼任更会降低投资效率。

# 5.2 变量与模型

本章仍然使用理查森（2006）修正模型来度量投资效率。使用模型（5-1）来检验董事长内部兼任与地方政府控制的交互作用对投资效率的影响：

$$AbsXinvest_t = \gamma_0 + \gamma_1 Dual_t + \gamma_2 Dual_t * Local_t + \gamma_3 Local_t + \gamma_4 AbsDAC_t$$
$$+ \gamma_5 Top1_t + \gamma_6 Board_t + \gamma_7 IndDir_t + \gamma_8 Pay_t + \zeta \qquad (5-1)$$

式中：$AbsXinvest$ 为投资效率的衡量指标；$Dual$ 为董事长内部兼任变量，当 $Dual=1$ 时，表示董事长兼任总经理的职务，称为两职合一，当 $Dual=0$ 时，表示董事长没有兼任总经理的职务，称为两职分离；$Local$ 为地方政府控制变量，$Local=1$ 表示最终实际控制人为地方政府，$Local=0$ 表示实际控制人为中央政府；$Dual*Local$ 是 $Dual$ 和 $Local$ 的交互项。根据上文假设，与中央政府控制的国有企业相比，地方政府控制的国有企业的董事长和总经理两职合一会降低投资效率，由此本章预计 $Dual*Local$ 的回归系数显著为正。低质量的会计信息会使投资效率降低（Biddle et al.，2009），因此在对投资效率进行计量时需要控制会计信息质量；$AbsDAC$ 为会计信息质量变量，本章用修正琼斯模型（Dechow et al.，1995）来计算盈余管理。第一大股东持股比例、董事会规模、董事会独立性以及高管薪酬等公司治理特征会对代理问题产生重要影响，从而影响公司的投资效率，因此本章控制了这些变量对投资效率的影响。其中，$Top1$ 为大股东控制的衡量指标，用第一大股东持股比例来表示；$Board$ 为董事会规模变量，用董事会人数来表示；$IndDir$ 为董事会独立性变量，其值等于独立董事人数除以董事会人数；$Pay$ 为高管薪酬变量，采用薪酬最高的前三位董事的平均薪酬的自然对数来表示。同时，本章控制了年度和行业效应。表 5-1 对变量进行了说明。

表 5-1　变量说明

| 变量 | 变量说明 |
| --- | --- |
| *AbsXinvest* | 投资效率的衡量指标 |
| *Dual* | 董事长内部兼任变量，当董事长兼任总经理职务时，*Dual*=1，否则 *Dual*=0 |
| *Local* | 地方政府控制变量，*Local*=1 表示实际控制人为地方政府，*Local*=0 表示实际控制人为中央政府 |

| 变量 | 变量说明 |
| --- | --- |
| *Dual\*Local* | *Dual* 和 *Local* 的交互项 |
| *AbsDAC* | 会计信息质量变量 |
| *Top*1 | 大股东控制的衡量指标，用第一大股东持股比例来表示 |
| *Board* | 董事会规模变量，用董事会人数来表示 |
| *IndDir* | 董事会独立性变量，它用独立董事人数与董事会人数之比来表示 |
| *Pay* | 高管薪酬变量，采用薪酬最高的前三位董事的平均薪酬的自然对数来表示 |

# 5.3　样本和描述性统计

同第 3、4 章，本章最终实际控制人类型和第一大股东持股比例的数据取自色诺芬（CCER）数据库，其余数据从国泰安（CSMAR）数据库获得，样本数为 11 966 个。

表 5-2 报告了模型（5-1）中主要变量的描述性统计结果。本章对所有连续变量均在 1% 和 99% 分位数上进行了温莎处理。其中，*AbsXinvest* 的值等于 *Xinvest* 先进行温莎处理然后取绝对值。同理，*AbsDAC* 的值等于 *DAC* 先进行温莎处理然后取绝对值。

基本描述统计结果显示，*AbsXinvest* 的均值为 0.032，可知样本中非效率投资规模的均值大致为公司总资产的 3.2%；*AbsXinvest* 的最小值为 0.000，最大值为 0.174，可知不同公司投资效率存在较大差异。*Dual* 的平均值为 0.104，说明在中国国有上市公司中大约有 10.4% 的公司存在董事长和总经理为同一个人的情况。*Local* 的平均值为 0.740，说明中国国有上市公司的最终实际控制人大约有 74% 为地方政府。

表 5-2　模型（5-1）描述性统计

| 变量 | 均值 | 标准差 | 中位数 | 最小值 | 最大值 |
| --- | --- | --- | --- | --- | --- |
| *AbsInvest* | 0.032 | 0.032 | 0.023 | 0.000 | 0.174 |
| *Dual* | 0.104 | 0.305 | 0.000 | 0.000 | 1.000 |
| *Local* | 0.740 | 0.439 | 1.000 | 0.000 | 1.000 |

| 变量 | 均值 | 标准差 | 中位数 | 最小值 | 最大值 |
|------|------|--------|--------|--------|--------|
| *AbsDAC* | 0.066 | 0.062 | 0.047 | 0.000 | 0.312 |
| *Top*1 | 0.383 | 0.162 | 0.361 | 0.006 | 0.886 |
| *Board* | 9.397 | 2.063 | 9.000 | 2.000 | 19.000 |
| *IndDir* | 0.317 | 0.112 | 0.333 | 0.000 | 0.750 |
| *Pay* | 11.995 | 1.026 | 12.047 | 9.367 | 14.320 |

表 5-3 报告了模型（5-1）中主要变量之间的相关系数。皮尔森和斯皮尔曼相关系数均显示，*AbsXinvest* 与 *Dual* 的相关系数在 10% 水平上显著为正，说明总经理和董事长两职合一可能降低了投资效率；*AbsXinvest* 与 *Local* 的相关系数为 0.015，在 10% 水平上显著为正，表明与中央政府控制的国有企业相比，地方政府控制的国有企业的投资效率更低。

表 5-3　模型（5-1）皮尔森（斯皮尔曼）相关系数

| | *AbsXinvest* | *Dual* | *Local* | *AbsDAC* | *Top*1 | *Board* | *IndDir* | *Pay* |
|------|------|------|------|------|------|------|------|------|
| *AbsXinvest* | | 0.016* | 0.015* | −0.030*** | 0.011 | 0.001 | −0.025*** | −0.053*** |
| *Dual* | 0.017* | | −0.056*** | 0.052*** | −0.081*** | −0.098*** | 0.040*** | 0.017* |
| *Local* | 0.015* | −0.056*** | | −0.050*** | 0.169*** | 0.088*** | −0.140*** | −0.136*** |
| *AbsDAC* | −0.024*** | 0.051*** | −0.065*** | | −0.026*** | −0.063*** | 0.019** | 0.001 |
| *Top*1 | 0.004 | −0.084*** | 0.164*** | −0.026*** | | 0.031*** | −0.111*** | −0.094*** |
| *Board* | −0.008 | −0.088*** | 0.082*** | −0.064*** | 0.043*** | | −0.187*** | 0.058*** |
| *IndDir* | −0.027*** | 0.017* | −0.162*** | 0.006 | −0.123*** | −0.141*** | | 0.353*** |
| *Pay* | −0.049*** | 0.018*** | −0.147*** | 0.011 | −0.115*** | 0.051*** | 0.454*** | |

注：下三角是皮尔森相关系数，上三角是斯皮尔曼相关系数；***、**、* 分别表示在 1%、5%、10% 水平上显著。

# 5.4 实 证 结 果

表 5-4 报告了全样本和子样本的回归结果。全样本的回归结果显示，*Dual* 的回归系数不显著异于 0，*Dual\*Local* 的回归系数在 5% 水平上显著为正，*Local* 的回归系数不显著异于 0，线性约束结果显示，（*Dual+Dual\*Local*）在 5% 水平上显著大于 0，（*Local+Dual\*Local*）在 5% 水平上显著大于 0。回归结果说明，在中央政府控制的国有企业中，董事长内部兼任与投资效率不存在显著相关性；与中央政府控制的国有企业相比，地方政府控制的两职合一的国有企业的投资效率更低。在不存在董事长内部兼任的公司中，地方政府控制与投资效率没有显著关系；与不存在董事长内部兼任的公司相比，地方政府控制的两职合一的国有企业的投资效率更低。

我们将样本区分为中央政府控制的国有企业（*Local*=0）和地方政府控制的国有企业（*Local*=1）两个子样本分别进行回归。中央政府控制的国有企业（*Local*=0）的回归结果显示，*Dual* 的回归系数不显著异于 0；在地方政府控制的国有企业（*Local*=1）中，*Dual* 的回归系数在 1% 水平上显著为正。这表明当国有企业的产权主体为地方政府时，董事长和总经理两职合一会对投资效率产生负面影响。

另外，我们还将样本区分为董事长和总经理两职分离（*Dual*=0）和董事长和总经理两职合一（*Dual*=1）两个子样本分别进行回归。在 *Dual*=0 的样本中，*Local* 的回归系数不显著异于 0；在 *Dual*=1 的样本中，*Local* 的回归系数在 5% 水平上显著为正，表明存在董事长内部兼任时，地方政府控制会降低投资效率。

综上所述，本章假设得到验证。

表 5-4 基本回归结果（因变量 =*AbsXinvest*）

| 变量 | 全样本 | | Local=0 | | Local=1 | | Dual=0 | | Dual=1 | |
|---|---|---|---|---|---|---|---|---|---|---|
| | 系数 | t 值 | 系数 | t 值 | 系数 | t 值 | 系数 | t 值 | 系数 | t 值 |
| 截距项 | 0.040 | 9.34*** | 0.042 | 6.70*** | 0.039 | 6.38*** | 0.040 | 8.53*** | 0.035 | 3.19*** |
| *Dual* | −0.001 | −0.61 | −0.001 | −1.57 | 0.003 | 2.83*** | | | | |

| 变量 | 全样本 | | Local=0 | | Local=1 | | Dual=0 | | Dual=1 | |
|---|---|---|---|---|---|---|---|---|---|---|
| | 系数 | t 值 | 系数 | t 值 | 系数 | t 值 | 系数 | t 值 | 系数 | t 值 |
| Dual*Local | 0.004 | 2.16** | | | | | | | | |
| Local | 0.000 | 0.58 | | | | | 0.000 | 0.65 | 0.004 | 2.22** |
| AbsDAC | 0.002 | 0.33 | 0.005 | 0.82 | −0.003 | −0.38 | −0.005 | −0.92 | 0.031 | 2.66*** |
| Top1 | −0.004 | −2.24** | −0.007 | −2.61*** | −0.002 | −0.64 | −0.006 | −2.96*** | 0.007 | 1.30 |
| Board | 0.000 | −2.20** | 0.000 | −1.22 | 0.000 | −1.71* | 0.000 | −2.77*** | 0.000 | 0.87 |
| IndDir | −0.003 | −0.66 | −0.004 | −0.61 | −0.002 | −0.32 | −0.005 | −0.93 | 0.009 | 0.74 |
| Pay | 0.000 | −1.38 | −0.001 | −1.48 | 0.000 | −0.73 | −0.001 | −1.58 | 0.000 | 0.06 |
| 行业效应 | 已控制 | 已控制 | 已控制 | 已控制 | 已控制 | 已控制 | 已控制 | 已控制 | 已控制 | 已控制 |
| 年度效应 | 已控制 | 已控制 | 已控制 | 已控制 | 已控制 | 已控制 | 已控制 | 已控制 | 已控制 | 已控制 |
| $Adj.R^2$ | 0.031 | | 0.026 | | 0.035 | | 0.032 | | 0.030 | |
| F 值 | 13.74*** | | 7.07*** | | 8.32*** | | 13.34*** | | 2.86*** | |
| 观测数 | 11 966 | | 8 780 | | 3 186 | | 10 728 | | 1 238 | |
| 检验：Dual+Dual*Local=0 | F=4.08** | | | | | | | | | |
| 检验：Local+Dual*Local=0 | F=4.29** | | | | | | | | | |

注：***、**、* 分别表示在 1%、5%、10% 水平上显著。

为了使研究结论更加可靠，本书改变投资效率的估计方法，进而重新运行相关的回归模型。我们利用理查森（2006）模型，并使用营业收入的增长率代替托宾 $q$ 来表示公司的投资机会，衡量出投资效率变量，并对模型（5-1）重新进行回归。

表 5-5 的回归结果显示，Dual 的回归系数不显著异于 0，Dual*Local 的回归系数在 5% 水平上显著为正，Local 的回归系数不显著异于 0。线性约束结果显示，（Dual+Dual*Local）在 5% 水平上显著大于 0，（Local+Dual*Local）在 10% 水平上显著大于 0。中央政府控制的国有企业（Local=0）的回归结果显示，Dual 的回归系数不显著异于 0；在地方政府控制的国有企业（Local=1）中，Dual 的回归系数在 1% 水平上显著为正。在董事长和总经理两职分离的样本中，Local 的回归系数不显著异于 0；在董事长和总经理两职合一的样本中，

Local 的回归系数在 5% 水平上显著为正。可见，回归结果与表 5–4 基本一致，说明改变投资效率估计方法并不会改变本书的结论。

表 5–5　稳健性检验（改变 *Xinvest* 估计方法）

| 变量 | 全样本 | | Local=0 | | Local=1 | | Dual=0 | | Dual=1 | |
|---|---|---|---|---|---|---|---|---|---|---|
| | 系数 | t 值 | 系数 | t 值 | 系数 | t 值 | 系数 | t 值 | 系数 | t 值 |
| 截距项 | 0.039 | 9.20*** | 0.041 | 6.48*** | 0.040 | 6.57*** | 0.040 | 8.54*** | 0.031 | 2.82*** |
| *Dual* | −0.002 | −1.55 | 0.001 | 1.46 | 0.003 | 2.96*** | | | | |
| *Dual*Local* | 0.003 | 1.99** | | | | | | | | |
| *Local* | 0.000 | 0.40 | | | | | 0.000 | 0.48 | 0.004 | 2.15** |
| *AbsDAC* | 0.002 | 0.36 | 0.004 | 0.62 | −0.001 | −0.09 | −0.004 | −0.85 | 0.030 | 2.52** |
| *Top*1 | −0.004 | −2.17** | −0.007 | −2.72*** | −0.001 | −0.49 | −0.006 | −3.04*** | 0.008 | 1.52 |
| *Board* | 0.000 | −2.04** | 0.000 | −0.95 | 0.000 | −1.79** | 0.000 | −2.77*** | 0.001 | 1.21 |
| *IndDir* | −0.005 | −0.91 | −0.007 | −0.96 | −0.003 | −0.35 | −0.007 | −1.22 | 0.010 | 0.76 |
| *Pay* | 0.000 | −1.23 | 0.000 | −0.94 | −0.001 | −1.06 | −0.001 | −1.51 | 0.000 | 0.31 |
| 行业效应 | 已控制 | 已控制 | 已控制 | 已控制 | 已控制 | 已控制 | 已控制 | 已控制 | 已控制 | 已控制 |
| 年度效应 | 已控制 | 已控制 | 已控制 | 已控制 | 已控制 | 已控制 | 已控制 | 已控制 | 已控制 | 已控制 |
| *Adj.R*² | 0.030 | | 0.026 | | 0.032 | | 0.032 | | 0.025 | |
| *F* 值 | 13.30*** | | 7.15*** | | 7.83*** | | 13.29*** | | 2.55*** | |
| 观测数 | 11 966 | | 8780 | | 3186 | | 10 728 | | 1238 | |
| 检验：<br>*Dual+Dual*Local=0* | *F*=4.06** | | | | | | | | | |
| 检验：<br>*Local+Dual*Local=0* | *F*=3.81* | | | | | | | | | |

注：***、**、* 分别表示在 1%、5%、10% 水平上显著。

另外，本书将投资效率分成投资不足（*Xinvest*<0）和过度投资（*Xinvest*>0）两种类型来进一步考察董事长内部兼任对投资效率的影响，表 5–6 和表 5–7 分别报告了投资不足和过度投资两个子样本进行回归的检验结果。

在投资不足的样本中，全样本的回归结果显示，*Dual*、*Dual*Local* 以及 *Local* 的回归系数均不显著异于 0；分样本的回归结果显示，只有在董事长内部兼任（*Dual*=1）中，*Local* 的回归系数在 10% 水平上显著大于 0。可见，只有微弱的证据表明当存在董事长内部兼任时，地方政府控制会提高投资不足的程度。

在过度投资样本中，全样本的回归结果显示，*Dual* 的回归系数不显著异于 0，*Dual\*Local* 的回归系数在 5% 水平上显著为正，*Local* 的回归系数不显著异于 0。线性约束结果显示，（*Dual+Dual\*Local*）在 10% 水平上显著大于 0，（*Local+Dual\*Local*）在 5% 水平上显著大于 0。这些结果表明，在中央政府控制的国有企业中，董事长内部兼任与过度投资不存在显著相关性；在不存在董事长内部兼任的公司中，地方政府控制与过度投资不存在显著相关性。相对于两职分离的公司来说，地方政府控制的两职合一的国有企业的过度投资程度更高；相对于中央政府控制的国有企业来说，两职合一的地方政府控制的国有企业的过度投资程度更高。中央政府控制的国有企业（*Local*=0）的回归结果显示，*Dual* 的回归系数不显著异于 0；在地方政府控制的国有企业（*Local*=1）中，*Dual* 的回归系数在 10% 水平上显著为正，表明当国有企业的产权主体为地方政府时，董事长和总经理两职合一会提高过度投资的程度。另外，我们还将样本区分为董事长和总经理两职分离（*Dual*=0）和董事长及总经理两职合一（*Dual*=1）两个子样本分别进行回归。在 *Dual*=0 的样本中，*Local* 的回归系数不显著异于 0；在 *Dual*=1 的样本中，*Local* 的回归系数在 10% 水平上显著为正，表明存在董事长内部兼任时，地方政府控制会提高过度投资的程度。

表 5-6　进一步检验（投资不足样本）

| 变量 | 全样本 | | *Local*=0 | | *Local*=1 | | *Dual*=0 | | *Dual*=1 | |
|---|---|---|---|---|---|---|---|---|---|---|
| | 系数 | *t* 值 | 系数 | *t* 值 | 系数 | *t* 值 | 系数 | *t* 值 | 系数 | *t* 值 |
| 截距项 | 0.038 | 9.48*** | 0.039 | 6.33*** | 0.035 | 6.36*** | 0.035 | 8.18*** | 0.056 | 4.96*** |
| *Dual* | 0.002 | 1.22 | 0.001 | 0.58 | 0.002 | 1.51 | | | | |
| *Dual\*Local* | 0.001 | 1.53 | | | | | | | | |
| *Local* | 0.001 | 0.94 | | | | | −0.001 | −0.96 | 0.002 | 1.68* |
| *AbsDAC* | 0.007 | 1.53 | 0.005 | 0.84 | 0.010 | 1.49 | 0.004 | 0.81 | 0.026 | 2.12*** |
| *Top*1 | −0.003 | −1.99** | −0.007 | −2.93*** | 0.000 | 0.02 | −0.004 | −2.16** | 0.000 | 0.01 |
| *Board* | 0.000 | −0.84 | 0.000 | 0.30 | 0.000 | −1.36 | 0.000 | −1.07 | 0.000 | 0.51 |
| *IndDir* | 0.001 | 0.21 | −0.004 | −0.51 | 0.006 | 1.01 | −0.001 | −0.16 | 0.013 | 1.04 |
| *Pay* | −0.001 | −3.34*** | −0.001 | −3.10*** | −0.001 | −1.60 | −0.001 | −2.81*** | −0.002 | −2.22** |
| 行业效应 | 已控制 | 已控制 | 已控制 | 已控制 | 已控制 | 已控制 | 已控制 | 已控制 | 已控制 | 已控制 |
| 年度效应 | 已控制 | 已控制 | 已控制 | 已控制 | 已控制 | 已控制 | 已控制 | 已控制 | 已控制 | 已控制 |

续表

| 变量 | 全样本 | | Local=0 | | Local=1 | | Dual=0 | | Dual=1 | |
|---|---|---|---|---|---|---|---|---|---|---|
| | 系数 | t 值 | 系数 | t 值 | 系数 | t 值 | 系数 | t 值 | 系数 | t 值 |
| $Adj.R^2$ | 0.039 | | 0.030 | | 0.051 | | 0.038 | | 0.039 | |
| F 值 | 10.40*** | | 5.02*** | | 7.30*** | | 9.60*** | | 2.39*** | |
| 观测数 | 6968 | | 1887 | | 5081 | | 6257 | | 711 | |
| 检验：$Dual+Dual*Local=0$ | F=0.10 | | | | | | | | | |
| 检验：$Local+Dual*Local=0$ | F=1.38 | | | | | | | | | |

注：因变量为 *AbsXinvest*；***、**、* 分别表示在 1%、5%、10% 水平上显著。

### 表 5-7　进一步检验（过度投资样本）

| 变量 | 全样本 | | Local=0 | | Local=1 | | Dual=0 | | Dual=1 | |
|---|---|---|---|---|---|---|---|---|---|---|
| | 系数 | t 值 | 系数 | t 值 | 系数 | t 值 | 系数 | t 值 | 系数 | t 值 |
| 截距项 | 0.053 | 6.37*** | 0.060 | 4.83*** | 0.054 | 4.60*** | 0.057 | 6.17*** | 0.022 | 1.10 |
| *Dual* | −0.002 | −1.59 | 0.002 | 0.99 | 0.003 | 1.82* | | | | |
| *Dual*Local* | 0.004 | 2.08** | | | | | | | | |
| *Local* | 0.001 | 0.93 | | | | | 0.001 | 0.95 | 0.005 | 1.70* |
| *AbsDAC* | −0.003 | −0.31 | 0.009 | 0.77 | −0.019 | −1.24 | −0.015 | −1.43 | 0.044 | 1.99** |
| *Top*1 | −0.003 | −0.85 | −0.006 | −1.20 | 0.000 | 0.07 | −0.006 | −1.49 | 0.013 | 1.32 |
| *Board* | −0.001 | −2.33** | −0.001 | −1.54 | −0.001 | −1.56 | −0.001 | −2.80*** | 0.000 | 0.55 |
| *IndDir* | −0.014 | −1.41 | −0.009 | −0.67 | −0.019 | −1.29 | −0.016 | −1.47 | −0.003 | −0.14 |
| *Pay* | −0.001 | −0.96 | −0.001 | −0.67 | −0.001 | −0.95 | −0.001 | −1.50 | 0.002 | 0.88 |
| 行业效应 | 已控制 | 已控制 | 已控制 | 已控制 | 已控制 | 已控制 | 已控制 | 已控制 | 已控制 | 已控制 |
| 年度效应 | 已控制 | 已控制 | 已控制 | 已控制 | 已控制 | 已控制 | 已控制 | 已控制 | 已控制 | 已控制 |
| $Adj.R^2$ | 0.035 | | 0.029 | | 0.042 | | 0.038 | | 0.033 | |
| F 值 | 7.17*** | | 3.81*** | | 4.79*** | | 7.15*** | | 1.92*** | |
| 观测数 | 4978 | | 1189 | | 3789 | | 4353 | | 625 | |
| 检验：$Dual+Dual*Local=0$ | F=3.82* | | | | | | | | | |

| 变量 | 全样本 | | Local=0 | | Local=1 | | Dual=0 | | Dual=1 | |
|---|---|---|---|---|---|---|---|---|---|---|
| | 系数 | t值 | 系数 | t值 | 系数 | t值 | 系数 | t值 | 系数 | t值 |
| 检验：<br>Local+Dual*Local=0 | F=4.17** | | | | | | | | | |

注：因变量为 AbsXinvest；***、**、* 分别表示在 1%、5%、10% 水平上显著。

# 5.5　本章小结

本章运用 1999—2012 年非金融类中国 A 股国有上市公司年度数据，考察了董事长内部兼任与地方政府控制的交互作用对投资效率的影响。研究得出：在中央政府控制的国有企业中，董事长内部兼任没有显著影响投资效率，当国有企业的产权主体为地方政府时，董事长内部兼任会对投资效率产生负面影响。具体而言，在不存在董事长内部兼任时，地方政府控制与投资效率不存在显著相关性，当董事长内部兼任时，地方政府控制会降低投资效率。相对于不存在董事长内部兼任的公司来说，地方政府控制的董事长内部兼任的国有企业的投资效率更低；相对于中央政府控制的国有企业来说，董事长内部兼任的地方政府控制的国有企业的投资效率更低。这表明当国有企业的产权主体为地方政府时，董事长内部兼任会对投资效率产生负面影响。

进一步将投资效率分成投资不足和过度投资两种类型来考察董事长内部兼任对投资效率的影响。投资不足样本的回归结果表明，只有微弱的证据表明当董事长内部兼任时，地方政府控制会提高投资不足的程度。过度投资样本的结果表明，在中央政府控制的国有企业中，董事长内部兼任没有显著影响过度投资；在不存在董事长内部兼任的公司中，地方政府控制没有显著影响过度投资；相对于不存在董事长内部兼任的公司来说，地方政府控制的董事长内部兼任的国有企业的过度投资程度更高；相对于中央政府控制的国有企业来说，董事长内部兼任的地方政府控制的国有企业的过度投资程度更高。

本章的研究结论深化了董事长内部兼任与投资效率之间关系的研究，也丰富了地方政府控制的经济后果方面的研究。同时，研究结论为我们提供了政策启示：作为微观企业的投资增长格局，应加快由以政府及其政策推动为主向以市场推动为主的方向转变，减少政府对企业的干预。

# 第6章 董事长外部兼任与投资效率：大股东控制视角

本书第 4 章和第 5 章分别从大股东控制和地方政府控制视角检验了董事长内部兼任对投资效率的影响，本章将从大股东控制视角研究董事长外部兼任对投资效率的影响，以此来检验董事长在董事和董事会治理中扮演的重要角色。

## 6.1 理论分析与研究假设

经典的财务理论认为，在一个完美的市场环境中，不会存在投资不足或投资过度的问题。这是因为给定一个具有正的净现值投资项目，公司总能够从其内部或者资本市场上筹集到足够的资金来推动项目的开展，因而不会存在投资不足的问题；对于那些净现值为负的投资项目，即便代理人能够从中获取私人利益，但由于不存在信息不对称，如果代理人投资净现值小于零的投资项目，必然会被委托人所识别，进而遭受相应的惩罚，或者在事前就可能被控制不予以实施，因而过度投资问题也不可能产生。

然而，现实世界普遍存在信息不对称的问题。一方面，信息不对称会提高公司外部融资的成本，出现融资约束问题。在这种情况下，企业会优先选择内部融资，如果内部资金不足以支持项目的开展，而外部融资成本足够高，企业可能会放弃净现值为正的投资项目，导致投资不足。另一方面，信息不对称会使委托人难以观察或者控制代理人的自利行为，产生道德风险或者逆向选择行为。如果企业存在自由现金流，代理人可能出于自利的考虑，将现金投资于净现值为负的项目，从而导致过度投资行为的发生。

资源依赖理论认为，存在着的组织如果想维持生存，就需要从环境中获取资源。由于环境的不确定和资源的缺乏，组织为了保障自身利益，会去追求更多的资源，以此来降低外部环境对组织的影响。但外部资源不是无限的，不能满足全部的人和存在的组织，因此那些可以获得更多资源的组织会占有优势和主动性，并会对那些在资源上比较缺乏的组织造成影响。从资源依赖理论的角度看，组织间是联系在一起的。也就是说，公司与公司之间因为董事长外部兼任而有更紧密的联系。

董事长外部兼任能使公司有更好的关系网络，得到更多、更丰富的资源，改善董事长已有的知识结构，丰富从业经验和降低信息不对称性，对公司战略、公司投融资起到更积极的作用。具体到投资方面，在董事长外部兼任的过程中，董事长可能接触过类似投资项目，对投资项目的优势和投资风险有更多的了解。也就是说，董事长外部兼任会使董事长有更多的投资决策方面的经验和信息优势：一方面，可以更容易识别管理者因为自利行为而进行的过度投资行为，从而抑制过度投资；另一方面，可以及时抓住值得投资的项目，避免错失投资机会，从而降低投资不足的风险。当公司因融资约束而产生投资不足时，会因董事长外部兼任而获得更多的资源，将更容易解决融资难的问题。因此，提出假设 1。

假设 1：与不存在董事长外部兼任的公司相比，存在董事长外部兼任的公司的投资效率更高。

即便 2007 年开始实行股权分置改革，但依旧有"一股独大"的现象。已有研究表明，大股东控制具有"激励效应"和"隧道效应"（Wei and Zhang，2008；俞红海等，2010）。随着大股东持股比例的提高，大股东参与到公司经营管理中的积极性加强，抑制了管理者为获得私有收益而进行非效率投资的行为。但是，当大股东持股比例超过阈值时，大股东容易将自身意志强加于公司经营之中，如果缺乏有效的监督或控制，大股东控制问题将会产生。大股东为了追求私有收益，将进行非效率投资，从而损害投资效率。

大股东控制的"激励效应"和"隧道效应"会受到董事长外部兼任的影响。董事长外部兼任会获得更多、更有用的信息，可以监督和控制管理者的非效率投资行为，从而抑制大股东为追求私人收益而操控管理者进行过度投资。同时，随着大股东持股比例的增加，大、小股东的利益趋于一致，也将会抑制大股东的非效率投资行为。当公司因为融资约束而产生投资不足时，董事长外部兼任可以获得更多资源，从而解决了融资难的问题，大股东将更加重视以此得到的投资机会，这种情况下，会降低非效率投资。因此，提出假设 2。

假设 2：董事长外部兼任的公司的第一大股东持股比例越高，投资效率就越高。

## 6.2　变量与模型

本章仍然使用理查森（2006）修正模型来估计投资效率。使用模型（6-1）来检验董事长外部兼任与大股东控制的交互作用对投资效率的影响：

$$AbsXinvest_t=\gamma_0+\gamma_1 Interlock_t+\gamma_2 Interlock_t*Top1+\gamma_3 Top1$$

$$+\gamma_4 AbsDAC_t+\gamma_5 NSOE+\gamma_6 Board_t+\gamma_7 IndDir_t+\gamma_8 Pay_t+\zeta（6-1）$$

式中：$AbsXinvest$ 为投资效率的衡量指标；$Interlock$ 为董事长外部兼任变量，其表示董事长是否在除上市公司外的其他单位有兼任职务，1 表示有兼任，0 表示无兼任；$Top1$ 为大股东控制的衡量指标，用第一大股东持股比例来表示；$Interlock*Top1$ 是 $Interlock$ 和 $Top1$ 的交互项。会计信息质量、所有权性质、董事会规模、董事会独立性以及高管薪酬等公司治理特征会对代理问题产生重要的影响，从而影响公司的投资效率，因此本书控制了这些变量对投资效率的影响。其中，$AbsDAC$ 为会计信息质量变量，低质量的会计信息会使投资效率降低（Biddle et al.，2009），因此在对投资效率进行计量时需要控制会计信息质量，本章使用修正琼斯模型（Dechow et al.，1995）来计算盈余管理。$NSOE$ 为所有权性质的虚拟变量，当 $NSOE$=1 时，表示非国有企业，当 $NSOE$=0 时，表示国有企业；$Board$ 为董事会规模变量，用董事会人数来表示；$IndDir$ 为董事会独立性变量，其值等于独立董事人数除以董事会人数；$Pay$ 为高管薪酬变量，采用薪酬最高的前三位董事的平均薪酬的自然对数来表示。在进行回归时，对年度效应和行业效应进行了控制。表 6-1 对各变量进行了说明。

表 6-1　变量说明

| 变量 | 变量说明 |
| --- | --- |
| $AbsXinvest$ | 投资效率的衡量指标 |
| $Interlock$ | 董事长外部兼任变量，1 表示有兼任，0 表示无兼任 |
| $Top1$ | 大股东控制的衡量指标，用第一大股东持股比例来表示 |
| $Interlock*Top1$ | $Interlock$ 和 $Top1$ 的交互项 |
| $AbsDAC$ | 会计信息质量变量 |

续表

| 变量 | 变量说明 |
|------|----------|
| NSOE | 所有权性质的虚拟变量，如果最终实际控制人为非国有股东，则 NSOE=1，否则 NSOE=0 |
| Board | 董事会规模变量，用董事会人数来表示 |
| IndDir | 董事会独立性变量，用独立董事人数与董事会人数之比来表示 |
| Pay | 高管薪酬变量，用薪酬最高的前三位董事的平均薪酬的自然对数来表示 |

# 6.3 样本和描述性统计

本章选择 2005—2012 年的非金融类中国 A 股上市公司为研究样本。董事长外部兼任样本的数据从 2005 年才开始披露，因此样本的最早数据始于 2005 年。在样本筛选过程中，本章还去掉了数据不全的样本，最终样本为 10 371 个。本章最终实际控制人类型和第一大股东持股比例的数据取自色诺芬（CCER）数据库，其余数据从国泰安（CSMAR）数据库获得。

表 6-2 报告了模型（6-1）中主要变量的描述性统计结果。本章对所有连续变量均在 1% 和 99% 分位数上进行了温莎处理，其中 AbsXinvest 的值等于 Xinvest 先进行温莎处理然后取绝对值。同理，AbsDAC 的值等于 DAC 先进行温莎处理然后取绝对值。

基本描述统计结果显示，AbsXinvest 的均值（中位数）为 0.018（0.010），可知样本中非效率投资规模的均值（中位数）大致为公司总资产的 1.8%（1.0%）；AbsXinvest 的最小值为 0.000，最大值为 0.140，可知不同公司之间的投资效率存在较大差异。Interlock 的平均值为 0.801，说明我国大约有 80.1% 的上市公司存在董事长外部兼任的情况。Top1 的均值和中位数分别为 0.365 和 0.345，说明样本公司的股权较集中，"一股独大"的现象突出。

表 6-2 描述性统计

| 变量 | 均值 | 标准差 | 中位数 | 最小值 | 最大值 |
|------|------|--------|--------|--------|--------|
| AbsXinvest | 0.018 | 0.024 | 0.010 | 0.000 | 0.140 |
| Interlock | 0.801 | 0.399 | 1.000 | 0.000 | 1.000 |

| 变量 | 均值 | 标准差 | 中位数 | 最小值 | 最大值 |
|---|---|---|---|---|---|
| *Top*1 | 0.365 | 0.154 | 0.345 | 0.089 | 0.750 |
| *NSOE* | 0.445 | 0.497 | 0.000 | 0.000 | 1.000 |
| *AbsDAC* | 0.088 | 0.090 | 0.061 | 0.001 | 0.455 |
| *Board* | 9.107 | 1.785 | 9.000 | 5.000 | 15.000 |
| *IndDir* | 0.363 | 0.049 | 0.333 | 0.273 | 0.556 |
| *Pay* | 12.437 | 0.880 | 12.489 | 9.968 | 14.502 |

表 6-3 报告了模型（6-1）变量之间的相关系数。从皮尔森相关系数来看，*AbsXinvest* 和 *Interlock* 的相关系数在 5% 水平上显著为负；从斯皮尔曼相关系数来看，*AbsXinvest* 和 *Interlock* 的相关系数在 1% 水平上显著为负，说明董事长外部兼任可能会提高公司的投资效率。

表 6-3　皮尔森（斯皮尔曼）相关系数

| | *AbsXinvest* | *Interlock* | *Top*1 | *AbsDAC* | *NSOE* | *Board* | *IndDir* | *Pay* |
|---|---|---|---|---|---|---|---|---|
| *AbsXinvest* | | −0.034*** | −0.051*** | 0.049*** | −0.125*** | 0.041*** | −0.027*** | −0.106*** |
| *Interlock* | −0.023** | | 0.129*** | 0.012 | −0.067*** | 0.071*** | −0.001 | 0.016* |
| *Top*1 | −0.011 | 0.128*** | | −0.009 | −0.208*** | −0.001 | 0.007 | −0.004 |
| *AbsDAC* | 0.066*** | 0.005 | 0.003 | | 0.042*** | −0.039*** | 0.025*** | −0.042*** |
| *NSOE* | −0.102*** | −0.067*** | −0.205*** | 0.059*** | | −0.229*** | 0.067*** | 0.121*** |
| *Board* | 0.017* | 0.070*** | 0.011 | −0.051*** | −0.231*** | | −0.293*** | 0.103*** |
| *IndDir* | 0.035*** | −0.004 | 0.021** | 0.021** | 0.075*** | −0.312*** | | 0.000 |
| *Pay* | −0.091*** | 0.013 | −0.008 | −0.059*** | 0.123*** | 0.105*** | 0.007 | |

注：下三角是皮尔森相关系数，上三角是斯皮尔曼相关系数；***、**、* 分别表示在 1%、5%、10% 水平上显著。

# 6.4 实证结果

表6-4报告了全样本的回归结果。在第一次回归结果中，*Interlock*的回归系数在5%水平上显著为负，说明董事长外部兼任的公司的投资效率较高。假设1得到验证。

在第二次回归结果中，*Interlock*的回归系数在10%水平上显著为负，*Interlock\*Top*1的回归系数在5%水平上显著为负；线性约束结果显示，（*Interlock+Interlock\*Top*1）在1%水平上显著，（*Top*1+*Interlock\*Top*1）在1%水平上显著。从结果可知，在董事长不存在外部兼任的公司中，第一大股东持股比例没有显著影响投资效率；相对于董事长不存在外部兼任的公司来说，董事长外部兼任公司的第一大股东持股比例能够提高投资效率；相对于低股权集中度公司来说，股权集中度较高公司的董事长外部兼任能够提高投资效率。综上所述，假设2得到验证。

表6-4 全样本回归结果

| 变量 | 第一次回归 | | 第二次回归 | |
|---|---|---|---|---|
| | 系数 | *t*值 | 系数 | *t*值 |
| 截距项 | 0.043 | 9.44*** | 0.044 | 9.33*** |
| *Interlock* | −0.008 | −2.03** | −0.007 | −1.79* |
| *Interlock\*Top*1 | | | −0.011 | −2.36** |
| *Top*1 | −0.005 | −1.61 | −0.005 | −1.60 |
| *AbsDAC* | 0.017 | 6.61*** | 0.017 | 6.60*** |
| *NSOE* | −0.004 | −7.27*** | −0.004 | −7.26*** |
| *Board* | 0.000 | −2.49** | 0.000 | −2.49** |
| *IndDir* | −0.010 | −2.05** | −0.010 | −2.04** |
| *Pay* | −0.001 | −3.80*** | −0.001 | −3.80*** |
| 行业效应 | 已控制 | 已控制 | 已控制 | 已控制 |
| 年度效应 | 已控制 | 已控制 | 已控制 | 已控制 |

续表

| 变量 | 第一次回归 | | 第二次回归 | |
|---|---|---|---|---|
| | 系数 | $t$ 值 | 系数 | $t$ 值 |
| $Adj.R^2$ | 0.054 | | 0.054 | |
| $F$ 值 | 22.11*** | | 21.35*** | |
| 观测数 | 10 371 | | 10 371 | |
| 检验：$Interlock+Interlock*Top1=0$ | $F=6.65***$ | | | |
| 检验：$Top1+Interlock*Top1=0$ | $F=5.98***$ | | | |

注：***、**、* 分别表示在 1%、5%、10% 水平上显著。

表 6-5 报告了子样本的回归结果。我们根据第一大股东持股比例将样本划分为股权集中度较高样本和股权集中度较低样本并分别进行回归。如果 $Top1$ 等于或高于全样本的中位数，则为股权集中度较高样本（$HighTop1=1$），否则为股权集中度较低样本（$HighTop1=0$）。在股权集中度较低样本中，$Interlock$ 的回归系数不显著异于 0；在股权集中度较高样本中，$Interlock$ 的回归系数在 5% 水平上显著为负，这表明当股权集中度较高时，董事长外部兼任会提高本公司的投资效率。

另外，我们还将样本区分为董事长不存在外部兼任（$Interlock=0$）和董事长存在外部兼任（$Interlock=1$）两个子样本并分别进行回归。在董事长不存在外部兼任的样本中，$Top1$ 的回归系数为负但不显著；在董事长存在外部兼任的样本中，$Top1$ 的回归系数在 5% 水平上显著为负，表明当董事长存在外部兼任时，较高的股权集中度会提高投资效率。

表 6-5　分样本回归结果（因变量 =$AbsXinvest$）

| 变量 | $HighTop1=0$ | | $HighTop1=1$ | | $Interlock=0$ | | $Interlock=1$ | |
|---|---|---|---|---|---|---|---|---|
| | 系数 | $t$ 值 | 系数 | $t$ 值 | 系数 | $t$ 值 | 系数 | $t$ 值 |
| 截距项 | 0.042 | 6.10*** | 0.035 | 5.84*** | 0.033 | 3.24*** | 0.047 | 9.12*** |
| $Interlock$ | −0.004 | −1.53 | −0.009 | −2.02** | | | | |
| $Top1$ | | | | | −0.004 | −1.53 | −0.011 | −2.04** |
| $AbsDAC$ | 0.024 | 5.89*** | 0.009 | 2.69*** | 0.022 | 3.89*** | 0.016 | 5.47*** |
| $NSOE$ | −0.005 | −6.23*** | −0.003 | −4.06*** | −0.004 | −4.04*** | −0.004 | −6.16*** |

| 变量 | HighTop1=0 | | HighTop1=1 | | Interlock=0 | | Interlock=1 | |
|---|---|---|---|---|---|---|---|---|
| | 系数 | t 值 | 系数 | t 值 | 系数 | t 值 | 系数 | t 值 |
| Board | 0.000 | −0.25 | −0.001 | −3.25*** | 0.000 | 0.42 | −0.001 | −3.09*** |
| IndDir | −0.014 | −1.85* | −0.007 | −1.06 | −0.009 | −0.83 | −0.011 | −1.86* |
| Pay | −0.001 | −3.08*** | −0.001 | −1.98** | 0.000 | −0.68 | −0.001 | −3.71*** |
| 行业效应 | 已控制 | 已控制 | 已控制 | 已控制 | 已控制 | 已控制 | 已控制 | 已控制 |
| 年度效应 | 已控制 | 已控制 | 已控制 | 已控制 | 已控制 | 已控制 | 已控制 | 已控制 |
| $Adj.R^2$ | 0.046 | | 0.064 | | 0.049 | | 0.057 | |
| F 值 | 10.21*** | | 14.12*** | | 6.22*** | | 19.68*** | |
| 观测数 | 5160 | | 5211 | | 2059 | | 8312 | |

注：***、**、* 分别表示在 1%、5%、10% 水平上显著。

为了使研究结论更加可靠，本章改变投资效率的估计方法，进而重新运行相关的回归模型。首先，我们使用理查森（2006）的残差度量模型，并使用营业收入的增长率代替托宾 q 来表示公司的投资机会，衡量投资效率变量，重新运行模型（6-1）。

全样本的回归结果（表6-6）显示，Interlock 的回归系数在 10% 水平上显著为负，Interlock*Top1 的回归系数在 5% 水平上显著为负，Top1 的回归系数为负但不显著；线性约束结果显示（Interlock+Interlock*Top1）在 1% 水平上显著，（Top1+Interlock*Top1）在 1% 水平上显著。

同时，进行了子样本的回归。表6-6中子样本的回归结果显示，在股权集中度较低（HighTop1=0）的样本中，Interlock 的回归系数不显著异于 0；在股权集中度较高（HighTop1=1）的样本中，Interlock 的回归系数在 5% 水平上显著为负。在董事长不存在外部兼任（Interlock=0）的样本中，Top1 的回归系数为负但不显著；在董事长存在外部兼任（Interlock=1）的样本中，Top1 的回归系数在 10% 水平上显著为负。

可见，回归结果与表6-4、表6-5所显示的回归结果基本一致，说明改变投资效率估计方法并不会改变本章的结论。

表 6-6　稳健性检验（改变 *Invest* 估计方法）

| 变　量 | 全样本 | | *HighTop*1=0 | | *HighTop*1=1 | | *Interlock*=0 | | *Interlock*=1 | |
|---|---|---|---|---|---|---|---|---|---|---|
| | 系数 | *t* 值 | 系数 | *t* 值 | 系数 | *t* 值 | 系数 | *t* 值 | 系数 | *t* 值 |
| 截距项 | 0.045 | 9.65*** | 0.044 | 6.29*** | 0.037 | 6.15*** | 0.035 | 3.42*** | 0.048 | 9.39*** |
| *Interlock* | −0.007 | −1.90* | 0.001 | 1.43 | −0.010 | −2.57** | | | | |
| *Interlock*Top1* | −0.009 | −2.07** | | | | | | | | |
| *Top*1 | −0.004 | −1.58 | | | | | −0.003 | −1.52 | −0.007 | −1.72* |
| *AbsDAC* | 0.018 | 6.86*** | 0.024 | 5.98*** | 0.011 | 3.02*** | 0.023 | 3.98*** | 0.017 | 5.72*** |
| *NSOE* | −0.004 | −7.34*** | −0.005 | −6.39*** | −0.003 | −3.98*** | −0.004 | −3.89*** | −0.004 | −6.33*** |
| *Board* | 0.000 | −2.52** | 0.000 | −0.18 | −0.001 | −3.36*** | 0.000 | 0.38 | −0.001 | −3.12*** |
| *IndDir* | −0.012 | −2.32** | −0.016 | −2.03** | −0.009 | −1.31 | −0.012 | −1.06 | −0.012 | −2.09** |
| *Pay* | −0.001 | −4.07*** | −0.001 | −3.24*** | −0.001 | −2.24** | −0.001 | −0.80 | −0.001 | −3.95*** |
| 行业效应 | 已控制 | 已控制 | 已控制 | 已控制 | 已控制 | 已控制 | 已控制 | 已控制 | 已控制 | 已控制 |
| 年度效应 | 已控制 | 已控制 | 已控制 | 已控制 | 已控制 | 已控制 | 已控制 | 已控制 | 已控制 | 已控制 |
| *Adj.R*$^2$ | 0.055 | | 0.048 | | 0.064 | | 0.050 | | 0.059 | |
| *F* 值 | 21.92*** | | 10.67*** | | 14.23*** | | 5.15*** | | 20.25*** | |
| 观测数 | 10 371 | | 5160 | | 5211 | | 2059 | | 8312 | |
| 检验：*Interlock+Interlock*Top*1=0 | *F*=6.15*** | | | | | | | | | |
| 检验：*Top*1+*Interlock*Top*1=0 | *F*=5.42*** | | | | | | | | | |

注：***、**、* 分别表示在 1%、5%、10% 水平上显著。

另外，本章将投资效率分成投资不足（*Xinvest*<0）和过度投资（*Xinvest*>0）两种类型来进一步考察董事长外部兼任对投资效率的影响，表 6-7 和表 6-8 分别报告了投资不足和过度投资两个子样本进行回归的检验结果。

在投资不足的样本中，全样本的回归结果显示，*Interlock* 的回归系数在 10% 水平上显著为负，*Interlock*Top*1 的回归系数在 10% 水平上显著为负，*Top*1 的回归系数为负但不显著。线性约束结果显示，（*Interlock*+*Interlock*Top*1）在 5% 水平上显著，（*Top*1+*Interlock*Top*1）在 10% 水平上显著。回归结果表玥，在董事长不存在外部兼任的公司中，第一大股东持股比例没有显著影响投资不足；相对于董事长不存在外部兼任的公司来说，董事长外部兼任的公司的第一大股东持股比例能够降低投资不足的程度；相对于低股权集中度的公司来说，股权集中度较高的公司的董事长外部兼任能够降低投资不足的程度；董事长外部兼任的公司的第一大股东持股比例与投资不足显著负相关；股权集中度较高的公司的董事长外部兼任与投资不足显著负相关。

分样本的回归结果显示，在股权集中度较低（$HighTop1=0$）的样本中，$Interlock$ 的回归系数不显著异于 0；在股权集中度较高（$HighTop1=1$）的样本中，$Interlock$ 的回归系数在 5% 水平上显著为负，表明当股权集中度较高时，董事长外部兼任会降低投资不足的程度。在董事长不存在外部兼任（$Interlock=0$）的样本中，$Top1$ 的回归系数为负但不显著；在董事长存在外部兼任（$Interlock=1$）的样本中，$Top1$ 的回归系数在 10% 水平上显著为负，表明当董事长存在外部兼任时，较高的股权集中度会降低投资不足的程度。

在过度投资样本中，全样本的回归结果显示，$Interlock$ 的回归系数在 5% 水平上显著为负，$Interlock*Top1$ 的回归系数在 5% 水平上显著为负，$Top1$ 的回归系数为负但不显著。线性约束结果显示，（$Interlock+Interlock*Top1$）在 5% 水平上显著，（$Top1+Interlock*Top1$）在 5% 水平上显著。回归结果表明，在董事长不存在外部兼任的公司中，第一大股东持股比例没有显著影响过度投资；相对于董事长不存在外部兼任的公司来说，董事长外部兼任的公司的第一大股东持股比例能够降低过度投资的程度；相对于股权集中度较低的公司来说，股权集中度较高的公司的董事长外部兼任能够降低过度投资的程度；董事长外部兼任的公司的第一大股东持股比例与过度投资显著负相关；股权集中度较高的公司的董事长外部兼任与过度投资显著负相关。

分样本的回归结果显示，在股权集中度较低（$HighTop1=0$）的样本中，$Interlock$ 的回归系数不显著异于 0；在股权集中度较高（$HighTop1=1$）的样本中，$Interlock$ 的回归系数在 5% 水平上显著为负。这表明当股权集中度较高时，董事长外部兼任会降低过度投资的程度。在董事长不存在外部兼任（$Interlock=0$）的样本中，$Top1$ 的回归系数为负但不显著；在董事长存在外部兼任（$Interlock=1$）的样本中，$Top1$ 的回归系数在 10% 水平上显著为负，表明当董事长存在外部兼任时，较高的股权集中度会降低过度投资的程度。

从投资不足和投资过度样本的回归结果可以发现，无论投资不足还是过度投资样本，董事长外部兼任都与非效率投资显著负相关；董事长外部兼任的公司的第一大股东持股比例越高，投资效率就越高。

表6-7　进一步检验（投资不足样本）

| 变量 | 全样本 | | HighTop1=0 | | HighTop1=1 | | Interlock=0 | | Interlock=1 | |
|---|---|---|---|---|---|---|---|---|---|---|
| | 系数 | t 值 | 系数 | t 值 | 系数 | t 值 | 系数 | t 值 | 系数 | t 值 |
| 截距项 | 0.040 | 7.39*** | 0.042 | 4.99*** | 0.028 | 4.11*** | 0.032 | 2.67*** | 0.042 | 6.96*** |
| Interlock | −0.005 | −1.67* | 0.001 | 0.84 | −0.006 | −1.79* | | | | |
| Interlock*Top1 | −0.006 | −1.71* | | | | | | | | |
| Top1 | −0.002 | −1.14 | | | | | −0.001 | −0.67 | −0.007 | −1.71* |
| AbsDAC | 0.003 | 1.07 | 0.011 | 2.29** | −0.007 | −1.71* | 0.014 | 2.08** | 0.001 | 0.32 |
| NSOE | −0.004 | −6.19*** | −0.004 | −4.30*** | −0.004 | −4.84*** | −0.004 | −2.91*** | −0.004 | −5.59*** |
| Board | 0.000 | −1.19 | 0.000 | −0.08 | 0.000 | −1.82* | 0.000 | 0.56 | 0.000 | −1.80* |
| IndDir | −0.008 | −1.38 | −0.016 | −1.66* | −0.003 | −0.37 | −0.009 | −0.70 | −0.009 | −1.31 |
| Pay | −0.001 | −2.94*** | −0.001 | −2.42** | −0.001 | −1.43 | −0.001 | −0.76 | −0.001 | −2.71*** |
| 行业效应 | 已控制 | 已控制 | 已控制 | 已控制 | 已控制 | 已控制 | 已控制 | 已控制 | 已控制 | 已控制 |
| 年度效应 | 已控制 | 已控制 | 已控制 | 已控制 | 已控制 | 已控制 | 已控制 | 已控制 | 已控制 | 已控制 |
| Adj.R² | 0.050 | | 0.039 | | 0.063 | | 0.042 | | 0.053 | |
| F 值 | 11.73*** | | 5.49*** | | 8.56*** | | 2.99*** | | 10.87*** | |
| 观测数 | 5942 | | 2923 | | 3019 | | 1172 | | 4770 | |
| 检验：Interlock+Interlock*Top1=0 | F=4.12** | | | | | | | | | |
| 检验：Top1+Interlock*Top1=0 | F=3.76* | | | | | | | | | |

注：***、**、* 分别表示在 1%、5%、10% 水平上显著。

表6-8　进一步检验（投资过度样本）

| 变量 | 全样本 | | HighTop1=0 | | HighTop1=1 | | Interlock=0 | | Interlock=1 | |
|---|---|---|---|---|---|---|---|---|---|---|
| | 系数 | t 值 | 系数 | t 值 | 系数 | t 值 | 系数 | t 值 | 系数 | t 值 |
| 截距项 | 0.052 | 6.43*** | 0.048 | 4.16*** | 0.048 | 4.48*** | 0.039 | 2.18** | 0.056 | 6.45*** |
| Interlock | −0.009 | −2.03** | −0.001 | −0.98 | −0.008 | −1.98** | | | | |
| Interlock*Top1 | −0.011 | −2.07** | | | | | | | | |
| Top1 | −0.006 | −1.59 | | | | | −0.004 | −1.53 | −0.008 | −1.69* |
| AbsDAC | 0.033 | 7.35*** | 0.041 | 6.02*** | 0.025 | 4.11*** | 0.034 | 3.42*** | 0.034 | 6.56*** |

续表

| 变量 | 全样本 | | HighTop1=0 | | HighTop1=1 | | Interlock=0 | | Interlock=1 | |
|---|---|---|---|---|---|---|---|---|---|---|
| | 系数 | t 值 | 系数 | t 值 | 系数 | t 值 | 系数 | t 值 | 系数 | t 值 |
| NSOE | −0.004 | −4.67*** | −0.006 | −4.46*** | −0.002 | −2.01** | −0.006 | −3.16*** | −0.004 | −3.68*** |
| Board | 0.000 | −1.93* | 0.000 | −0.19 | −0.001 | −2.45** | 0.000 | 0.17 | −0.001 | −2.22** |
| IndDir | −0.012 | −1.39 | −0.014 | −1.06 | −0.012 | −1.03 | −0.005 | −0.23 | −0.014 | −1.45 |
| Pay | −0.002 | −3.11*** | −0.002 | −2.45** | −0.001 | −1.79* | −0.001 | −0.53 | −0.002 | −3.15*** |
| 行业效应 | 已控制 | 已控制 | 已控制 | 已控制 | 已控制 | 已控制 | 已控制 | 已控制 | 已控制 | 已控制 |
| 年度效应 | 已控制 | 已控制 | 已控制 | 已控制 | 已控制 | 已控制 | 已控制 | 已控制 | 已控制 | 已控制 |
| $Adj.R^2$ | 0.069 | | 0.061 | | 0.078 | | 0.061 | | 0.073 | |
| F 值 | 12.33*** | | 6.42*** | | 7.86*** | | 3.20*** | | 11.25*** | |
| 观测数 | 4429 | | 2237 | | 2192 | | 887 | | 3542 | |
| 检验：$Interlock+Interlock*Top1=0$ | F=4.21** | | | | | | | | | |
| 检验：$Top1+Interlock*Top1=0$ | F=4.05** | | | | | | | | | |

注：***、**、* 分别表示在 1%、5%、10% 水平上显著。

# 6.5　本章小结

　　本章选择 2005—2012 年非金融类的中国 A 股上市公司为研究样本，考察了董事长外部兼任对投资效率的影响，并从大股东控制视角来研究董事长外部兼任和投资效率两者的关系，以检验董事长在董事和董事会治理中发挥的作用。研究结果发现：董事长外部兼任的公司的投资效率显著高于董事长不存在外部兼任的公司；在董事长不存在外部兼任的公司中，第一大股东持股比例没有显著影响投资效率；相对于董事长不存在外部兼任的公司来说，董事长外部兼任的公司的第一大股东持股比例能够提高投资效率；相对于股权集中度较低的公司来说，股权集中度较高的公司的董事长外部兼任能够提高投资效率；董事长外部兼任的公司的第一大股东持股比例与非效率投资显著负相关；股权集中度较高的公司的董事长外部兼任与非效率投资显著负相关。

　　进一步将投资效率分成投资不足和过度投资两种类型来考察董事长外部兼任对投资效率的影响。从投资不足和投资过度样本的回归结果可以发现：无论投资不足还是过度投资样本，董事长外部兼任与非效率投资显著负相关；董事长外部兼任的公司的第一大股东持股比例越高，投资效率就越高。上述研究结论表明，董事长外部兼任在董事和董事会治理中发挥了积极的作用。

　　本章的研究结论丰富了研究董事长外部兼任与投资效率之间关系的文献，并检验了董事长在董事和董事会治理中发挥的重要作用，丰富了研究董事会治理作用相关方面的文献，同时丰富了大股东控制的经济后果方面的研究。

# 第 7 章　董事长外部兼任与投资效率：地方政府控制视角

　　从第 6 章的研究结论可知，在不同股权集中度下，董事长外部兼任对投资效率的影响有所不同。那么，公司的实际控制人不同，董事长外部兼任和投资效率两者的关系是否会受影响呢？本章将从地方政府控制视角来检验董事长外部兼任对投资效率的影响，以深化对董事长外部兼任与投资效率两者关系的研究。

　　中央政府控制的上市公司受到更多方面的监督，如审计署的审计，因此高管的自利行为容易受到约束。地方政府对其控制的上市公司的监督则会松散一些，因为地方政府有干预其经营的动机。地方政府掌握着一些会影响企业发展的权力，如项目审批权、财政资金支配权、土地出让或使用权。另外，政府对银行的信贷政策也有一定的影响力。诸如此类的权力使地方政府有干预企业经营的动机，达到寻租的目的。而且地方政府官员的晋升是强激励的形式，可测度的经济指标是地方政府官员升迁的重要依据。霍尔姆斯特伦和米尔格罗姆（1991）多任务下的委托代理理论认为，一味通过可度量指标来激励代理人容易使代理人的努力方向扭曲。也就是说，代理人将会集中于完成可度量的任务，而忽视那些虽重要但不可度量的任务。在晋升锦标赛的环境中，地方政府有社会任务需要完成（如地方经济的发展）和政绩考核的需求，一般不顾及企业的投资效率问题，大多会让企业进行过度投资。因此，在地方政府控制下的公司，董事长外部兼任所发挥的治理作用会降低，也就是说董事长外部兼任和投资效率两者的关系会受地方政府干预的影响。

　　本章选择 2005—2012 年非金融类的中国 A 股国有上市公司为研究样本，检验董事长外部兼任与地方政府控制的交互作用对投资效率的影响，以进一步检验董事长在董事和董事会治理中发挥的作用。

## 7.1　理论分析与研究假设

资源依赖理论表明，组织间是互相连结的，外部环境中的资源是组织赖以生存的营养。公司与公司之间因董事长外部兼任而联系在一起，董事长外部兼任可以使公司有更好的关系网络，得到更多、更丰富的资源，改善董事长已有的知识结构，丰富从业经验和降低信息不对称的程度，这对公司战略、公司投融资能起到更积极的作用。具体到投资方面，在董事长外部兼任的过程中，董事长可能接触过类似的投资项目，对投资项目的优势和投资风险有更多的了解。也就是说，董事长的外部兼任将会得到更多的投资决策方面的经验和信息。一方面，可以更加容易识别管理者因为自利行为而进行的过度投资行为，从而抑制过度投资；另一方面，可以及时抓住值得投资的项目，避免错失投资机会，从而减少投资不足问题的发生。

中央政府控制的上市公司受到更多方面的监督，如审计署的审计。因此，高管的自利行为容易受到约束。地方政府则掌握着一些会影响企业发展的权力，投资过度问题在地方政府控制的国有企业中表现更加突出。因此，在地方政府控制下的公司，董事长外部兼任所发挥的治理作用会降低，也就是说董事长外部兼任和投资效率的负相关关系将会减弱。因此，提出如下假设。

假设：与中央政府控制的国有企业相比，地方政府控制的国有企业的董事长外部兼任与投资效率的负相关关系会减弱。

## 7.2　变量与模型

本章仍然使用理查森（2006）修正模型来估计投资效率。使用模型（7–1）来检验董事长外部兼任与地方政府控制的交互作用对投资效率的影响。

$$AbsXinvest_t = \gamma_0 + \gamma_1 Interlock_t + \gamma_2 Interlock_t * Local_t + \gamma_3 Local_t$$
$$+ \gamma_4 AbsDAC_t + \gamma_5 Top1_t + \gamma_6 Board_t + \gamma_7 IndDir_t + \gamma_8 Pay_t + \zeta \quad (7–1)$$

式中：$AbsXinvest$ 为投资效率的衡量指标；$Interlock$ 为董事长外部兼任变量，表示董事长是否在除上市公司外的其他单位有兼任职务，1 表示有兼任，0 表示无兼任；$Local$ 为地方政府控制变量，$Local=1$ 表示实际控制人为地方政府，

*Local*=0 表示实际控制人为中央政府；*Interlock\*Local* 是 *Interlock* 和 *Local* 的交互项。低质量的会计信息会使投资效率降低（Biddle et al.，2009），因此在对投资效率进行计量时需要控制会计信息质量，*AbsDAC* 为会计信息质量变量，本章使用修正琼斯模型来度量盈余管理指标。第一大股东持股比例、董事会规模、董事会独立性以及高管薪酬等公司治理特征会对代理问题产生重要的影响，从而影响公司的投资效率，因此本书控制了这些变量对投资效率的影响。其中，*Top*1 为大股东控制的衡量指标，用第一大股东持股比例来表示；*Board* 为董事会规模变量，用董事会人数来表示；*IndDir* 为董事会独立性变量，其值等于独立董事人数除以董事会人数；*Pay* 为高管薪酬变量，用薪酬最高的前三位董事的平均薪酬的自然对数来表示。在进行回归时，对年度效应和行业效应进行了控制。表 7-1 对各变量进行了说明。

表 7-1　变量说明

| 变量 | 变量说明 |
|---|---|
| *AbsXinvest* | 投资效率的衡量指标 |
| *Interlock* | 董事长外部兼任变量，1 表示有兼任，0 表示无兼任 |
| *Local* | 地方政府控制变量，*Local*=1 表示实际控制人为地方政府，*Local*=0 表示实际控制人为中央政府 |
| *Interlock\*Local* | *Interlock* 和 *Local* 的交互项 |
| *AbsDAC* | 会计信息质量变量 |
| *Top*1 | 大股东控制的衡量指标，用第一大股东持股比例来表示 |
| *Board* | 董事会规模变量，用董事会人数来表示 |
| *IndDir* | 董事会独立性变量，用独立董事人数与董事会人数之比来表示 |
| *Pay* | 高管薪酬变量，用薪酬最高的前三位董事的平均薪酬的自然对数来表示 |

## 7.3　样本和描述性统计

本章选择 2005—2012 年非金融类中国 A 股上市公司为研究样本。董事长外部兼任样本的数据从 2005 年才开始披露，因此样本的最早数据始于 2005年。在样本筛选过程中，本章还删除了数据不全的样本，最终得到 7862 个样本。本章最终实际控制人类型和第一大股东持股比例的数据取自色诺芬（CCER）数据库，其余数据取自国泰安（CSMAR）数据库。

表 7-2 报告了模型（7-1）中主要变量的描述性统计结果。本章对所有连续变量均在 1% 和 99% 分位数上进行了温莎处理。其中，*AbsXinvest* 的值等于 *Xinvest* 先进行温莎处理然后取绝对值。同理，*AbsDAC* 的值等于 DAC 先进行温莎处理然后取绝对值。基本描述统计结果显示，*AbsXinvest* 的均值（中位数）为 0.021（0.011），说明样本中非效率投资规模的均值（中位数）大致为公司总资产的 2.1%（1.1%）；*AbsXinvest* 的最小值为 0.000，最大值为 0.154，说明不同公司投资效率存在较大差异。*Interlock* 的平均值为 0.826，说明我国大约有 82.6% 的上市公司存在董事长外部兼任的情况。*Local* 的平均值为 0.720，说明中国国有上市公司的最终实际控制人大约有 72% 为地方政府。

表 7-2　描述性统计

| 变量 | 均值 | 标准差 | 中位数 | 最小值 | 最大值 |
|---|---|---|---|---|---|
| *AbsXinvest* | 0.021 | 0.027 | 0.011 | 0.000 | 0.154 |
| *Interlock* | 0.826 | 0.379 | 1.000 | 0.000 | 1.000 |
| *Local* | 0.720 | 0.449 | 1.000 | 0.000 | 1.000 |
| *AbsDAC* | 0.083 | 0.083 | 0.059 | 0.001 | 0.436 |
| *Top*1 | 0.391 | 0.156 | 0.386 | 0.101 | 0.751 |
| *Board* | 9.470 | 1.865 | 9.000 | 5.000 | 15.000 |
| *IndDir* | 0.359 | 0.048 | 0.333 | 0.250 | 0.556 |
| *Pay* | 12.346 | 0.890 | 12.404 | 9.903 | 14.450 |

表 7-3 报告了模型（7-1）变量之间的相关系数。从皮尔森相关系数来看，*AbsXinvest* 和 *Interlock* 的相关系数在 5% 水平上显著为负；从斯皮尔曼相关系数来看，*AbsXinvest* 和 *Interlock* 的相关系数在 1% 水平上显著为负，说明董事长外部兼任可能使公司的投资效率提高。

表 7-3　皮尔森（斯皮尔曼）相关系数

| | *AbsXinvest* | *Interlock* | *Local* | *AbsDAC* | *Top*1 | *Board* | *IndDir* | *Pay* |
|---|---|---|---|---|---|---|---|---|
| *AbsXinvest* | | −0.035*** | 0.027** | 0.018 | −0.059*** | 0.017 | −0.039*** | −0.058*** |
| *Interlock* | −0.028** | | −0.096*** | 0.020 | 0.141*** | 0.056*** | 0.036*** | −0.018 |

续表

| | AbsXinvest | Interlock | Local | AbsDAC | Top1 | Board | IndDir | Pay |
|---|---|---|---|---|---|---|---|---|
| Local | 0.031** | −0.096*** | | 0.015 | −0.052*** | −0.021 | 0.044*** | 0.038*** |
| AbsDAC | 0.039*** | 0.015 | 0.010 | | 0.026** | −0.030** | 0.023* | 0.005 |
| Top1 | −0.065*** | 0.139*** | −0.050*** | 0.036*** | | −0.016 | 0.002 | −0.025* |
| Board | −0.009 | 0.045*** | −0.029** | −0.046*** | −0.008 | | −0.121*** | 0.119*** |
| IndDir | −0.050*** | 0.034*** | 0.028** | 0.012 | 0.022* | −0.197*** | | 0.034*** |
| Pay | −0.054*** | −0.017 | 0.041*** | −0.003 | −0.036*** | 0.127*** | 0.040 | |

注：下三角为皮尔森相关系数，上三角为斯皮尔曼相关系数。***、**、* 分别表示在1%、5%、10%水平上显著。

# 7.4 实证结果

表7-4报告了全样本和子样本的回归结果。全样本的回归结果显示，Interlock的回归系数在10%水平上显著为负，Interlock*Local的回归系数不显著异于0，Local的回归系数不显著异于0。这些结果表明，在中央政府控制的国有企业中，董事长外部兼任能够提高投资效率；在董事长不存在外部兼任的公司中，地方政府控制会降低投资效率；对于地方政府控制的国有企业来说，董事长外部兼任与投资效率的负相关关系会减弱。本章的假设得到验证。

表7-4 回归结果（因变量 =AbsXinvest）

| 变量 | 全样本 | | Local=0 | | Local=1 | | Interlock=0 | | Interlock=1 | |
|---|---|---|---|---|---|---|---|---|---|---|
| | 系数 | t 值 | 系数 | t 值 | 系数 | t 值 | 系数 | t 值 | 系数 | t 值 |
| 截距项 | 0.038 | 5.94*** | 0.022 | 2.03** | 0.047 | 6.20*** | 0.033 | 2.12** | 0.042 | 6.20*** |
| Interlock | −0.007 | −1.93* | −0.009 | −2.06** | 0.001 | 0.92 | | | | |
| Interlock*Local | −0.001 | −0.61 | | | | | | | | |
| Local | 0.003 | 1.35 | | | | | 0.005 | 1.67* | 0.001 | 1.04 |
| AbsDAC | 0.012 | 2.99*** | 0.018 | 2.50** | 0.010 | 2.00** | 0.032 | 3.10*** | 0.008 | 1.81* |
| Top1 | −0.012 | −5.33*** | −0.020 | −4.86*** | −0.010 | −3.53*** | −0.010 | −1.70* | −0.012 | −4.94*** |
| Board | 0.000 | −1.32 | −0.001 | −1.54 | 0.000 | −0.58 | 0.000 | 0.32 | 0.000 | −1.70* |

续表

| 变量 | 全样本 | | Local=0 | | Local=1 | | Interlock=0 | | Interlock=1 | |
|---|---|---|---|---|---|---|---|---|---|---|
| | 系数 | t 值 | 系数 | t 值 | 系数 | t 值 | 系数 | t 值 | 系数 | t 值 |
| IndDir | −0.024 | −3.31*** | −0.026 | −2.04** | −0.024 | −2.64*** | −0.058 | −3.06*** | −0.019 | −2.37** |
| Pay | −0.001 | −2.10** | 0.001 | 1.09 | −0.001 | −2.90*** | 0.000 | 0.30 | −0.001 | −2.36** |
| 行业效应 | 已控制 | 已控制 | 已控制 | 已控制 | 已控制 | 已控制 | 已控制 | 已控制 | 已控制 | 已控制 |
| 年度效应 | 已控制 | 已控制 | 已控制 | 已控制 | 已控制 | 已控制 | 已控制 | 已控制 | 已控制 | 已控制 |
| Adj.R² | 0.019 | | 0.035 | | 0.013 | | 0.019 | | 0.023 | |
| F 值 | 8.54*** | | 5.55*** | | 5.35*** | | 2.52*** | | 9.62*** | |
| 观测数 | 7862 | | 2189 | | 5673 | | 1368 | | 6494 | |

注：***、**、* 分别表示在 1%、5%、10% 水平上显著。

我们将样本区分为中央政府控制的国有企业（Local=0）和地方政府控制的国有企业（Local=1）两个子样本分别进行回归。Local=0 的回归结果显示，Interlock 的回归系数在 5% 水平上显著为负，而 Local=1 的回归结果显示，Interlock 的回归系数不显著异于 0，表明当国有企业的产权主体为中央政府时，董事长外部兼任会提高投资效率。

另外，我们还将样本区分为董事长不存在外部兼任（Interlock=0）和董事长存在外部兼任（Interlock=1）两个子样本分别进行回归。在董事长不存在外部兼任的样本中，Local 的回归系数在 10% 水平上显著为正，表明当董事长不存在外部兼任时，地方政府控制会降低投资效率；在董事长存在外部兼任的样本中，Local 的回归系数不显著异于 0，表明当董事长存在外部兼任时，地方政府控制不会显著影响投资效率。

为了使研究结论更加可靠，本章改变投资效率的估计方法，进而重新运行相关的回归模型。首先，我们使用理查森（2006）模型，并使用营业收入增长率代替托宾 q 来表示公司的投资机会，衡量出投资效率变量，进而重新运行模型（7−1）。

从表 7−5 全样本的回归结果可知，Interlock 的回归系数在 10% 水平上显著为负，Interlock*Local 不显著异于 0，Local 的回归系数不显著异于 0。同时，进行了子样本的回归。从表 7−5 子样本的回归结果可知，在中央政府控制（Local=0）样本中，Interlock 的回归系数在 10% 水平上显著为负；在地方政府控制（Local=1）样本中，Interlock 的回归系数不显著异于 0。在董事长不存在外部兼任（Interlock=0）的样本中，Local 的回归系数在 10% 水平上显著为正；在董事长存在外部兼任（*Interlock*=1）的样本中，*Local* 的回归系数不显著异于 0。

表 7-5　稳健性检验（改变 *Invest* 估计方法）

| 变量 | 全样本 | | Local=0 | | Local=1 | | Interlock=0 | | Interlock=1 | |
|---|---|---|---|---|---|---|---|---|---|---|
| | 系数 | t 值 | 系数 | t 值 | 系数 | t 值 | 系数 | t 值 | 系数 | t 值 |
| 截距项 | 0.040 | 6.17*** | 0.025 | 2.29** | 0.048 | 6.35*** | 0.035 | 2.24** | 0.044 | 6.45*** |
| *Interlock* | −0.006 | −1.79* | −0.008 | −1.88* | 0.001 | 0.96 | | | | |
| *Interlock\*Local* | −0.002 | −0.69 | | | | | | | | |
| *Local* | 0.001 | 1.17 | | | | | 0.004 | 1.89* | −0.000 | −1.11 |
| *AbsDAC* | 0.013 | 3.10*** | 0.019 | 2.64*** | 0.010 | 2.04** | 0.031 | 2.97*** | 0.009 | 1.99** |
| *Top*1 | −0.012 | −5.52*** | −0.020 | −4.97*** | −0.010 | −3.66*** | −0.009 | −1.69* | −0.013 | −5.14*** |
| *Board* | 0.000 | −1.36 | −0.001 | −1.61* | 0.000 | −0.58 | 0.000 | 0.38 | 0.000 | −1.76* |
| *IndDir* | −0.026 | −3.57*** | −0.032 | −2.44** | −0.024 | −2.70*** | −0.061 | −3.19*** | −0.021 | −2.60*** |
| *Pay* | −0.001 | −2.30** | 0.001 | 0.97 | −0.002 | −3.05*** | 0.000 | 0.19 | −0.001 | −2.52** |
| 行业效应 | 已控制 | 已控制 | 已控制 | 已控制 | 已控制 | 已控制 | 已控制 | 已控制 | 已控制 | 已控制 |
| 年度效应 | 已控制 | 已控制 | 已控制 | 已控制 | 已控制 | 已控制 | 已控制 | 已控制 | 已控制 | 已控制 |
| *Adj.R*² | 0.020 | | 0.038 | | 0.014 | | 0.020 | | 0.024 | |
| F 值 | 9.07*** | | 5.94*** | | 5.60*** | | 2.57*** | | 10.11*** | |
| 观测数 | 7862 | | 2189 | | 5673 | | 1368 | | 6494 | |

注：***、**、* 分别表示在 1%、5%、10% 水平上显著。

综上所述，表 7-5 稳健性检验的结果与表 7-4 基本一致，说明改变投资效率估计方法并不会改变本章的结论。

另外，本章将投资效率分成投资不足（*Xinvest*<0）和过度投资（*Xinvest*>0）两种类型进一步考察董事长外部兼任对投资效率的影响，表 7-6 和表 7-7 分别报告了投资不足和过度投资两个子样本进行回归的检验结果。

表 7-6　进一步检验（投资不足样本）

| 变量 | 全样本 | | Local=0 | | Local=1 | | Interlock=0 | | Interlock=1 | |
|---|---|---|---|---|---|---|---|---|---|---|
| | 系数 | t 值 | 系数 | t 值 | 系数 | t 值 | 系数 | t 值 | 系数 | t 值 |
| 截距项 | 0.036 | 5.01*** | 0.018 | 1.52 | 0.045 | 5.22*** | 0.028 | 1.70* | 0.039 | 5.09*** |

续表

| 变量 | 全样本 | | Local=0 | | Local=1 | | Interlock=0 | | Interlock=1 | |
|---|---|---|---|---|---|---|---|---|---|---|
| | 系数 | t 值 | 系数 | t 值 | 系数 | t 值 | 系数 | t 值 | 系数 | t 值 |
| Interlock | −0.006 | −1.76* | −0.092 | −2.14** | 0.002 | 1.36 | | | | |
| Interlock*Local | 0.000 | 0.04 | | | | | | | | |
| Local | 0.001 | 0.57 | | | | | 0.002 | 1.72* | −0.001 | −0.97 |
| AbsDAC | −0.008 | −1.67* | −0.009 | −1.10 | −0.007 | −1.25 | 0.004 | 0.30 | −0.010 | −1.95** |
| Top1 | −0.010 | −3.89*** | −0.017 | −3.81*** | −0.008 | −2.48** | −0.008 | −1.26 | −0.010 | −3.50*** |
| Board | 0.000 | −0.85 | 0.000 | −0.81 | 0.000 | −0.44 | 0.000 | 0.72 | 0.000 | −1.33 |
| IndDir | −0.020 | −2.40** | −0.012 | −0.87 | −0.022 | −2.22** | −0.044 | −2.15** | −0.016 | −1.75* |
| Pay | −0.001 | −1.52 | 0.001 | 0.82 | −0.001 | −2.16** | 0.000 | 0.28 | −0.001 | −1.65* |
| 行业效应 | 已控制 | 已控制 | 已控制 | 已控制 | 已控制 | 已控制 | 已控制 | 已控制 | 已控制 | 已控制 |
| 年度效应 | 已控制 | 已控制 | 已控制 | 已控制 | 已控制 | 已控制 | 已控制 | 已控制 | 已控制 | 已控制 |
| Adj.R² | 0.015 | | 0.030 | | 0.011 | | 0.000 | | 0.020 | |
| F 值 | 4.57*** | | 3.36*** | | 3.06*** | | 0.98 | | 5.51*** | |
| 观测数 | 4616 | | 1324 | | 3292 | | 808 | | 3808 | |

注：***、**、* 分别表示在 1%、5%、10% 水平上显著。

表7-7　进一步检验（投资过度样本）

| 变量 | 全样本 | | Local=0 | | Local=1 | | Interlock=0 | | Interlock=1 | |
|---|---|---|---|---|---|---|---|---|---|---|
| | 系数 | t 值 | 系数 | t 值 | 系数 | t 值 | 系数 | t 值 | 系数 | t 值 |
| 截距项 | 0.045 | 3.88*** | 0.034 | 1.65* | 0.053 | 3.95*** | 0.051 | 1.70* | 0.048 | 4.00*** |
| Interlock | −0.008 | −1.82* | −0.009 | −1.91* | 0.000 | 0.03 | | | | |
| Interlock*Local | −0.002 | −0.54 | | | | | | | | |
| Local | 0.004 | 1.03 | | | | | 0.005 | 1.89* | −0.002 | −1.14 |
| AbsDAC | 0.036 | 4.98*** | 0.056 | 4.20*** | 0.029 | 3.37*** | 0.058 | 3.27*** | 0.031 | 3.89*** |
| Top1 | −0.014 | −3.41*** | −0.022 | −2.96*** | −0.012 | −2.38** | −0.017 | −1.61* | −0.013 | −3.00*** |
| Board | 0.000 | −0.92 | −0.001 | −1.00 | 0.000 | −0.47 | 0.000 | −0.08 | 0.000 | −1.03 |
| IndDir | −0.027 | −2.01** | −0.047 | −1.85* | −0.021 | −1.34 | −0.067 | −1.77* | −0.021 | −1.45 |

| 变量 | 全样本 | | Local=0 | | Local=1 | | Interlock=0 | | Interlock=1 | |
| --- | --- | --- | --- | --- | --- | --- | --- | --- | --- | --- |
| | 系数 | t值 | 系数 | t值 | 系数 | t值 | 系数 | t值 | 系数 | t值 |
| Pay | −0.001 | −1.96** | 0.000 | 0.29 | −0.002 | −2.31** | −0.001 | −0.35 | −0.002 | −2.10** |
| 行业效应 | 已控制 | 已控制 | 已控制 | 已控制 | 已控制 | 已控制 | 已控制 | 已控制 | 已控制 | 已控制 |
| 年度效应 | 已控制 | 已控制 | 已控制 | 已控制 | 已控制 | 已控制 | 已控制 | 已控制 | 已控制 | 已控制 |
| $Adj.R^2$ | 0.037 | | 0.053 | | 0.031 | | 0.035 | | 0.039 | |
| F值 | 7.18*** | | 3.80*** | | 5.45*** | | 2.15** | | 7.33*** | |
| 观测数 | 3 246 | | 865 | | 2 381 | | 560 | | 2 686 | |

注：***、**、* 分别表示在1%、5%、10%水平上显著。

在投资不足样本中，全样本的回归结果显示，Interlock 的回归系数在10%水平上显著为负，Interlock*Local 的回归系数不显著异于0，Local 的回归系数不显著异于0。这些结果表明，在中央政府控制的国有企业中，董事长外部兼任能够降低投资不足；在董事长不存在外部兼任的公司中，地方政府控制会提高投资不足；对于地方政府控制的国有企业来说，董事长外部兼任与投资不足的负相关关系会减弱。分样本的回归结果显示，在中央政府控制的国有企业（Local=0）中，Interlock 的回归系数在5%水平上显著为负，而在地方政府控制的国有企业（Local=1）中，Interlock 的回归系数不显著异于0，表明当国有企业的产权主体为中央政府时，董事长外部兼任会降低投资不足。在董事长不存在外部兼任（Interlock=0）的样本中，Local 的回归系数在10%水平上显著为正，表明当董事长不存在外部兼任时，地方政府控制会提高投资不足；在董事长存在外部兼任（Interlock=1）的样本中，Local 的回归系数不显著异于0，表明当董事长存在外部兼任时，地方政府控制不会显著影响投资不足。

在投资过度样本中，全样本的回归结果显示，Interlock 的回归系数在10%水平上显著为负，Interlock*Local 的回归系数不显著异于0，Local 的回归系数不显著异于0。这些结果表明，在中央政府控制的国有企业中，董事长外部兼任能够降低过度投资；在董事长不存在外部兼任的公司中，地方政府控制会提高过度投资；对于地方政府控制的国有企业来说，董事长外部兼任与过度投资的负相关关系会减弱。分样本的回归结果显示，在中央政府控制的国有企业（Local=0）中，Interlock 的回归系数在10%水平上显著为负，而在地方政府控制的国有企业（Local=1）中，Interlock 的回归系数不显著异于0，表明当国有企业的产权主体为中央政府时，董事长外部兼任会降低过度投资。在董事长不存在外部兼任（*Interlock*=0）的样本中，*Local* 的回归系数在 10% 水平上显著为正，表明当董事长不存在外部兼任时，地方政府控制会提高过度投资；在董事长存在外部兼任（*Interlock*=1）的样本中，*Local* 的回归系数不显著异于 0，表明当董事长存在外部兼任时，地方政府控制不会显著影响过度投资。

　　从投资不足和投资过度样本的回归结果可以发现，无论投资不足还是投资过度，对于地方政府控制的国有企业来说，董事长外部兼任与非效率投资的负相关关系都会减弱。

# 7.5　本　章　小　结

　　本章选择 2005—2012 年非金融类的中国 A 股国有上市公司为研究样本，检验了董事长外部兼任与地方政府控制的交互作用对投资效率的影响。研究结果说明，对于地方政府控制的国有企业来说，董事长外部兼任与投资效率的负相关关系会减弱；当国有企业的产权主体为中央政府时，董事长外部兼任会提高投资效率。当董事长不存在外部兼任时，地方政府控制会降低投资效率；当董事长存在外部兼任时，地方政府控制不会显著影响投资效率。进一步将投资效率分成投资不足和过度投资两种类型来考察董事长外部兼任对投资效率的影响。从投资不足和投资过度样本的回归结果可以发现，无论投资不足还是投资过度，对于地方政府控制的国有企业来说，董事长外部兼任与非效率投资的负相关关系都会减弱。

　　本章通过考察不同产权主体下董事长外部兼任对投资效率的影响，发现董事长外部兼任和投资效率两者的关系会受政府干预的影响。本章的研究一方面丰富了董事长外部兼任和投资效率两者关系的研究，另一方面丰富了地方政府控制的经济后果方面的研究，同时为国有企业的政企关系提供了政策启示。

# 第8章 公司治理、高管变更与经济后果: 一个文献综述

高管变更的有效性是公司治理机制有效性的一个重要方面。然而，目前学术界关于公司治理如何影响高管变更以及会产生怎样的经济后果问题还存在较大争论。已有研究从企业业绩、内部治理机制、外部治理机制、高管特征及信息披露等视角出发，对这一问题进行了研究，取得了丰富的研究成果。这些文献对我们更好地理解公司治理的作用机制，从而提高我国的公司治理水平具有重要的理论价值和现实意义。本章对这些文献进行了梳理，以期为我国学术界在这一领域的研究提供参考。

## 8.1 问 题 提 出

高管变更的有效性是公司治理机制有效性的一个主要方面。变更既是对经理人最极端的约束，又是对以往较差绩效的更正。好的公司治理机制要求对高管的经营绩效做出有效的评估，解雇能力不强的管理者。近期的研究表明，一个国家或地区的政治环境、文化习俗和制度背景都会对该国或地区的公司治理产生明显的影响，那些外部制度环境较差的国家，公司内部治理相对较差，高管变更的可能性也会相应下降（DeFond, 2004; La Porta,1998）。

有关高管变更的研究在国际公司治理领域是一个热点学术问题，因为影响高管变更的因素直接关系到该国公司治理水平的评价体系是否科学合理，而高管变更多大程度上影响着企业绩效和治理结构的调整也是公众与社会舆论关注的焦点。20世纪70年代以来，国外文献从企业业绩、内部治理机制、外部治理机制、高管特征及信息披露等视角分析了高管变更的影响因素，对高管变更的前因与后果提出了内容迥异的解释，并基于国别数据提供了相关证据，形成

了高管变更的前因和后果文献。然而，我国学者对中国市场高管变更问题的研究还处于起步阶段，学者主要从内部治理环境角度分析了高管变更的影响。而中国转轨经济环境下特有的制度特征为研究外部制度对公司治理的影响提供了条件。20 世纪 80 年代，我国的分权化改革导致了不同地区间市场化程度的差异，不同地区的市场化进程、政府干预程度、法治水平等相差很大，这必然使不同地区的公司治理状况产生相应的差异。鉴于此，本章分别对国内外这一领域的研究成果进行梳理和总结，为更好地理解公司治理机制，设置一套行之有效的激励约束机制来规范高管行为提供参考。

## 8.2　高管变更的影响因素

已有研究主要从企业业绩、内部治理机制、外部治理机制、高管特征及信息披露五个方面考察高管变更的影响因素。

### 8.2.1　企业业绩对高管变更的影响

企业业绩是高管变更最为直接的决定因素，因此受到了研究者的普遍关注。科夫兰和施密特（1985）最先研究了企业绩效与高管变更的关系，他们发现上市公司股票价格越低，CEO 变更的概率越大。华纳等（1988）的实证研究也表明，最近年度公司股票的市场回报率与非常规高管人员的离任具有显著的负相关关系。魏沙赫（1988）采用资产回报率作为公司业绩变量，发现与同行业资产回报率的均值相比，在 CEO 离职前的 1～3 年中，公司的资产回报率显著低。德丰和洪（2004）认为，在法律监管与投资者保护缺失的市场环境中，会计业绩能够更好地解释 CEO 变更的原因。恩格尔等（2003）研究发现，相比公司的股票业绩，董事会更加关注会计业绩，但在复杂的公司环境或市场非常有效的前提条件下，董事会对有关 CEO 是否离任的决策与会计业绩并无多大关系。樊等（2007）选择 1998—2003 年中国上市公司为样本，考察了中国高速转轨经济制度背景下的公司治理效率问题。研究结果表明，公司业绩越差，高管越有可能被更换，表明在此期间中国的公司治理是有效的。

近几年，国内学者也开始关注企业业绩和高管变更之间的关系，并取得了一定的成果。最早研究这一领域的是龚玉池（2001），他发现高层变更的可能性显著地与公司绩效负相关，特别是用经产业调整后的收益率度量公司绩效时。随后，朱红军（2002）发现高管人员的变更与大股东的变更密切相关，但是不同经营业绩水平的公司在变更高管人员上有很大的差异，具体表现为经营业绩低劣的公司更容易变更高管人员。赵震宇等（2007）的研究表明，国有上市公司高管层职位的升迁或降职与公司业绩正向相关，不同属性的公司评价总经理的业绩或能力指标也有所差异，而且决策者对高层人员业绩的要求会因为公司历史业绩的不同而有所不同。

综上所述，导致高管变更最直接的决定因素是业绩问题，关于其他决定因素（如公司的内部和外部治理机制、信息披露等）的研究也均以高管变更对公司业绩是否敏感为主题而展开。

### 8.2.2　内部治理机制对高管变更的影响

1.股权结构

已有文献主要从股权性质、股权集中度、机构投资者持股比例、管理者持股等股权结构因素来研究对高管变更的影响。

（1）股权性质

在国有公司、私营公司和外资控股公司中，哪种公司的 CEO 变更与公司业绩的相关性更大，也是众多学者争论的焦点。弗斯等（2006）发现，中国国有上市公司 CEO 变更对业绩的敏感度不如外资控股公司。加藤和龙（2005）发现，只有当所有权从国有变为私有时，公司业绩与 CEO 变更才呈显著负相关关系。

（2）股权集中度

学术界对大股东问题的研究多是与公司治理和公司业绩联系在一起的。学者主要对一股独大和保护中、小股东利益进行讨论，提倡公司股权结构分散化和投资主体多元化，因此提出了较多的国有股减持方案。伯克尔（1992）等研究发现，当公司股权比较分散时，公司治理效率下降，高管变更与经营业绩间的负相关关系被弱化。雷纳布格（2000）以发生 CEO 变更的比利时上市公司为样本，研究大股东控制对强制性高管变更的影响，发现大股东能在一定程度上约束管理者的机会主义行为，从而使当公司业绩不良时 CEO 变更的可能性更大。加藤和龙（2005）以 1998—2002 年中国上市公司的综合财务数据为样本，采用 LOGIT 回归模型研究了高管变更和股权结构的问题。研究结果表明，当国有变为私人所有时，高管变更和公司绩效存在明显的相关性。孙永祥和黄祖辉（1999）以 1998 年 12 月 31 日深圳、上海所有上市的 503 家公司为样本进行研究，发现集中度一定、有相对控股股东和其他大股东存在的股权结构比高集中度股权、高分散度股权更有利于公司治理机制发挥作用。沈艺峰等

（2007）以 2000—2004 年深圳、上海两市 154 家 ST 公司为样本，实证检验了 ST 公司中大股东持股比例与高管变更之间存在显著的正相关关系，并得出随着不同的大股东持股比例变化，对高管变更产生的影响与作用也不同。

（3）机构投资者持股

现有文献表明，机构投资者在公司治理上具有积极的作用（Gillan and Starks，1998；Karpoff，1999），他们发现公司由于受到机构投资者的监管，改善了治理结构，但机构投资者在公司治理方面的积极参与并未显著影响长期业绩（Carleton，Nelson，and weisbach，1998；Huson，1997）。如果公司改变了治理结构，那么积极参与公司治理的机构投资者会影响 CEO 变更。机构投资者大多依据公司以前的经营业绩来选择监管对象，因此 CEO 变更对公司业绩敏感性会随着机构投资者参与公司治理的积极性的增加而增加（Huson，Parrino，and Starks，2001）。帕里诺等（2003）研究发现，成熟的机构投资者已采用更主动的方式参与对现任高管的监管，逐渐放弃"用脚投票"的方式。

（4）管理者持股

通过管理者持股使控制权和所有权有所平衡，代理成本将会降低。只要管理者拥有公司少量股份，他们就会受到其他力量的监督，如控制权市场和经理人市场。当管理者获得足够的投票权利去捍卫自己的职位时，这些外在力量将会减弱。因此，所有权是权利的来源。已有研究发现，拥有大股份的管理者即使公司经营业绩恶劣也很少被变更。艾伦（1981）发现，CEO 任期与 CEO 持股显著正相关，但并不受其他管理者持股的影响。吉尔森（1989）的研究表明，短期业绩不良并不影响持有股份的管理者的职位，但在长期业绩低劣的情景下，管理者持股比例再大也不能避免被更换。

还有研究综合考察了多类股权结构对高管变更的影响。刘旻等（2005）分析了中国上市公司的治理特点，即政府控制、大股东控制和内部人控制现象并存，共同影响着公司高管变更，限制了我国公司治理机制作用的发挥。赵超等（2005）的研究表明，大股东比例、流通股比例、国家股比例与总经理的强制性变更和非强制性变更都不存在显著相关性，证明在流通股比例过低、市场投机气氛浓重以及国有股"所有者缺位"的情况下，大股东、流通股东和国家股东都无法有效地监管经理人，而管理者持股比例与高管的强制性变更和非强制性变更显著负相关，表明"内部人控制"现象存在于中国上市公司。

综上所述，关于股权结构对高管变更影响的已有研究大多表明，高管变更与管理者持股比例和国有股比例负相关，与机构投资者持股比例和大股东持股比例正相关。

2.董事会特征

董事会特征因素主要包括董事会规模、董事会构成、董事会会议次数、董事会领导结构、董事的激励政策以及董事会成员持股等。董事会作为内部治理机制的最重要一环，直接负责总经理的选拔、任命、考核与解聘，因此国内外很多文献研究了董事会特征与高管变更之间的关系，目的在于研究什么特性的董事会的监督与约束管理者的能力会更强，这类文献可分为以下六部分。

（1）董事会规模

较多学者认为，小规模董事会比大规模董事会更能有效地解雇业绩低劣情况下的企业高管。詹森（1993）认为，董事会的最佳规模应是 8～9 人，在达到这个规模之前，董事的增加会提高董事会的效率，但超过这个规模以后，则可能会出现相互推诿和扯皮等效率低下的现象。叶尔马克（1996）研究了美国公司总经理的辞职情况，证实了董事会规模越小，越有可能在企业业绩不良时解雇总经理，但在董事会规模比较大时，这种倾向会降低。休森等（2001）研究发现，董事会规模的减小能加强 CEO 变更与公司业绩间的负相关关系。

（2）董事会构成

已有研究着重研究董事会的构成，即内外部董事比例，以其反映董事会的控制力。法玛和詹森（1983）的研究表明，外部董事比内部董事更能有效监管公司，因为他们非常关心在经理人市场上的名声。魏沙赫（1988）发现，拥有60% 以上独立董事的董事会比其他董事会更可能解雇业绩较差 CEO。赫玛琳和魏沙赫（1988）选取魏沙赫（1988）的 142 家企业作为研究样本，发现业绩不好的企业变更了内部董事，而以外部董事取而代之。由此可见，外部董事的增多不仅会增强 CEO 变更与公司绩效之间的相关性，还会增加外部继任的可能性。然而，吉尔森（1989）发现当公司经历严重的财务困境时，内外部董事都会被更换。

（3）董事会会议次数

关于董事会活动次数与董事会工作效率关系的研究，目前有两种完全不同的观点：一种观点认为，董事拥有足够多的机会对公司的经营管理问题进行研讨，能改善公司的经营管理水平，也能增强对管理层的监督和约束；另一种观点认为，董事会会议次数的多少并不影响其对公司高管的约束作用。张俊生和曾亚敏（2005）以在上海证券交易所 1999 年前上市的公司为样本，研究了董事会特征等治理变量对总经理变更的影响。研究结果表明，董事会会议次数与相对业绩下降公司的总经理变更之间呈显著正相关，也就是说会议次数的增多能促进对管理层的有效管理。但莫里（2005）在研究芬兰上市公司时发现，董事会会议次数与高管变更没有显著的相关性。

（4）董事会领导结构

贾甘纳坦（1996）发现，在董事长与总经理两职分离的公司，当经营业绩下滑时，总经理能够被及时变更。戈亚尔和帕克（2002）发现，在两职合一的公司，CEO 变更与业绩的敏感性显著弱于两职分离的公司。赵山（2001）的研究也表明，董事长与总经理的兼任降低了高管变更率。因此，董事长与总经理的两职分离会增强公司业绩与高管变更之间的相关性。

（5）董事的激励政策

越来越多的公司开始对董事实施激励政策，目的是使管理者和股东利益一致。佩里（1998）发现，董事激励补偿程度会影响 CEO 变更决策，如果独立董事受到激励补偿，CEO 变更与不佳的股票业绩之间的相关性会增强，针对外部董事的激励补偿机制会提高外部继任的可能性。佩里（1999）进一步研究了外部董事是否在公司获得报酬对高管变更和业绩关系的影响，当外部董事获得报酬激励时，特别是以股票为基础的报酬激励计划，高管变更和公司业绩的关联度更大，这一结论支持了董事获得报酬激励将更有效决策，使董事更为专业化和更具独立性。

（6）董事持股

已有研究发现，随着董事会成员持股量的增加，高管变更的概率也随之增加。巴格特和布莱克（1999）发现，董事会成员持股数量与 CEO 变更的概率呈正相关关系。拉钦斯基（2002）对发生高管变更的俄罗斯上市公司进行描述性统计，也发现董事持股比例与高管变更呈正相关关系。

综上所述，关于董事会特征对高管变更的影响，主要是高管变更与外部董事比例、董事长和总经理两职分离、对董事的激励补偿、董事持股比例呈正相关关系，与董事会规模则呈负相关关系。

### 8.2.3　外部治理机制对高管变更的影响

外部治理机制同样会对高管变更造成影响，如控制权市场、产品市场竞争以及法律法规等，连同内部治理机制对委托人与代理人的代理问题进行控制。

1.控制权市场

控制权市场理论由曼恩提出，他把控制权市场定义为企业通过并购获得公司控制权所带来收益的场所。这个市场的运行可以产生三个效果：第一，惩戒管理者，提高管理效率；第二，帮助股东获得控制权收益；第三，提供股东利益保护。惩戒管理者成为控制权市场发挥治理效应的重要方面（Manne，1965）。

国外有关高管变更和控制权市场治理效用的研究概括起来主要有以下三种思路：首先，以各种类型的高管变更为研究样本，从中寻找控制权市场治理与董事会治理的差别。高管变更可以由控制权转移引起，也可以由董事会主导，但是在不同的治理机制下，发生高管变更的目标企业在业绩和管理层特征方面存在显著差异。莫克等（1989）发现，接管目标企业的行业业绩显著低于非接管的高管变更企业。其次，从高管变更的频率及其对业绩的敏感度的变化来证明控制权市场的识别、惩戒功能。米克尔森和帕齐（1997）研究发现，在接管活跃期，23%的公司变更了董事会主席、高管或者总裁，但在接管衰退期，仅有16%的公司变更高管；在业绩最差的公司中，高管变更的概率差异更为明显，在活跃时期，高管变更率为33%，但在衰退时期，高管变更率仅17%。他们进一步研究发现，在接管活跃期，高管变更和经营业绩存在显著的负相关关系，而在接管衰退期，并不存在显著负相关关系。最后，从其他影响高管变更的因素着手，研究控制权市场作用效果的变化。例如，高管持股会增强其抵御外部接管的能力，降低接管的成功率；股权集中度越高，越容易发生大股东治理下的CEO更替现象和得到目标公司默许的兼并行为。

国内研究高管变更和控制权市场治理效用的文献并不多。张慕濒和范从来（2005）发现，中国的控制权市场已经形成，控制权市场对业绩低下企业的识别作用已经显现，并且研究证明了在股东掌握控制权和面临接管的外部压力时，管理层通过业绩改善来降低自身被替换的可能性。李增泉和杨春燕（2003）发现，控制权转移当年以及转移后一年高层的变更频率显著高于控制权没有发生转移的公司，并且与控制权转移前的公司绩效存在显著的负相关关系，说明我国上市公司的控制权市场总体来看具备监管作用。朱红军（2002）经过统计分析发现，高管人员的变更与大股东的变更密切相关，但是不同经营业绩水平的公司在变更高管人员上有很大的差异，具体表现为经营业绩低劣的公司更容易变更高管人员。然而，控股股东的变更以及高管人员的变更并没有根本上改变公司的经营业绩，仅给企业带来了较为严重的盈余管理。

在一个活跃的控制权市场中，实行兼并收购的主要目的是整合目标公司和收购公司的资源，或者撤换在职管理人员来改善公司业绩。然而，在中国的控制权市场上，很多情况下是由一个非上市公司扮演收购方的角色，收购一个上市公司。这是因为在中国这样一个新兴市场中，股票发行许可、上市配额和分配体制都被牢牢控制在政府手中，对大多数公司尤其是非上市公司来说，通过资本市场融资是很困难的，而收购上市公司的控制权就为其提供了一个从外部融资的有利渠道。因此，在这种独特的背景下，中国上市公司的控制权转移也就有可能从根本上区别于英、美国家。

2. 产品市场竞争

产品市场竞争是公司治理机制的重要组成部分，国内外学者一直关注其对公司高管层是否存在治理效应。

德丰和帕克（1999）以赫芬达尔 – 赫希曼指数（HHI）衡量产品市场竞争强度，发现相对业绩评估（RPE）更有助于董事会识别不称职的 CEO，行业竞争增强了 RPE 的有用性，还发现高竞争行业的 CEO 变更频率高于低竞争行业的变更频率，并且在高竞争行业，CEO 变更对经行业调整的会计业绩更加敏感，在低竞争行业，CEO 变更对公司业绩更加敏感。戈亚尔和帕克（2002）在研究董事会领导结构与 CEO 变更关系时，借鉴德丰和帕克（1999）的研究，在模型中加入了 HHI，发现 CEO 变更与 HHI 显著负相关。以上研究在一定程度上说明产品市场作为一种治理机制，对公司 CEO 发挥了有效的监督和约束作用，存在治理效应。但是，他们未能进一步研究不同竞争强度的产品市场下，竞争强度的进一步变化对 CEO 变更的影响。同时，他们是基于发达市场经济国家的经验研究的，其结论对中国这种转轨市场经济的国家未必有同等的解释力。

3. 法律法规

当一国的投资者法律保护较为完善时，一旦公司经营不善，公司的治理结构就会有效地监督和约束公司的管理者，从而使公司的董事会更换高管。

德丰和洪（2003）考察了投资者法律和高层管理者更换之间的关系。研究结果表明，高管变更对业绩的敏感性取决于法律实施制度。但是，他们的研究样本主要来自英美法系国家的公众公司，股权较为分散是这些样本公司的普遍特征，在投资者法律保护良好的环境下，公司的治理结果能够充分地发挥其监督作用，约束管理者的行为（LaPorta et al.，2000）。相反，在非英美法系国家中，投资者法律保护相对较差，公众公司的股权结构有很大的不同。拉波尔特等（2000）、林斯（2003）以及米顿（2002）的研究发现，在投资者法律保护较差的国家，所有权结构特别集中。那么，在投资者法律保护较差的国家里，强制困境公司变更高管是否与集中所有权结构强烈相关呢？沃普林（2002）利用意大利公司研究了这一问题，最终发现在业绩较差的情况下，高管更换的概率高于业绩较好情况下高管的更换概率。他认为，除公司绩效外，高管更换更多地由所有权结构等因素所决定。沈艺峰等（2007）以 2000—

2004 年上海、深圳两市 152 家 ST 公司为样本，实证检验当公司已陷入困境、被特别处理的情况下，集中所有权结构对公司高层管理人员变更产生的积极影响。他们认为，尽管高度集中的所有权结构带来的种种问题受到理论界和实务界的广泛批判，但是在投资者法律保护较差的当前，我国上市公司高度集中的所有权结构在一定程度上同投资者法律保护相结合，能有效地发挥公司治理监督与约束的作用，尤其当公司陷入困境或被特别转让（PT）时，具有高度集中所有权结构的公司能及时、有效地将失职的管理者替换掉。

4. 媒体的财务报道

媒体的监管效应主要来自财务报道，它通过给董事会间接施加压力来影响 CEO 的变更。法雷尔和威比（2002）研究了《华尔街日报》新闻所报道的 79 个 CEO 强制性变更和配对组 CEO 未发生强制性变更的公司。研究结果表明，在 CEO 变更的前两年，与 CEO 未发生强制性变更的样本公司相比，CEO 强制性变更的样本公司超过 76% 的公司被报通了公司业绩不佳。总体而言，有证据表明，公司业绩不佳的财务报道增加了 CEO 变更的概率。

## 8.2.4 高管特征对高管变更的影响

已有研究大多认为，在公司业绩持续低劣的情况下，公司高管的年龄与被变更的可能性呈反比关系。范西尔（1987）、詹森和墨菲（1990）证实了当经理在年轻时比他们快接近退休年龄时更可能遭到解雇。

目前，有关高管任期与高管变更可能性的研究存在两种具有代表性的观点。一种是"壕沟效应"论断（Morck et al.，1988），认为随着高管任期的延长，高管所掌握的社会关系网等资源越来越多，有可能在公司内部形成权利圈，这种权利圈能抵御外界压力，从而使他们被更换的概率降低。另一种是吉本斯等（1992）提出的"学习论断"，认为董事会需要花费时间去了解关于 CEO 的真正能力。在高管新上任的初期，董事会对其经营管理能力缺乏足够的认识，因此还能容忍公司低劣的业绩，但是随着认识的加深，当高管不能很快扭转公司的不良业绩时，董事会则会降低对他的信任度。与此同时，变更高管的概率会显著增加。所以，壕沟论断和学习论断是关于任期对"业绩—变更"敏感性影响的截然相反的两个观点。但奥尔古德和法雷尔（2000）认为，这两个观点是否占据主动取决于 CEO 是以外部、内部雇用还是初创者的身份开始他的职业生涯。

高管内部监督也是高管变更的决定因素。很多研究发现，高管团队作为一个整体，与股东存在利益上的冲突，同时发现高管之间经常互相联合（Finkelstein and Hambrick，1996）。事实上，管理者内部也有利益之争，相互之间的监督与约束是存在的。这种内部监督机制主要源于管理者之间的权力之争，这是团队内部理性冲突。按照马斯洛的需求层次论，高管的所有团队成员均存在自我实现的需求。沈和坎尼拉（2002）基于权力视角研究了美国上市公司CEO 变更的影响因素，认为在企业业绩低劣的情况下，企业高管层内部的利益冲突和权力争夺能够影响 CEO 的变更概率。

### 8.2.5　信息披露对高管变更的影响

传统理论认为，信息披露能使上市公司行为得以规范，信息的非对称程度减少，股票流动性增强，中小投资者利益得到保护，证券市场配置效率最终得以提高。但越来越多的证据表明，信息披露可能被操纵，成为管理者自谋其利的手段。华纳等（1988）通过研究高管变更与公司股票价格的相关关系，证实了由于外部股东和其他高管的监督，高管变更与股票业绩呈负相关关系，管理层会抓住有利时机披露好消息以保全他们自身的职位。德安杰洛（1988）发现，股东以糟糕的股票业绩为借口提议更换当前高管，从而发起控制权的争夺，为了避免此类情况，管理者利用自愿性信息披露，以降低股价被低估的可能，充分解释业绩欠佳的原因。纳加尔等（2003）检验了管理者信息披露行为与股票报酬的相关关系，表明基于 CEO 股票报酬和股东代理成本减少，管理者会积极披露公司信息来提高股票价格。詹森（2005）发现，管理者之所以不断操纵公司业绩来满足投资者的预期，是因为股价常常被高估。这种无奈选择完全是为保全自身职位而做出的，而向市场传达公司业绩良好信息的途径就是向公众披露好的消息，这些研究恰恰从侧面证明了披露好消息通常是管理者保持职位的良好手段。科塔里等（2009）研究了好、坏消息发布后市场反应的差异性。管理者考虑到自身的职业生涯，会保留处于财务困境公司的坏消息，并且希望公司将来有尚未发生的利好消息，用以掩盖这些坏消息。该研究以延迟坏消息披露为视角，为管理者操纵信息披露换取留任的行为提供了证据。

由此可见，高管考虑到其职业生涯会操纵信息披露，这会对高管更换和公司业绩的敏感性形成一定的负面作用，从而使治理机制的作用弱化。

## 8.3　高管变更的经济后果

已有文献对高管变更的经济后果的研究主要是从企业业绩及决策制定、财富效应、高管团队稳定性三个方面进行考察。

### 8.3.1 高管变更对企业业绩及决策制定的影响

高管变更后公司业绩和决策制定的变化也受到学术界的普遍关注。国外诸多已有研究表明，继任 CEO 上任不久，将不良公司业绩归咎于上一任 CEO，因此一些研究对高管变更后公司会计和经营决策的变化进行了考察。摩尔（1973）研究表明，在 CEO 变更后更可能制定有关减少收入的会计决策。斯特朗和迈耶（1987）、艾略特和肖（1988）均有证据表明，更多的资产核销和企业利润迅速下降均发生于高管变更之后，此类"利润冲洗"行为让继任者把责任推卸给前任 CEO，而把功劳留给自己。学术界不仅考察高管变更导致会计决策变化，还关注 CEO 变更后投资决策的变化。魏沙赫（1995）研究发现，继任 CEO 有动机在继任以后中断前任 CEO 所进行的利润偏低的并购活动。可见，继任 CEO 倾向将不良的公司业绩推卸给前任 CEO，将改善之功归于自身。中国也有相关的类似研究，但研究结论存在差异。奚俊芳和于培友（2006）证实了新的公司高管带来了公司业绩的提高，而这些提高的业绩部分来自盈余管理。朱红军（2002）的研究表明，高管人员的变更并不能改变这些企业经营业绩低劣的现状，无法显著提高经营绩效，带给企业的仅是显著的盈余管理行为。在绩效变差之后，企业又再度变更高管人员，如此陷入了恶性循环（Beatty and Zajac，1987）。但是，加藤和龙（2005）研究发现，CEO 更换会显著提高公司业绩，与国有企业相比，私营企业在 CEO 更换后有更大幅度的业绩提高。

另外，还有文献研究了不同的离职和继任方式与高管更换后公司业绩及决策的关系。在离职方式方面，丹尼斯等（1997）以 1985—1988 年美国标准普尔上市公司为研究样本，对有关离职方式进行研究，发现在 CEO 被强制更换的公司中，其经营业绩在 CEO 更换前明显下滑，但在更换后的 2～3 年会显著增长，同时在 CEO 正常退休的公司中，公司业绩在 CEO 离职前并没有下滑，但是在更换后的 2～3 年会有小幅度增长。在有关继任方式的研究中，古尔德纳（1954）发现，来自公司外部的 CEO 比来自内部的 CEO 继任后更可能对公司的组织进行变革。另外，胡拉那和诺里亚（2000）还考察了离职与继任方式的不同与高管变更后公司政策制定的关系，发现在 CEO 强制离职的公司，其变革的程度更大，来自外部的继任 CEO 能够更好地实施这些变革，而在 CEO 正常变更的公司中，来自内部的继任 CEO 通常会继续实施已有的公司战略。因此，他们认为公司业绩与 CEO 离职与继任方式有关。

### 8.3.2 高管变更的财富效应

关于高管变更的财富效应研究在国外已有大量的文献，且产生了许多互相矛盾的结论。例如，有些研究发现显著的正的累计超额报酬（Bonnier and Bruner，1989；Furtado and Rozeff，1987；Weisbach，1988），有些没有发现显著的相关关系（Bierstadt，1985；Klein，Kim，and Mahajan，1985；Reinganum，1985），还有一项研究发现显著的负的累计超额报酬（Furtado，1987）。另外，也有对财富效应的影响因素的研究。伊丽莎白和史提芬（2001）的研究结果显示，财务风险和董事会是否同时宣布继任者会对高管更换的累计异常收益产生显著影响。邦尼尔和布鲁纳（1989）发现，在以异常收益为因变量的截面回归模型中，变更者的职位、职位与公司规模的交互效应以及职位与外部继任的交互效应都会显著影响高管变更的财富效应。朱红军和林俞（2003）的研究表明，从样本整体来看，市场视高管人员的更换为一个坏消息并减少了股东财富，而且亏损公司的高管变更能够产生显著的市场反应，非亏损公司则不会产生这种影响。另外，董事长、总经理的单独更换或同时更换均对股东财富产生消极影响，董事长和总经理职务的分解也会对股东财富产生显著的负面影响。

### 8.3.3 高管变更后的高管团队稳定性

高管团队稳定性是指在上市公司的主要管理人员（包括总经理或董事长）离职后引起的其他高层管理人员的变动情况。基尼等（1995）的研究表明，当 CEO 的变更是由破产程序、私有化改组或者接管活动造成时，董事的变更与 CEO 的变更呈正相关关系。他们认为，董事变更频率的增加是因为低劣业绩的约束引起的，但这种约束性活动将向外部传递内部治理机制失败的信号，所以包括整个经理层和董事的约束性变更也就不足为奇了。在缺少外部压力的情况下，较少有证据表明在 CEO 变更后公司董事被变更。赫玛琳和魏沙赫（1988）检验了 142 家公司 13 年期间的董事会的变化情况，没有发现外部董事在 CEO 变更后可能离开董事会的证据。

法雷尔和威比（2002）发现，公司 CEO 因业绩低劣被强制离职后，与 CEO 关系紧密而且持股量较少的外部董事被变更的可能性随之增加，可能丢掉在其他公司的董事资格，而与 CEO 关系不紧密且持有相对较大量股权的外部董事在 CEO 变更后将继续在公司保持董事资格或者在更多公司中取得董事职位等。结论支持詹森（1993）、鲁布林和达芙（1995）的研究结果，即董事一般不会去解雇一个低效的 CEO，否则他们将会面临离开董事会的可能。法雷尔和威比还认为，变更本身可能导致董事会的重构，而不管变更的类型。新任 CEO 可能安置自己的董事会成员，而不管他是强制变更还是正常变更的继任者。尤其是 CEO 来自外部时，他更可能安排自己的董事会。

弗洛鲁（2005）研究发现，当 CEO 被解雇后，董事会主席有可能被变更，而且将引起董事会的重组。但董事会主席的强制性变更与 CEO 自愿离职不相关。截至目前，国内只有张必武和石金涛（2005）对高管变更后的高管团队稳定性进行了研究。经验证据表明，总经理变更提高了高管离职的概率，但降低了企业绩效对高管离职的影响；总经理被迫离职后的年轻高管有较高的离职概率。

## 8.4　结论与未来研究展望

截至目前，国内外已有文献主要从公司业绩、内部治理机制、外部治理机制等方面研究了高管变更问题，并取得了丰富的研究成果。毫无疑问，上述研究成果对认识高管变更问题具有非常重要的价值。但是，随着全球市场经济的发展，原有的结论可能已不符合当下的语境，尤其是在我国新兴经济与转轨经济并存的特殊背景下，已有研究还存在一些不足。比如，实证研究相对缺乏，即使为实证研究，也多仅从单一角度对高管变更影响因素进行考察，从多角度分析的研究则相对缺乏。此外，这方面的研究多从公司业绩与内部治理机制角度展开，较少有研究从外部监管机制考察高管变更的影响因素。

# 第9章 审计意见、政治关联与高管变更

公司是否因为被出具非标准审计意见而变更高管是反映委托代理问题和公司治理效率的重要方面。本章研究了审计意见对高管变更的影响，并且探讨了审计意见与高管变更之间的关系是否受到政治关联的影响。

## 9.1 问 题 提 出

政治和法律环境会对公司治理机制产生重大影响，投资者保护较差和法律制度不完善的国家的公司治理水平也较差，表现为低劣的公司业绩、管理者的职位壕沟效应和大股东侵占小股东利益等（La Porta et al.,1998）。然而，政治和法律制度不够完善的国家并不意味着不能得到有效的外部审计。樊和汪（2005）研究发现，在法律环境较差的东亚国家和地区，外部审计仍具有治理作用。崔和汪（2005）也发现，在法律环境较差的国家，外部审计更能起到治理作用。外部审计作为公司外部治理机制的重要组成部分，以审计意见的方式为投资者、董事会提供客观、真实的决策信息，降低了投资者与经营者信息不对称的程度，对高管会产生监督和约束作用（蒋荣等，2007）。

近年来，有学者开始对审计意见与高管变更之间的关系问题进行研究，因为这是检验公司是否有效解决委托代理问题的重要方法。在非标准审计意见下，高管将会面临来自投资者的压力以及政府的管制，若追究责任，高管将是非标准审计意见的首要责任人。但在我国由于受到政治和文化的影响，经理人行为深受政治关系的影响。因此，当管理层职位受到威胁时，他们拥有的政治资源很可能就成了其构筑职位壕沟的资本，从而引起职位壕沟效应（游家兴等，2010）。常和汪（2009）的研究表明，高管变更也与非经济的政治因素有关。樊等（2007）研究发现，当经理与政府关系密切时，公司更倾向聘请官员而不是具有专业背景的人士担任公司董事。游家兴等（2010）研究发现，高管

的政治关联越密切，因业绩不佳而被变更的概率越小。虽然已有研究关注了审计意见与高管变更之间的关系问题（蒋荣等，2007；王进朝，2011），但他们要么只以非标准审计意见的上市公司作为样本，要么只以高管变更的上市公司作为样本，因此他们的研究结论是否能够作为一个具有普遍性的结论还需要更多的实证研究予以考察。另外，游家兴等（2010）研究了政治关联对高管变更的影响，但未涉及审计意见。本章将对以上两类文献进行拓展，研究审计意见与高管变更之间的关系是否受到政治关联的影响。

本章选择 1999—2008 年我国上海、深圳两市的所有 A 股上市公司作为样本，研究了审计意见对高管变更的影响，并且探讨了审计意见与高管变更之间的关系是否受到政治关联的影响。研究结果表明，公司审计意见为非标准审计意见时，高管变更的概率更大；相对于没有政治关联的公司来说，有政治关联的公司被出具非标准审计意见时高管变更的概率更低。

目前，国内外关于高管变更的影响因素的研究主要集中于公司业绩、股权结构、董事会特征以及法律法规等方面，本章结合审计意见来研究高管变更问题，为分析高管变更的影响因素提供了一个新的研究角度，丰富了高管变更方面的研究。本章还从政治关联的角度研究了审计意见对高管变更的影响，推进了目前亟待发展的审计意见对高管变更影响问题的研究。本章揭示了政治关联是影响审计意见与高管变更之间关系的重要因素。同时，本章的研究结论可以为完善公司高管考评体系提供重要的依据，也可以为完善公司治理机制提供依据，还可以为培育和发展职业经理人市场提供参考。

## 9.2　理论分析与研究假设

不同的审计意见会给公司带来不同的影响，非标准审计意见往往会给公司带来很大的影响。出于对审计收益与风险的权衡和考虑，注册会计师一般偏好标准审计意见。因此，如果注册会计师出具非标准审计意见，表明公司的确在经营管理方面存在较大问题。在非标准审计意见下，高管层会面临来自各方利益相关者的压力，如果追究责任，谁是非标准审计意见的责任人呢？

作为委托代理责任的代理方，总经理可获得更多的公司信息，如果公司的财务报告失真，总经理将要承担直接责任，董事长和董事会则要负上"失察"的责任。同时，董事长作为公司法定代表人，一旦公司违法违规，将负主要责任。由此可知，董事长和总经理需要为非标准审计意见负主要责任。蒋荣等

（2007）以 1999—2004 年 985 个年报为非标准审计意见的上市公司为样本进行研究，结果表明，上市公司 CEO 变更与非标准审计意见显著正相关。王进朝（2011）以 2002—2009 年中国上市公司高管 CEO、CFO 更换数据为样本进行研究，发现非标准审计意见与 CEO 更换显著正相关。

然而，在我国由于受到政治和文化的影响，经理人行为深受政治关系的影响。因此，当管理层职位受到威胁时，他们拥有的政治资源很可能就成了其构筑职位壕沟的资本，于是引起职位壕沟效应（游家兴等，2010）。一方面，当市场机制失效时，管理者并不重视公司治理，而是利用与政府的密切关系寻求庇护和帮助；另一方面，企业的这种行为将助长政府的寻租行为，同时政府将加强对企业的行政干预，从而弱化了公司治理机制的作用。

在我国的特殊制度背景下，在政治关联公司，公司治理机制更容易被扭曲。弗莱和雪莱佛（1997）认为，政治关联不仅使政治干预成本降低，还加强了政府与公司之间的利益关系，增强了政府的干预动机。地方政府官员为了自己的政治目的（如职位晋升）对公司经营活动进行行政干预，这其中就包括公司高管的任免。常和汪（2009）的研究表明，高管变更也与非经济的政治因素有关。与其他公司相比，政治关联公司对管理层的变更机制比较低效。樊等（2007）研究发现，当经理具有政治关联时，公司更有可能聘请官员来担任公司董事。然而，管理层所建立的政治关联可以给企业带来很多好处。比如，有政治关联的公司能比无政治关联的公司获得更多的政府支持、银行贷款以及财政补贴等（罗党论、唐清泉，2009；余明桂、潘红波，2008；余明桂等，2010）。同时，在个人私利的驱使下，管理层的政治关联身份会演化成自己的保护伞，加剧管理者的职位壕沟效应。坎尼拉和拉巴特金（1993）认为，管理者的社会政治势力会影响公司对其正常的选聘机制，从而弱化高管变更与公司业绩之间的敏感性。他们的实证结果也显示，只有当管理者的社会政治势力比较微弱时，低劣的业绩才会导致公司采用外部聘任的方式选择继任者。游家兴等（2010）研究发现，高管的政治关联越密切，因业绩不佳而被变更的概率越小，表明高管所拥有的政治资源成为其构筑职位壕沟的资本，弱化了公司治理对高管应有的监管和约束机制。同理，即使注册会计师对公司出具非标准审计意见，但如果公司高管具有政治关联，高管变更就很有可能不是为了实现全体股东利益最大化的目标。基于上述分析，本章提出假设 1。

假设 1：相对于没有政治关联的公司来说，有政治关联的公司被出具非标准审计意见时高管变更的概率更低。

# 9.3 检验模型

模型（9-1）检验了公司特征对审计意见的影响，其表达式如下：

$$Opinion = \alpha_0 + \alpha_1 NSOE + \alpha_2 ROA + \alpha_3 Size + \alpha_4 Lev + \alpha_5 Growth$$
$$+ \alpha_6 Age + \alpha_7 Top1 + \alpha_8 Dual + \alpha_9 IndDir + \varepsilon$$

（9-1）

式中：被解释变量为 $Opinion$，$Opinion$ 为审计意见变量，如果审计意见为标准审计意见，则 $Opinion=1$，否则 $Opinion=0$；$NSOE$ 为所有权性质的虚拟变量，如果上市公司的实际控制人为非国有则取 1，否则取 0。不同企业的所有权性质对审计意见的影响也不同，于鹏（2007）发现国有企业被出具标准审计意见的概率更高，因此本书将上市公司划分为国有公司和非国有公司，预期 $NSOE$ 的回归系数显著为负。

此外，借鉴相关文献和研究背景（李爽、吴溪，2003；岳衡，2006；于鹏，2007），模型（9-1）还控制了资产收益率（$ROA$）、企业规模（$Size$）、资产负债率（$Lev$）、企业成长性（$Growth$）、上市年限（$Age$）、第一大股东持股比例（$Top1$）、两职设置状况（$Dual$）以及独立董事所占比例（$IndDir$）等影响审计意见的变量。

$ROA$ 表示企业的业绩，用总资产净利率表示。王爱国和尚兆燕（2010）发现，公司业绩越好，越不容易被出具非标准审计意见。因此，本书预期 $ROA$ 的回归系数符号为正。

$Size$ 表示企业规模，用总资产的自然对数表示。冯延超和梁莱歆（2010）发现，企业规模与审计意见显著正相关。陈关亭（2005）的研究表明，企业规模与审计意见两者关系不显著。因此，本书不对 $Size$ 的回归系数符号做出预测。

$Lev$ 表示资产负债率。于鹏（2007）、廖义刚和王艳艳（2008）发现，资产负债率越高，即企业的风险越大，被出具非标准审计意见的可能性就越大。因此，本书预期 $Lev$ 的回归系数符号为负。

$Growth$ 表示企业成长性，用营业收入增长率表示。结合所参阅的研究结论，本书暂不能预期 $Growth$ 的回归系数符号。

$Age$ 表示企业上市年限，用当期年度减去上市年度表示。夏立军和杨海斌

（2002）认为，上市年限越长，其财务压力越大，越容易被出具非标准审计意见。因此，本书预期 *Age* 的回归系数符号为负。

*Top*1 表示第一大股东持股比例，用第一大股东持股数与总股份数之比表示。唐跃军等（2006）认为，第一大股东比例越高，越不容易被出具非标准审计意见。吴联生和谭力（2005）则认为，一股独大的企业更容易被出具非标准审计意见。因此，本书不对 *Top*1 的回归系数符号做出预测。

*Dual* 表示两职设置情况，当董事长和总经理为同一人时取 1，否则取 0。方军雄等（2004）的研究结果表明，两职分离的格局能够提高公司的治理效力，同时对审计意见的出具产生影响。

*IndDir* 表示独立董事比例，用独立董事人数除以董事会人数表示。方军雄等（2004）的研究结果表明，独立董事独立程度越高，在注册会计师面临高风险时，公司被出具非标准审计意见的可能性就越大。因此，本书预期 *IndDir* 的回归系数符号为负。

除此以外，本书在进行回归时还进一步控制了年度因素和行业因素。

模型（9-2）—模型（9-5）检验了审计意见和政治联系对高管变更的影响，其表达式如下：

$$Turnover = \alpha_0 + \alpha_1 Opinion + \alpha_2 Anypc + \alpha_3 NSOE + \alpha_4 ROA + \alpha_5 Size \\ + \alpha_6 Lev + \alpha_7 Growth + \alpha_8 Age + \alpha_9 Top1 + \alpha_{10} Dual + \alpha_{11} IndDir + \varepsilon \quad (9-2)$$

$$Turnover = \alpha_0 + \alpha_1 Opinion + \alpha_2 Bothpc + \alpha_3 NSOE + \alpha_4 ROA + \alpha_5 Size \\ + \alpha_6 Lev + \alpha_7 Growth + \alpha_8 Age + \alpha_9 Top1 + \alpha_{10} Dual + \alpha_{11} IndDir + \varepsilon \quad (9-3)$$

$$Turnover = \alpha_0 + \alpha_1 Opinion + \alpha_2 Dirpc + \alpha_3 NSOE + \alpha_4 ROA + \alpha_5 Size \\ + \alpha_6 Lev + \alpha_7 Growth + \alpha_8 Age + \alpha_9 Top1 + \alpha_{10} Dual + \alpha_{11} IndDir + \varepsilon \quad (9-4)$$

$$Turnover = \alpha_0 + \alpha_1 Opinion + \alpha_2 Ceopc + \alpha_3 NSOE + \alpha_4 ROA + \alpha_5 Size \\ + \alpha_6 Lev + \alpha_7 Growth + \alpha_8 Age + \alpha_9 Top1 + \alpha_{10} Dual + \alpha_{11} IndDir + \varepsilon \quad (9-5)$$

其中，被解释变量 *Turnover* 为高管变更变量，如果公司董事长或总经理至少有一个发生变更，则 *Turnover*=1，否则 *Turnover*=0。为检验董事长或总经理的变更情况，将被解释变量 *Turnover* 替换为 *Change*、*Director* 或 *Manager*。*Change* 表示董事长和总经理同时变更，当两者同时变更时取 1，否则取 0；*Director* 表示董事长变更，当公司董事长发生变更时取 1，否则取 0；*Manager* 表示总经理变更，当公司总经理发生变更时取 1，否则取 0。

模型（9-2）中的解释变量 *Anypc* 为政治联系变量，当董事长或总经理至少有一个具有政治联系时取 1，否则取 0。廖义刚和王艳艳（2008）认为，比起非政府控制的上市公司，政府控制的上市公司更容易被出具非标准审计意见。为了进一步检验政治联系对高管变更的影响情况，模型（9-3）—模型（9-5）中分别引入解释变量 $Bothpc$、$Dirpc$ 和 $Ceopc$。$Bothpc$ 表示董事长和总经理两者都有政治联系，其取值方式是当两者都有政治联系时取 1，否则取 0；$Dirpc$ 表示董事长有政治联系，其取值方式是当董事长有政治联系时取 1，否则取 0；$Ceopc$ 表示总经理有政治联系，其取值方式是当总经理有政治联系时取 1，否则取 0。

参考现有文献与相关理论，本书在模型中还控制了所有权性质（$NSOE$）、资产收益率（$ROA$）、企业规模（$Size$）、资产负债率（$Lev$）、企业成长性（$Growth$）、上市年限（$Age$）、第一大股东持股比例（$Top1$）、两职设置状况（$Dual$）以及独立董事所占比例（$IndDir$）等变量。

$NSOE$ 为产权性质变量，当上市公司的实际控制人为非国有时取 1，否则取 0。加藤和龙（2005）发现，只有当所有权从国有变为私有时，公司业绩与 CEO 变更才呈显著负相关关系。因此，本书预计 $NSOE$ 的回归系数显著为正。

$ROA$ 表示企业的业绩，用总资产净利率表示。公司业绩越好，高管发生变更的可能性就越小（Chang and Wong，2004）。因此，本书预期 $ROA$ 的回归系数符号为负。

$Size$ 表示企业规模，用总资产的自然对数表示。赵震宇等（2007）发现，企业规模越大，董事长变更的概率越小。因此，本书预期 $Size$ 的回归系数符号为负。

$Lev$ 为财务风险变量，它等于年末总负债除以总资产。负债的存在使公司高管面临因破产而丧失控制企业的威胁，从而限制经理牺牲股东利益以追求自身利益的行为，降低代理成本（Zwiebei，1996）。因此，资产负债率越高的公司可能高管变更的概率越小。但是，朱红军（2004）发现，资产负债率与高管变更显著正相关。游家兴等（2010）发现，财务风险与高管变更不存在显著相关性，因此本书不对 $Lev$ 的回归系数符号做出预测。

$Growth$ 表示企业成长性，用营业收入增长率表示。处于成长中的公司，其高管不容易发生变更。因此，本书预期 $Growth$ 的回归系数符号为负。

$Age$ 表示企业上市年限，用当期年度减去上市年度表示。夏立军和杨海斌（2002）认为，公司上市年限越长，其财务压力越大，越容易被出具非标准审计意见。结合所参阅的研究结论，本书预期以 $Opinion$ 为被解释变量模型中 $Age$ 的回归系数符号为负，以 $Turnover$ 为被解释变量模型中 $Age$ 的回归系数符号暂不能预期。

$Top1$ 表示第一大股东持股比例，用第一大股东持股数与总股份数表示。

沈艺峰等（2007）实证检验了 ST 公司中大股东持股比例与高管变更之间存在显著的正相关关系，并得出随着大股东持股比例变化，对高管变更产生的影响也不同的结论。因此，本书预期 *Top*1 的回归系数符号为正。

　　*Dual* 为董事长和总经理是否两职合一变量，如果董事长和总经理两职合一，取值为 1，否则为 0。董事长与总经理的两职合一使权利过分集中在一个人手中，从而减弱了高管变更与公司业绩之间的关联性，减弱了公司内部治理机制的作用。布克（1992）、达雅等（1998）、戈亚尔和帕克（2002）以及弗斯等（2006）均发现，董事长与总经理两职合一的公司，其 CEO 变更的概率更低。因此，本书预期 *Dual* 的回归系数显著为负。

　　*IndDir* 为独立董事比例变量，它等于独立董事人数除以董事会总人数。廖等（2009）认为，独立董事与公司利益的关系最为疏远，更容易对高管形成制约，独立董事比例越大，对高管的制约越大，高管的变更概率越高。但他们并没有发现独立董事与高管变更之间存在显著的相关关系。因此，本书不对 *IndDir* 的回归系数符号做出预测。同样，本书在进行回归时进一步控制了年度因素和行业因素。

　　本书使用模型（9-6）—模型（9-9）来检验假设 1：

$$\begin{aligned} Turnover &= \alpha_0 + \alpha_1 Opinion + \alpha_2 Anypc + \alpha_3 Opinion*Anypc + \alpha_4 NSOE \\ &+ \alpha_5 ROA + \alpha_6 Size + \alpha_7 Lev + \alpha_8 Growth + \alpha_9 Age + \alpha_{10} Top1 \\ &+ \alpha_{11} Dual + \alpha_{12} IndDir + \varepsilon \end{aligned} \quad (9\text{-}6)$$

$$\begin{aligned} Turnover &= \alpha_0 + \alpha_1 Opinion + \alpha_2 Bothpc + \alpha_3 Opinion*Bothpc + \alpha_4 NSOE \\ &+ \alpha_5 ROA + \alpha_6 Size + \alpha_7 Lev + \alpha_8 Growth + \alpha_9 Age + \alpha_{10} Top1 \\ &+ \alpha_{11} Dual + \alpha_{12} IndDir + \varepsilon \end{aligned} \quad (9\text{-}7)$$

$$\begin{aligned} Turnover &= \alpha_0 + \alpha_1 Opinion + \alpha_2 Dirpc + \alpha_3 Opinion*Dirpc + \alpha_4 NSOE \\ &+ \alpha_5 ROA + \alpha_6 Size + \alpha_7 Lev + \alpha_8 Growth + \alpha_9 Age + \alpha_{10} Top1 \\ &+ \alpha_{11} Dual + \alpha_{12} IndDir + \varepsilon \end{aligned} \quad (9\text{-}8)$$

$$\begin{aligned} Turnover &= \alpha_0 + \alpha_1 Opinion + \alpha_2 Ceopc + \alpha_3 Opinion*Ceopc + \alpha_4 NSOE \\ &+ \alpha_5 ROA + \alpha_6 Size + \alpha_7 Lev + \alpha_8 Growth + \alpha_9 Age + \alpha_{10} Top1 \\ &+ \alpha_{11} Dual + \alpha_{12} IndDir + \varepsilon \end{aligned} \quad (9\text{-}9)$$

式中：*Opinion*\**Anypc* 为 *Opinion* 和 *Anypc* 的交互项，其估计系数表示相对于没有政治联系的公司来说，有政治联系的公司被出具非标准审计意见时高管变更的概率是否较低；根据假设 1，相对于没有政治联系的公司来说，有政治联系的公司被出具非标准审计意见时高管变更的概率较低。因此，预计 *Opinion*\**Anypc* 的回归系数显著为负。本书还用 *Bothpc*、*Dirpc* 和 *Ceopc* 替

换 *Anypc*，*Opinion\*Bothpc* 为 *Opinion* 和 *Bothpc* 的交互项，*Opinion\*Dirpc* 为 *Opinion* 和 *Dirpc* 的交互项，*Opinion\*Ceopc* 为 *Opinion* 和 *Ceopc* 的交互项。另外，其余变量的定义与上述一致，在进行回归时也进一步控制了年度因素和行业因素（表9-1）。

表9-1　变量定义

| 变量 | 变量定义 |
| --- | --- |
| *Turnover* | 董事长、总经理两者至少有一个变更，1为有变更，否则为0 |
| *Change* | 董事长、总经理两者同时变更，1为同时变更，否则为0 |
| *Director* | 董事长变更，董事长有变更取1，否则为0 |
| *Manager* | 总经理变更，总经理有变更取1，否则为0 |
| *Opinion* | 审计意见，1为标准审计意见，否则为0 |
| *Anypc* | 董事长或总经理至少一个有政治联系，1为有联系，否则为0 |
| *Bothpc* | 董事长、总经理两者都有政治联系，1为两者都有联系，否则为0 |
| *Dirpc* | 董事长有政治联系，董事长有政治联系取1，否则为0 |
| *Ceopc* | 总经理有政治联系，总经理有政治联系取1，否则为0 |
| *NSOE* | 公司性质，1为非国有公司，否则为0 |
| *ROA* | 企业业绩，用总资产收益率表示 |
| *Size* | 企业规模，用总资产的自然对数表示 |
| *Lev* | 资产负债率，用（负债总额÷资产总额）表示 |
| *Growth* | 企业成长性，用营业收入的增长率表示 |
| *Age* | 上市年限，当期年度-上市年度 |
| *Top*1 | 第一大股东持股比例 |
| *Dual* | 两职设置状况，1为董事长和总经理为同一个人，否则为0 |
| *IndDir* | 独立董事比例，用（独立董事人数÷董事会人数）表示 |

118

# 9.4　样本和描述性统计

## 9.4.1　样本选择与数据来源

本章选择 1999—2008 年我国上海、深圳两市的所有 A 股上市公司作为样本，具体选择标准如下：①剔除了会计制度具有特殊性的金融类上市公司；②剔除了审计意见、政治关联和高管变更等变量数据缺失的公司；③对于本章所使用到的所有连续变量，为消除极端值的影响，令小于 1% 和大于 99% 的样本的值分别等于 1% 和 99%。最后，本章得到 11752 个观测值。政治关联数据由手工收集得到；高管变更、第一大股东持股比例、董事长和总经理两职设置状况、独立董事人数、董事会人数等公司治理数据来源于国泰安（CSMAR）数据库，其他数据来源于色诺芬（CCER）数据库。

表 9-2 报告了样本的分布情况。1999—2008 年，样本总数是 11752 个，其中发生高管变更的样本有 4035 个，占全部样本的 34.33%，表明我国 34.33%的上市公司发生了高管变更；非标准审计意见的样本有 910 个，占全部样本的7.74%；1999—2005 年，非标准审计意见公司逐年上升，2006—2008 年，非标准审计意见公司呈下降趋势；具有政治关联的样本有 4633 个，占全部样本的39.42%，说明有 39.42% 的上市公司具有政治关联。

表 9-2　样本分布

| 年度 | 1999 | 2000 | 2001 | 2002 | 2003 | 2004 | 2005 | 2006 | 2007 | 2008 | 合计 |
|---|---|---|---|---|---|---|---|---|---|---|---|
| 样本总数 | 857 | 1008 | 1090 | 1148 | 1214 | 1320 | 1322 | 1302 | 1249 | 1242 | 11752 |
| 无高管变更的公司 | 540 | 611 | 692 | 715 | 792 | 906 | 863 | 880 | 851 | 867 | 7717 |
| 高管变更的公司 | 317 | 397 | 398 | 433 | 422 | 414 | 459 | 422 | 398 | 375 | 4035 |
| 非标准审计意见公司 | 7 | 72 | 62 | 58 | 91 | 135 | 162 | 126 | 100 | 97 | 910 |
| 标准审计意见公司 | 850 | 936 | 1028 | 1090 | 1123 | 1185 | 1160 | 1176 | 1149 | 1145 | 10842 |
| 无政治关联的公司 | 475 | 575 | 625 | 680 | 731 | 813 | 835 | 814 | 786 | 785 | 7119 |
| 政治关联的公司 | 382 | 433 | 465 | 468 | 483 | 507 | 487 | 488 | 463 | 457 | 4633 |

### 9.4.2 变量的描述性统计

表 9-3 报告了描述性统计结果。从全样本的描述性统计结果来看，高管变更（$Turnover$）的均值为 0.3433，表明有 34.33% 的样本公司发生了高管变更。审计意见（$Opinion$）的均值为 0.9226，说明有 92.26% 的公司被出具标准审计意见。政治联系（$Anypc$）的均值为 0.3942，说明具有政治联系的公司占有 39.42%。公司性质（$NSOE$）的均值为 0.2773，说明有 27.73% 的上市公司为非国有公司。企业业绩（$ROA$）的均值为 0.0240，最小值为 −0.5006，最大值为 0.2110，说明样本之间在企业业绩方面存在较大差异。企业规模（$Size$）的均值为 21.1726，最小值为 18.8069，最大值为 24.1408，说明样本之间在企业规模方面存在较大差异。资产负债率（$Lev$）的均值为 0.5142，最小值为 0.0810，最大值为 2.3138，说明样本之间在资产负债率方面存在较大差异。企业成长性（$Growth$）的均值为 0.2090，最小值为 −0.8549，最大值为 3.7874，说明样本之间在企业成长性方面存在较大差异。上市年限（$Age$）的均值为 6.3534，最小值为 0.0000，最大值为 18.0000，说明样本之间在上市年限方面存在较大差异。第一大股东持股比例（$Top1$）的均值为 0.4052，最小值为 0.1005，最大值为 0.7582，说明样本之间在第一大股东持股比例方面存在较大差异。两职设置状况（$Dual$）的均值为 0.1361，说明有 13.61% 的公司存在两职合一的情况。独立董事比例（$IndDir$）的均值为 0.2576，最小值为 0.0000，最大值为 0.5000，说明样本之间在独立董事比例方面存在较大差异。

从非标准审计意见公司的描述性统计结果来看，高管变更（$Turnover$）的均值为 0.5044，表明有 50.44% 的样本公司发生了高管变更。政治联系（$Anypc$）的均值为 0.3989，说明具有政治联系的企业占 39.89%。公司性质（$NSOE$）的均值为 0.4648，说明被出具非标准审计意见的公司中有 46.48% 的上市公司为非国有企业。企业业绩（$ROA$）的均值为 −0.1294，说明企业业绩越差，越容易被出具非标准审计意见；最小值为 −0.5006，最大值为 0.2110，说明样本的企业业绩存在较大差异。企业规模（$Size$）的均值为 20.5270，最小值为 18.8069，最大值为 23.8125，说明样本的企业规模存在较大差异。资产负债率（$Lev$）的均值为 0.9490，说明资产负债率越高，即企业风险越大，被出具非标准审计意见的可能性越大。企业成长性（$Growth$）的均值为 −0.0763，说明成长性较低的企业被出具非标准审计意见的概率较高；最小值为 −0.8549，最大值为 3.7874，说明样本的企业成长性存在较大差异。上市年限（$Age$）的均值为 7.7462，最小值为 0.0000，最大值为 18.0000，说明样本公司的上市年限存在较大差异。第一大股东持股比例（Top1）的均值为 0.3393，最小值为 0.1005，最大值为 0.7582，说明样本公司的第一大股东持股比例存在较大差异。两职设置状况（Dual）的均值为 0.1736，说明被出具非标准审计意见的公司中有 17.36% 的公司存在两职合一的情况。独立董事比例（IndDir）的均值为 0.2883，最小值为 0.0000，最大值为 0.5000，说明样本公司的独立董事比例存在较大差异。

从"标准审计意见公司"的描述性统计结果看，高管变更（Turnover）的均值为 0.3298，表明有 32.98% 的样本公司发生了高管变更。政治联系（Anypc）的均值为 0.3938，说明具有政治联系的企业占 39.38%。公司性质（NSOE）的均值为 0.2616，说明被出具标准审计意见的公司中有 26.16% 的上市公司为非国有企业。企业业绩（ROA）的均值为 0.0369，说明企业业绩越好，越容易被出具标准审计意见；最小值为 –0.5006，最大值为 0.2110，说明样本的企业业绩存在较大差异。企业规模（Size）的均值为 21.2268，最小值为 18.8069，最大值为 24.1408，说明样本的企业规模存在较大差异。资产负债率（Lev）的均值为 0.4777，说明被出具标准审计意见的公司，其资产负债率较低，即企业风险不大。企业成长性（Growth）的均值为 0.2330，最小值为 –0.8549，最大值为 3.7874，说明样本的企业成长性存在较大差异。上市年限（Age）的均值为 6.2365，最小值为 0.0000，最大值为 18.0000，说明样本公司的上市年限存在较大差异。第一大股东持股比例（Top1）的均值为 0.4107，说明被出具标准审计意见的公司，其第一大股东持股比例较高。两职设置状况（Dual）的均值为 0.1330，说明被出具标准审计意见的公司中有 13.30% 的公司存在两职合一的情况。独立董事比例（IndDir）的均值为 0.2550，最小值为 0.0000，最大值为 0.5000，说明样本公司的独立董事比例存在较大差异。

表 9-3　描述性统计

| 变量 | 均值 | 中位数 | 标准差 | 最小值 | 25% | 75% | 最大值 |
|---|---|---|---|---|---|---|---|
| （1）全样本（N=11752） | | | | | | | |
| Turnover | 0.3433 | 0.0000 | 0.4748 | 0.0000 | 0.0000 | 1.0000 | 1.0000 |
| Opinion | 0.9226 | 1.0000 | 0.2673 | 0.0000 | 1.0000 | 1.0000 | 1.0000 |
| Anypc | 0.3942 | 0.0000 | 0.4887 | 0.0000 | 0.0000 | 1.0000 | 1.0000 |
| NSOE | 0.2773 | 0.0000 | 0.4477 | 0.0000 | 0.0000 | 1.0000 | 1.0000 |

| 变量 | 均值 | 中位数 | 标准差 | 最小值 | 25% | 75% | 最大值 |
|---|---|---|---|---|---|---|---|
| ROA | 0.0240 | 0.0353 | 0.0934 | −0.5006 | 0.0089 | 0.0651 | 0.2110 |
| Size | 21.1726 | 21.0733 | 1.0082 | 18.8069 | 20.5050 | 21.7774 | 24.1408 |
| Lev | 0.5142 | 0.4887 | 0.2912 | 0.0810 | 0.3504 | 0.6250 | 2.3138 |
| Growth | 0.2090 | 0.1204 | 0.5803 | −0.8549 | −0.0164 | 0.3157 | 3.7874 |
| Age | 6.3534 | 6.0000 | 3.7834 | 0.0000 | 3.0000 | 9.0000 | 18.0000 |
| Top1 | 0.4052 | 0.3884 | 0.1672 | 0.1005 | 0.2713 | 0.5387 | 0.7582 |
| Dual | 0.1361 | 0.0000 | 0.3430 | 0.0000 | 0.0000 | 0.0000 | 1.0000 |
| IndDir | 0.2576 | 0.3333 | 0.1489 | 0.0000 | 0.1818 | 0.3333 | 0.5000 |
| （2）非标准审计意见公司（N=910） | | | | | | | |
| Turnover | 0.5044 | 1.0000 | 0.5003 | 0.0000 | 0.0000 | 1.0000 | 1.0000 |
| Anypc | 0.3989 | 0.0000 | 0.4899 | 0.0000 | 0.0000 | 1.0000 | 1.0000 |
| NSOE | 0.4648 | 0.0000 | 0.4990 | 0.0000 | 0.0000 | 1.0000 | 1.0000 |
| ROA | −0.1294 | −0.0758 | 0.1801 | −0.5006 | −0.2160 | 0.0074 | 0.2110 |
| Size | 20.5270 | 20.5712 | 1.0192 | 18.8069 | 19.8051 | 21.1826 | 23.8125 |
| Lev | 0.9490 | 0.7388 | 0.6370 | 0.0810 | 0.5181 | 1.1009 | 2.3138 |
| Growth | −0.0763 | −0.0836 | 0.6540 | −0.8549 | −0.4322 | 0.0872 | 3.7874 |
| Age | 7.7462 | 8.0000 | 3.8139 | 0.0000 | 5.0000 | 10.0000 | 18.0000 |
| Top1 | 0.3393 | 0.2952 | 0.1587 | 0.1005 | 0.2198 | 0.4309 | 0.7582 |
| Dual | 0.1736 | 0.0000 | 0.3790 | 0.0000 | 0.0000 | 0.0000 | 1.0000 |
| IndDir | 0.2883 | 0.3333 | 0.1341 | 0.0000 | 0.2500 | 0.3636 | 0.5000 |
| （3）标准审计意见公司（N=10842） | | | | | | | |
| Turnover | 0.3298 | 0.0000 | 0.4702 | 0.0000 | 0.0000 | 1.0000 | 1.0000 |
| Anypc | 0.3938 | 0.0000 | 0.4886 | 0.0000 | 0.0000 | 1.0000 | 1.0000 |
| NSOE | 0.2616 | 0.0000 | 0.4395 | 0.0000 | 0.0000 | 1.0000 | 1.0000 |
| ROA | 0.0369 | 0.0385 | 0.0678 | −0.5006 | 0.0131 | 0.0677 | 0.2110 |
| Size | 21.2268 | 21.1133 | 0.9884 | 18.8069 | 20.5502 | 21.8221 | 24.1408 |
| Lev | 0.4777 | 0.4777 | 0.2017 | 0.0810 | 0.3418 | 0.6079 | 2.3138 |

| 变量 | 均值 | 中位数 | 标准差 | 最小值 | 25% | 75% | 最大值 |
|------|------|--------|--------|--------|-----|-----|--------|
| *Growth* | 0.2330 | 0.1355 | 0.5673 | −0.8549 | 0.0000 | 0.3289 | 3.7874 |
| *Age* | 6.2365 | 6.0000 | 3.7576 | 0.0000 | 3.0000 | 9.0000 | 18.0000 |
| *Top*1 | 0.4107 | 0.3962 | 0.1668 | 0.1005 | 0.2770 | 0.5436 | 0.7582 |
| *Dual* | 0.1330 | 0.0000 | 0.3396 | 0.0000 | 0.0000 | 0.0000 | 1.0000 |
| *IndDir* | 0.2550 | 0.3333 | 0.1498 | 0.0000 | 0.1538 | 0.3333 | 0.5000 |

### 9.4.3　两类审计意见样本的公司特征比较

表 9-4 进一步对非标准审计意见和标准审计意见两类样本的公司特征进行比较。在非标准审计意见的企业中，企业业绩（*ROA*）的平均值和中位数分别为 −0.1290 和 −0.0758，在标准审计意见的企业中，企业业绩的平均值和中位数分别为 0.0369 和 0.0385。检验结果表明，不管是平均值还是中位数，被出具非标准审计意见公司的企业业绩显著低于被出具标准审计意见公司，说明企业业绩越好，越容易被出具标准审计意见。

在非标准审计意见的企业中，企业规模（*Size*）的平均值和中位数分别为 20.5270 和 20.5712，而在标准审计意见的企业中，企业规模的平均值和中位数分别为 21.2270 和 21.1133。检验结果表明，不管是平均值还是中位数，被出具非标准审计意见公司的企业业绩显著低于标准审计意见公司，说明企业规模越大，被出具标准审计意见的概率越高。

在非标准审计意见的企业中，资产负债率（*Lev*）的平均值和中位数分别为 0.9490 和 0.7388，而在标准审计意见的企业中，资产负债率的平均值和中位数均为 0.4777。检验结果表明，不管是平均值还是中位数，被出具非标准审计意见公司的资产负债率显著高于标准审计意见公司，说明资产负债率越高，被出具非标准审计意见的概率越大。

在非标准审计意见的企业中，企业成长性（*Growth*）的平均值和中位数分别为 −0.0760 和 −0.0836，而在标准审计意见的企业中，企业成长性的平均值和中位数分别为 0.2330 和 0.1355。检验结果表明，不管是平均值还是中位数，被出具非标准审计意见公司的企业成长性显著低于标准审计意见公司，说明成长性越低的企业越容易被出具非标准审计意见。

在非标准审计意见的企业中，上市年限（*Age*）的平均值和中位数分别为 7.7462 和 8.0000，而在标准审计意见的企业中，上市年限的平均值和中位数分别为 6.2365 和 6.0000。检验结果表明，不管是平均值还是中位数，被出具非标准审计意见公司的上市年限显著高于标准审计意见公司，说明上市年限越长越容易被出具非标准审计意见。

在非标准审计意见的企业中，第一大股东持股比例（*Top*1）的平均值和中位数分别为 0.3393 和 0.2952，而在标准审计意见的企业中，第一大股东持股比例的平均值和中位数分别为 0.4107 和 0.3962。检验结果表明，不管是平均值还是中位数，被出具非标准审计意见公司的第一大股东持股比例显著低于标准审计意见公司，说明第一大股东越高越容易被出具标准审计意见。

在非标准审计意见的企业中，独立董事比例（*IndDir*）的平均值和中位数分别为 0.2883 和 0.3333，而在标准审计意见的企业中，独立董事比例的平均值和中位数分别为 0.2550 和 0.3333。检验结果表明，不管是平均值还是中位数，被出具非标准审计意见公司的独立董事比例显著高于标准审计意见公司，说明独立董事比例越高，越容易被出具非标准审计意见。

表 9-4　两类审计意见样本的公司特征比较

| | 非标准审计意见 | | 标准审计意见 | | 非标准审计意见与标准审计意见 | |
|---|---|---|---|---|---|---|
| | 平均值 | 中位数 | 平均值 | 中位数 | 平均值之差 | 中位数之差 |
| | | | | | *t* 检验 | 符号秩检验 |
| *ROA* | −0.1290 | −0.0758 | 0.0369 | 0.0385 | −0.1659 | −0.1143 |
| | | | | | (−58.67)*** | (−33.80)*** |
| *Size* | 20.5270 | 20.5712 | 21.2270 | 21.1133 | −0.7000 | −0.5421 |
| | | | | | (−20.46)*** | (−18.15)*** |
| *Lev* | 0.9490 | 0.7388 | 0.4777 | 0.4777 | 0.4713 | 0.2610 |
| | | | | | (52.01)*** | (26.86)*** |
| *Growth* | −0.0760 | −0.0836 | 0.2330 | 0.1355 | −0.3090 | −0.2191 |
| | | | | | (−15.60)*** | (−22.90)*** |
| *Age* | 7.7462 | 8.0000 | 6.2365 | 6.0000 | 1.5097 | 2.0000 |
| | | | | | (11.63)*** | (11.91)*** |
| *Top*1 | 0.3393 | 0.2952 | 0.4107 | 0.3962 | −0.0714 | −0.1010 |
| | | | | | (−12.45)*** | (−12.72)*** |

续表

| | 非标准审计意见 | | 标准审计意见 | | 非标准审计意见与标准审计意见 | |
| --- | --- | --- | --- | --- | --- | --- |
| | 平均值 | 中位数 | 平均值 | 中位数 | 平均值之差 | 中位数之差 |
| | | | | | $t$ 检验 | 符号秩检验 |
| *IndDir* | 0.2883 | 0.3333 | 0.2550 | 0.3333 | 0.0333 | 0.0000 |
| | | | | | （6.48）*** | （6.21）*** |

注：***、**、* 分别表示在 1%、5% 和 10% 水平显著。

　　表 9-5 报告了按审计意见（*Opinion*）、政治联系（*Anypc*）和公司性质（*NSOE*）分类的高管变更的卡方检验结果。A 板块中按审计意见（*Opinion*）分类，检验结果表明，从全样本的角度看，*Opinion*=0 下的值为 50.44，即被出具非标准审计意见的公司发生高管变更的概率为 50.44%；*Opinion*=1 下的值为 32.98，即被出具标准审计意见的公司发生高管变更的概率为 32.98%。经卡方检验，结果具有显著性，表明被出具非标准审计意见的公司发生高管变更的概率更高。

　　B 板块中按政治联系（*Anypc*）分类。对于非标准审计意见公司而言，具有政治联系（*Anypc*=1）的公司发生高管变更的概率为 48.09%，不具有政治联系（*Anypc*=0）的公司发生高管变更的概率为 51.01%。经卡方检验，结果具有显著性，表明被出具非标准审计意见的公司、具有政治联系的公司的高管变更概率显著低于不具有政治联系的公司。对于标准审计意见公司而言，具有政治联系的公司发生高管变更的概率为 31.03%，不具有政治联系的公司发生高管变更的概率为 34.25%。经卡方检验，结果具有显著性，表明被出具标准审计意见的公司、具有政治联系的公司，其高管变更的概率显著低于不具有政治联系的公司。以上研究结果表明，不管审计意见是标准审计意见还是非标准审计意见，高管具有政治联系可以显著降低高管变更的概率。

　　C 板块中按公司性质分类。对于非标准审计意见公司而言，非国有企业（*NSOE*=1）发生高管变更的概率为 53.66%，国有企业（*NSOE*=0）发生高管变更的概率为 47.64%。经卡方检验，结果具有显著性，表明被出具非标准审计意见的公司，非国有企业发生高管变更的概率显著高于国有企业。对于标准审计意见公司而言，非国有企业发生高管变更的概率为 33.92%，国有企业发生高管变更的概率为 32.65%。经卡方检验，结果不具有显著性。

表9-5 高管变更的分类比较

| A 板块 | | | |
|---|---|---|---|
| | *Opinion*=0 | *Opinion*=1 | 卡方检验 |
| 全样本 | 50.44 | 32.98 | 113.4738*** |
| B 板块 | | | |
| | *Anypc*=0 | *Anypc*=1 | 卡方检验 |
| 全样本 | 35.54 | 32.48 | 11.6128*** |
| 非标准审计意见 | 51.01 | 48.09 | 10.1757*** |
| 标准审计意见 | 34.25 | 31.03 | 12.1480*** |
| C 板块 | | | |
| | *NSOE*=0 | *NSOE*=1 | 卡方检验 |
| 全样本 | 33.51 | 36.48 | 9.2372*** |
| 非标准审计意见 | 47.64 | 53.66 | 3.2880* |
| 标准审计意见 | 32.65 | 33.92 | 1.5293 |

注：***、**、* 分别表示在 1%、5% 和 10% 水平显著。

表9-6 报告了全样本变量之间的相关系数，其中右上方为皮尔森相关系数，左下方为斯皮尔曼相关系数。从皮尔森相关系数看，高管变更（*Turnover*）与审计意见（*Opinion*）的相关系数是 -0.0983，并在 1% 水平上显著，说明被出具非标准审计意见的公司发生高管变更的概率更高。高管变更与政治联系（*Anypc*）的相关系数是 -0.0314，并在 1% 水平上显著，说明不具有政治联系的公司发生高管变更的概率更高。高管变更与公司性质（*NSOE*）的相关系数是 0.0280，并在 1% 水平上显著，说明非国有企业更容易发生高管变更。高管变更与公司业绩（*ROA*）的相关系数是 -0.1513，并在 1% 水平上显著，说明业绩不良的公司更容易发生高管变更。高管变更与企业规模（*Size*）的相关系数是 -0.1049，并在 1% 水平上显著，说明企业规模越大，发生高管变更的概率越低。高管变更与资产负债率（*Lev*）的相关系数是 0.0959，并在 1% 水平上显著，说明资产负债率越高的公司越容易发生高管变更。高管变更与企业成长性（*Growth*）的相关系数是 0.0060，其相关系数不具有显著性。高管变更与上市年限（*Age*）的相关系数是 0.0446，并在 1% 水平上显著，说明公司上市年限越长越容易发生高管变更。高管变更与第一大股东持股比例（*Top*1）的相关系数是 -0.0247，并在 1% 水平上显著，说明第一大股东持股比

例越高越不容易发生高管变更。高管变更与两职设置状况（*Dual*）的相关系数是 –0.0509，并在 1% 水平上显著，说明两职分离的公司发生高管变更的概率更高。高管变更与独立董事比例（*IndDir*）的相关系数是 –0.0300，并在 1% 水平上显著，说明独立董事比例越高越不容易发生高管变更。

从斯皮尔曼相关系数看，高管变更（*Turnover*）与审计意见（*Opinion*）的相关系数是 –0.0983，并在 1% 水平上显著，说明被出具非标准审计意见的公司发生高管变更的概率更高。高管变更与政治联系（*Anypc*）的相关系数是 –0.0314，并在 1% 水平上显著，说明不具有政治联系的公司发生高管变更的概率更高。高管变更与公司性质（*NSOE*）的相关系数是 0.0280，并在 1% 水平上显著，说明非国有企业更容易发生高管变更。高管变更与公司业绩（*ROA*）的相关系数是 –0.1440，并在 1% 水平上显著，说明业绩不良的公司更容易发生高管变更。高管变更与企业规模（*Size*）的相关系数是 –0.1061，并在 1% 水平上显著，说明企业规模越大，发生高管变更的概率越低。高管变更与资产负债率（*Lev*）的相关系数是 0.0745，并在 1% 水平上显著，说明资产负债率越高的公司，越容易发生高管变更。高管变更与企业成长性（*Growth*）的相关系数是 –0.0627，并在 1% 水平上显著，说明具有成长性的企业不容易发生高管变更，而皮尔森相关系数检验结果得出 *Growth* 对 *Turnover* 的影响不具有显著性。高管变更与上市年限（*Age*）的相关系数是 0.0464，并在 1% 水平上显著，说明公司上市年限越长越容易发生高管变更。高管变更与第一大股东持股比例（*Top*1）的相关系数是 –0.0272，并在 1% 水平上显著，说明第一大股东持股比例越高越不容易发生高管变更。高管变更与两职设置状况（*Dual*）的相关系数是 –0.0509，并在 1% 水平上显著，说明两职分离的公司发生高管变更的概率更高。高管变更与独立董事比例（*IndDir*）的相关系数是 –0.0184，并在 5% 水平上显著，说明独立董事比例越高越不容易发生高管变更。

其他变量之间的相关性也非常合理，如 *ROA*、*Top*1 与 *Opinion* 均显著正相关，表明企业业绩越好、第一大股东比例越高，被出具标准审计意见的可能性越高；*Lev* 与 *Opinion* 显著负相关，说明资产负债率越高，被出具非标准审计意见的概率越高；尽管自变量之间相关系数显著，但以 *VIF* 检验多重共线性的值都不大于 3，因此多重共线性不会影响下文的回归结果。

表 9-6　皮尔森（斯皮尔曼）相关系数

| | Turnover | Opinion | Anypc | NSOE | ROA | Size | Lev | Growth | Age | Top1 | Dual | IndDir |
|---|---|---|---|---|---|---|---|---|---|---|---|---|
| *Turnover* | | -0.0983*** | -0.0314*** | 0.0280*** | -0.1513*** | -0.1049*** | 0.0959*** | 0.0060 | 0.0446*** | -0.0247*** | -0.0509*** | -0.0300*** |
| *Opinion* | -0.0983*** | | -0.0028 | -0.1214*** | 0.4760*** | 0.1855*** | -0.4326*** | 0.1425*** | -0.1067*** | 0.1141*** | -0.0317*** | -0.0597*** |
| *Anypc* | -0.0314*** | -0.0028 | | -0.0427*** | 0.0197** | 0.0449*** | -0.0217** | -0.0153* | -0.0441*** | 0.0283*** | 0.0240*** | -0.0560*** |
| *NSOE* | 0.0280*** | -0.1214*** | -0.0427*** | | -0.0919*** | -0.2072*** | 0.1187*** | 0.0253*** | 0.0660*** | -0.3067*** | 0.0822*** | 0.1598*** |
| *ROA* | -0.1440*** | 0.3117*** | 0.0230*** | -0.0360*** | | 0.2746*** | -0.5804*** | 0.2419*** | -0.1731*** | 0.1859*** | -0.0466*** | -0.0650*** |
| *Size* | -0.1061*** | 0.1675*** | 0.0502*** | -0.1952*** | 0.1838*** | | -0.0615*** | 0.0901*** | 0.1357*** | 0.1916*** | -0.0813*** | 0.1841*** |
| *Lev* | 0.0745*** | -0.2478*** | -0.0241** | 0.0768*** | -0.4310*** | 0.1580*** | | -0.0260*** | 0.2497*** | -0.1690*** | 0.0204** | 0.1441*** |
| *Growth* | -0.0627*** | 0.2113*** | -0.0160* | -0.0287*** | 0.3353*** | 0.1883*** | 0.0225** | | 0.0078 | 0.0333*** | -0.0239** | 0.0318*** |
| *Age* | 0.0464*** | -0.1099*** | -0.0439*** | 0.0649*** | -0.2345*** | 0.1556*** | 0.2912*** | -0.0274*** | | -0.2751*** | -0.0162 | 0.4270*** |
| *Top1* | -0.0272*** | 0.1174*** | 0.0298*** | -0.3135*** | 0.1960*** | 0.1718*** | -0.1576*** | 0.0653*** | -0.2681*** | | -0.0673*** | -0.1555*** |
| *Dual* | -0.0509*** | -0.0317*** | 0.0240*** | 0.0822*** | -0.0213** | -0.0746*** | -0.0045 | -0.0327*** | -0.0214*** | -0.0649*** | | -0.0395*** |
| *IndDir* | -0.0184** | -0.0573*** | -0.0587*** | 0.1588*** | -0.0910*** | 0.1726*** | 0.1773*** | 0.0573*** | 0.3952*** | -0.1545*** | -0.0164* | |

注：***、**、*分别表示在 1%、5% 和 10% 水平上显著。

# 9.5　检 验 结 果

表 9-7 报告了模型（9-1）的回归结果。其中，被解释变量是高管变更（*Turnover*）；回归结果表明，*Opinion* 的估计系数为 -0.1675，在 10% 水平上显著为负，说明在没有政治关联公司中，审计意见为非标时，高管变更的概率更大。*Opinion\*Anypc* 的估计系数为 -0.2873，在 5% 水平上显著为负，表明相对于没有政治关联公司来说，有政治关联的公司被出具非标准审计意见时，高管变更的概率更低，该结果支持了假设 1。另外，*NSOE* 的回归系数显著为正，与加藤和龙（2006）的结论一致，表明非国有企业的高管变更的概率更大。*ROA* 的估计系数显著为负，与维沙赫（1988）、胡森等（2001）、常和汪（2009）、樊等（2007）、龚玉池（2001）的结论一致，表明公司业绩越好，高管发生变更的可能性就越小。*Size* 的估计系数显著为负，与胡森等（2001）和法雷尔和威比（2003）的结论一致，表明公司规模越大，高管变更的概率越低。*Growth* 的估计系数显著为正，与预期结果相反。*Age* 的估计系

数显著为正，与预期结果一致，表明公司年限越长，高管变更的概率越大。
*Dual* 的估计系数显著为负，与戈亚尔和帕克（2002）和弗斯等（2006）的结论一致，表明董事长与总经理两职合一的公司的高管变更概率更低。*IndDir* 的估计系数显著为正，表明独立董事比例越高，高管变更的概率越大。*Anypc*、*Lev* 和 *Top*1 的估计系数均不显著。同时，*VIF* 值显示，*Opinion*、*Anypc* 以及 *Opinion\*Anypc* 的 *VIF* 值均小于 3.7，说明多重共线性对回归结果的影响较小。

表 9-7　Logistic 回归结果（1）

| | 估计系数 | *Wald* | *VIF* 值 |
|---|---|---|---|
| 截距项 | 2.8633 | 35.7964*** | 0.0000 |
| *Opinion* | −0.1675 | 2.5762* | 2.1144 |
| *Anypc* | 0.0303 | 0.0453 | 3.0317 |
| *Opinion\*Anypc* | −0.2873 | 3.8712** | 3.6476 |
| *NSOE* | 0.0843 | 2.9747* | 1.2137 |
| *ROA* | −2.8842 | 93.6283*** | 1.9591 |
| *Size* | −0.1569 | 46.4659*** | 1.3379 |
| *Lev* | 0.0302 | 0.1142 | 1.7533 |
| *Growth* | 0.1605 | 21.1151*** | 1.1053 |
| *Age* | 0.0530 | 56.9070*** | 1.7454 |
| *Top*1 | 0.1654 | 1.4789 | 1.3016 |
| *Dual* | −0.4279 | 48.0175*** | 1.0266 |
| *IndDir* | 1.3819 | 17.8703*** | 2.1370 |
| 行业效应 | 已控制 | | |
| 年度效应 | 已控制 | | |
| *R-Square* | 0.0630 | | |
| *Chi-Square* | 548.6357*** | | |
| 样本量 | 11752 | | |

注：***、**、* 分别表示在 1%、5% 和 10% 水平上显著。

### 9.5.1　公司特征对审计意见的影响

表9-8报告了模型（9-1）公司特征对审计意见的回归结果。检验结果表明，政治联系（*Anypc*）的回归系数显著为负，说明有政治联系的企业更容易被出具非标准审计意见。然而，杜兴强等（2011）的研究结果表明对于既定的盈余质量，有政治联系的国有上市公司获得"非标"审计意见的概率显著更低。公司性质（*NSOE*）与审计意见（*Opinion*）显著负相关，即国有公司被出具标准审计意见的概率更高，与于鹏（2007）的结论一致。*ROA*的回归系数显著为正，这说明业绩好的企业容易被出具标准审计意见，与王爱国和尚兆燕（2010）的结论一致。企业规模（*Size*）的回归系数在1%水平上显著为正，表明企业规模越大越容易被出具标准审计意见，与冯延超和梁莱歆（2010）的结论一致。*Lev*的回归系数在1%水平上显著为负，说明资产负债率越高越容易出具非标准审计意见，与于鹏（2007）的结论一致。*Growth*的回归系数在1%水平上显著为正，说明成长性越高的公司越容易被出具标准审计意见。*Age*的回归系数在5%水平上显著为负，表明上市年限越长越容易被出具非标准审计意见，与夏立军和杨海斌（2002）的结论一致。*Top*1的回归系数显著为正，说明第一大股东比例越高越不容易被出具非标准审计意见，与唐跃军等（2006）的结论一致，而与吴联生和谭力（2005）的结论相反。*Dual*的回归系数在10%水平上显著为负，说明董事长和总经理为同一人的情况下容易被出具非标准审计意见，与方军雄等（2004）的结论一致。*IndDir*的回归系数在1%水平上显著为正，说明独立董事比例越高越容易被出具标准审计意见，与方军雄等（2004）的结论一致。

表9-8　Logistic 回归结果（2）

| | *Opinion* | |
| --- | --- | --- |
| | 估计系数 | *Wald* |
| 截距项 | 2.0874 | 3.4517* |
| *Anypc* | −0.1733 | 3.7922* |
| *NSOE* | −0.4068 | 17.9981*** |
| *ROA* | 8.0477 | 295.1302*** |
| *Size* | 0.2231 | 21.1359*** |
| *Lev* | −2.0987 | 197.3568*** |

续表

| | Opinion | |
| --- | --- | --- |
| | 估计系数 | Wald |
| Growth | 0.6042 | 36.2546*** |
| Age | −0.0121 | 0.6618** |
| Top1 | 0.1501 | 0.2386* |
| Dual | −0.0664 | 0.3052* |
| IndDir | 1.8955 | 6.8045*** |
| 行业效应 | 已控制 | |
| 年度效应 | 已控制 | |
| R−Square | 0.1711 | |
| Chi−Square | 2206.0000*** | |
| 样本量 | 11752 | |

注：***、**、*分别表示在 1%、5% 和 10% 水平显著。

## 9.5.2　审计意见和政治联系对高管变更的影响

1.董事长和总经理至少一个有政治联系

表 9-9 报告了模型（9-2）的回归结果。在 Turnover、Change 和 Director 作为被解释变量的模型中，除了 Opinion 对 Change 的回归系数是在 5% 水平上显著负相关，其他都是在 1% 水平上显著负相关，说明审计意见为非标的公司，其高管变更的概率大。四个回归结果中 Anypc 的回归系数显著负相关，表明董事长或总经理至少有一个具有政治联系时，高管变更的概率较低。在 Turnover 和 Manager 作为被解释变量模型中，NSOE 的回归系数显著为正，但是以 Change 和 Director 作为被解释变量模型中，NSOE 的回归系数不显著。在四个不同的被解释变量模型中，ROA 的回归系数都显著为负，说明业绩不良的公司变更高管的概率高，与常和汪（2004）的研究结论一致。Size 的回归系数都是显著为负，说明公司规模越大越不容易发生高管变更，与赵震宇等（2007）的研究结论一致。以 Turnover 为被解释变量模型中，LEV 的回归系数显著为正，说明资产负债率越高越容易发生高管变更；以 Change、Director 和 Manager 作为被解释变量模型中，Lev 的回归系数不显著。Growth 的回归系数都是显著为正，与预期结果相反。Age 的回归系数都是显著为正。Dual

的回归系数显著为负，表明董事长和总经理不是一人兼任的公司发生变更的概率更高，与预期结果一致。以 *Turnover* 为被解释变量模型中，*IndDir* 的回归系数显著为正；以 *Change*、*Director* 和 *Manager* 作为被解释变量模型中，*IndDir* 的回归系数不显著。

表 9-9　Logistic 回归结果（3）

| | *Turnover* | | *Change* | | *Director* | | *Manager* | |
|---|---|---|---|---|---|---|---|---|
| | 估计系数 | *Wald* | 估计系数 | *Wald* | 估计系数 | *Wald* | 估计系数 | *Wald* |
| 截距项 | 2.9270 | 37.9351*** | 3.5759 | 24.1923*** | 2.8777 | 26.2629*** | 2.4402 | 22.0682*** |
| *Opinion* | −0.2358 | 7.7086*** | −0.2646 | 5.2945** | −0.3303 | 12.4337*** | −0.1252 | 1.9184 |
| *Anypc* | −0.1230 | 8.6502*** | −0.2387 | 13.9080*** | −0.2014 | 16.3694*** | −0.0988 | 4.6968** |
| *NSOE* | 0.0836 | 2.9297* | 0.0685 | 0.9006 | −0.0577 | 0.9888 | 0.1803 | 11.8142*** |
| *ROA* | −2.8812 | 93.4728*** | −3.0490 | 67.4499*** | −2.6171 | 67.9180*** | −2.7491 | 80.2389*** |
| *Size* | −0.1570 | 46.5305*** | −0.2419 | 47.5787*** | −0.1784 | 43.2662*** | −0.1583 | 39.6991*** |
| *Lev* | 0.0272 | 0.0932* | −0.0833 | 0.5426 | 0.0238 | 0.0617 | −0.0452 | 0.2378 |
| *Growth* | 0.1604 | 21.0991*** | 0.2394 | 29.7902*** | 0.1886 | 24.3818*** | 0.1640 | 20.4149*** |
| *Age* | 0.0530 | 56.9972*** | 0.0540 | 25.3474*** | 0.0546 | 42.8733*** | 0.0449 | 34.2459*** |
| *Top*1 | 0.1691 | 1.5470** | −0.1065 | 0.2688 | −0.0746 | 0.2157 | 0.2044 | 1.9085 |
| *Dual* | −0.4278 | 48.0089*** | −0.1979 | 4.8287** | −0.1695 | 5.6978** | −0.4755 | 47.7370*** |
| *IndDir* | 1.3694 | 17.5706*** | 0.5543 | 1.3977 | 0.5685 | 2.2599 | 1.3971 | 16.0600*** |
| 行业效应 | 已控制 | | 已控制 | | 已控制 | | 已控制 | |
| 年度效应 | 已控制 | | 已控制 | | 已控制 | | 已控制 | |
| *R-Square* | 0.0455 | | 0.0362 | | 0.0378 | | 0.0384 | |
| *Chi-Square* | 547.3646*** | | 433.7687*** | | 452.4384*** | | 460.0306*** | |
| 样本量 | 11752 | | 11752 | | 11752 | | 11752 | |

注：***、**、* 分别表示在 1%、5% 和 10% 水平显著。

表 9-10 报告了模型（9-6）的回归结果。在 *Turnover* 作为被解释变量的模型中，*Opinion* 的回归系数在 10% 水平上显著负相关，说明在董事长和总经理都没有政治联系的公司中，非标准审计意见公司的高管变更概率较高；*Opinion\*Anypc* 的回归系数在 5% 水平上显著负相关，说明相对于董事长和总经理都没有政治联系的公司来说，至少一个有政治联系的公司被出具非标准

审计意见时高管变更的概率较低。进一步地，本书还将 *Change*、*Director* 和 *Manage* 替换 *Turnover* 作为被解释变量，回归结果表明，在 *Director* 作为被解释变量的模型中，*Opinion* 的回归系数在 1% 水平上显著负相关，说明在董事长和总经理都没有政治联系的公司中，非标准审计意见公司的董事长变更概率较高；*Opinion\*Anypc* 的回归系数在 5% 水平上显著负相关，说明相对于董事长和总经理都没有政治联系的公司来说，至少一个有政治联系的公司被出具非标准审计意见时董事长变更的概率较低，回归结果进一步验证了假设 1。在 *Turnover*、*Change*、*Director*、*Manager* 四个回归模型中，控制变量的回归系数与表 9-9 基本一致。

表 9-10　Logistic 回归结果（4）

| | *Turnover* | | *Change* | | *Director* | | *Manager* | |
|---|---|---|---|---|---|---|---|---|
| | 估计系数 | *Wald* | 估计系数 | *Wald* | 估计系数 | *Wald* | 估计系数 | *Wald* |
| 截距项 | 2.8633 | 35.7964*** | 3.5759 | 23.9673*** | 2.8635 | 25.7191*** | 2.3838 | 20.7906*** |
| *Opinion* | −0.1675 | 2.5762* | −0.2646 | 3.8381** | −0.3155 | 7.8545*** | −0.0658 | 0.3575 |
| *Anypc* | 0.0303 | 0.0453 | −0.2387 | 1.7779 | −0.1676 | 1.2379 | 0.0349 | 0.0563 |
| *Opinion\*Anypc* | −0.2873 | 3.8712** | −0.0378 | 0.0565 | −0.1690 | 5.7177** | −0.1474 | 0.9128 |
| *NSOE* | 0.0843 | 2.9747* | 0.0685 | 0.9004 | −0.0575 | 0.9825 | 0.1810 | 11.9006*** |
| *ROA* | −2.8842 | 93.6283*** | −3.0490 | 67.4460*** | −2.6176 | 67.9397*** | −2.7528 | 80.3881*** |
| *Size* | −0.1569 | 46.4659*** | −0.2419 | 47.5693*** | −0.1784 | 43.2403*** | −0.1581 | 39.6211*** |
| *Lev* | 0.0302 | 0.1142 | −0.0833 | 0.5421 | 0.0245 | 0.0652 | −0.0425 | 0.2101 |
| *Growth* | 0.1605 | 21.1151*** | 0.2394 | 29.7899*** | 0.1886 | 24.3805*** | 0.1641 | 20.4199*** |
| *Age* | 0.0530 | 56.9070*** | 0.0540 | 25.3454*** | 0.0545 | 42.8511*** | 0.0448 | 34.1648*** |
| *Top*1 | 0.1654 | 1.4789 | −0.1065 | 0.2686 | −0.0757 | 0.2215 | 0.2011 | 1.8455 |
| *Dual* | −0.4279 | 48.0175*** | −0.1979 | 4.8287** | −0.1695 | 5.6977** | −0.4757 | 47.7577*** |
| *IndDir* | 1.3819 | 17.8703*** | 0.5543 | 1.3950 | 0.5721 | 2.2848 | 1.4093 | 16.3235*** |
| 行业效应 | 已控制 | | 已控制 | | 已控制 | | 已控制 | |
| 年度效应 | 已控制 | | 已控制 | | 已控制 | | 已控制 | |
| *R-Square* | 0.063 | | 0.0362 | | 0.0595 | | 0.0568 | |
| *Chi-Square* | 548.6357*** | | 433.7687*** | | 452.4948*** | | 460.9417*** | |

| | Turnover | | Change | | Director | | Manager | |
|---|---|---|---|---|---|---|---|---|
| | 估计系数 | Wald | 估计系数 | Wald | 估计系数 | Wald | 估计系数 | Wald |
| 样本量 | 11752 | | 11752 | | 11752 | | 11752 | |

注：***、**、*分别表示在1%、5%和10%水平显著。

2.董事长和总经理同时有政治联系

表9-11报告了模型（9-3）的回归结果。在 Turnover、Change 和 Director 作为被解释变量的模型中，Opinion 的回归系数显著为负，表明标准审计意见公司的高管变更概率较低；在 Manager 作为被解释变量的模型中，Opinion 的回归系数不显著；表9-11 中 Opinion 的回归结果与表9-9 中 Opinion 的回归结果一致。在 Turnover、Change 和 Director 作为被解释变量的模型中，Bothpc 的回归系数显著为负；在 Manager 作为被解释变量的模型中，Bothpc 的回归系数不显著。这与表9-9的结论不一致，表9-9中的四个不同的被解释变量中，Anypc 都是显著负相关；而表9-9 在 Manager 作为被解释变量的模型中，Bothpc 的回归系数不显著。结果表明，董事长和总经理都有政治联系时，董事长变更的可能性较低，而总经理变更的概率并无显著变化。其余控制变量方面，NSOE、ROA、Size、Growth、Age、Dual 和 IndDir 的回归系数与表9-9的结论基本一致；以 Turnover 为被解释变量的模型中，表9-9中的 Lev 的回归系数显著正相关，Top1 的回归系数显著正相关；表9-11中的 Lev 和 Top1 的回归系数不具有显著性。

表9-11　Logistic 回归结果（5）

| | Turnover | | Change | | Director | | Manager | |
|---|---|---|---|---|---|---|---|---|
| | 估计系数 | Wald | 估计系数 | Wald | 估计系数 | Wald | 估计系数 | Wald |
| 截距项 | 2.8950 | 37.1099*** | 3.5209 | 23.4449*** | 2.8163 | 25.1702*** | 2.4255 | 21.7875*** |
| Opinion | −0.2355 | 7.6811*** | −0.2601 | 5.1111** | −0.3295 | 12.3413*** | −0.1231 | 1.8541 |
| Bothpc | −0.1515 | 8.9557*** | −0.2422 | 9.5746*** | −0.2872 | 22.0012*** | −0.0630 | 1.3107 |
| NSOE | 0.0856 | 3.0760* | 0.0750 | 1.0835 | −0.0539 | 0.8639 | 0.1824 | 12.1059*** |
| ROA | −2.8797 | 93.3313*** | −3.0418 | 67.1118*** | −2.6150 | 67.6832*** | −2.7455 | 80.0302*** |
| Size | −0.1566 | 46.2633*** | −0.2419 | 47.5844*** | −0.1770 | 42.6083*** | −0.1590 | 40.0430*** |
| Lev | 0.0280 | 0.0981 | −0.0801 | 0.5007 | 0.0262 | 0.0745 | −0.0444 | 0.2296 |

| | Turnover | | Change | | Director | | Manager | |
|---|---|---|---|---|---|---|---|---|
| | 估计系数 | Wald | 估计系数 | Wald | 估计系数 | Wald | 估计系数 | Wald |
| Growth | 0.1604 | 21.0951*** | 0.2398 | 29.8813*** | 0.1880 | 24.2194*** | 0.1647 | 20.6018*** |
| Age | 0.0546 | 60.3630*** | 0.0564 | 27.7375*** | 0.0571 | 47.0105*** | 0.0458 | 35.6239*** |
| Top1 | 0.1728 | 1.6153 | −0.1017 | 0.2454 | −0.0649 | 0.1630 | 0.2042 | 1.9051 |
| Dual | −0.4112 | 43.7896*** | −0.1757 | 3.7566* | −0.1386 | 3.7564* | −0.4706 | 46.1854*** |
| IndDir | 1.3766 | 17.7495*** | 0.5844 | 1.5545 | 0.5809 | 2.3535 | 1.4079 | 16.3236*** |
| 行业效应 | 已控制 | | 已控制 | | 已控制 | | 已控制 | |
| 年度效应 | 已控制 | | 已控制 | | 已控制 | | 已控制 | |
| R-Square | 0.0455 | | 0.0359 | | 0.0383 | | 0.0381 | |
| Chi-Square | 547.7200*** | | 429.5260*** | | 458.6013*** | | 456.6342*** | |
| 样本量 | 11752 | | 11752 | | 11752 | | 11752 | |

注: ***、**、* 分别表示在 1%、5% 和 10% 水平显著。

表 9-12 报告了模型（9-7）的回归结果。在 Turnover 作为被解释变量的模型中，Opinion 的回归系数在 5% 水平上显著负相关，说明在没有政治联系的公司中，非标准审计意见公司的高管变更概率较高；Opinion*Bothpc 的回归系数在 10% 水平上显著负相关，说明相对于董事长和总经理没有同时具有政治联系的公司来说，同时具有政治联系的公司被出具非标准审计意见时高管变更的概率较低，回归结果验证了假设1。同样，本书将 Change、Director 和 Manage 替换 Turnover 作为被解释变量，回归结果表明，在 Director 作为被解释变量模型中，Opinion 的回归系数在 1% 水平上显著负相关，说明在没有政治联系的公司中，非标准审计意见公司的董事长变更概率较高；Opinion*Bothpc 的回归系数在 10% 水平上显著负相关，说明相对于董事长和总经理没有同时具有政治联系的公司来说，同时具有政治联系的公司被出具非标准审计意见时，董事长变更的概率较低，回归结果进一步验证了假设1。在 Turnover、Change、Director、Manager 四个回归模型中，控制变量的回归系数与表 9-9 基本一致。

表 9-12　Logistic 回归结果（6）

| | Turnover | | Change | | Director | | Manager | |
|---|---|---|---|---|---|---|---|---|
| | 估计系数 | Wald | 估计系数 | Wald | 估计系数 | Wald | 估计系数 | Wald |
| 截距项 | 2.8574 | 35.9879*** | 3.4950 | 23.0323*** | 2.7789 | 24.4229*** | 2.3995 | 21.2338*** |
| Opinion | −0.1871 | 3.9142** | −0.2287 | 3.3466* | −0.2819 | 7.4860*** | −0.0903 | 0.8139 |
| Bothpc | 0.0313 | 0.0363 | −0.1144 | 0.2984 | −0.0989 | 0.3169 | 0.0625 | 0.1340 |
| Opinion*Bothpc | −0.2810 | 3.3665* | −0.1471 | 0.4297 | −0.2125 | 3.3001* | −0.1391 | 0.6004 |
| NSOE | 0.0863 | 3.1206* | 0.0757 | 1.1034 | −0.0530 | 0.8367 | 0.1830 | 12.1754*** |
| ROA | −2.8844 | 93.5918*** | −3.0449 | 67.2102*** | −2.6194 | 67.8804*** | −2.7497 | 80.2036*** |
| Size | −0.1568 | 46.3957*** | −0.2419 | 47.5673*** | −0.1771 | 42.6688*** | −0.1591 | 40.0961*** |
| Lev | 0.0301 | 0.1139 | −0.0794 | 0.4924 | 0.0280 | 0.0848 | −0.0432 | 0.2167 |
| Growth | 0.1604 | 21.0850*** | 0.2396 | 29.8207*** | 0.1879 | 24.1724*** | 0.1647 | 20.5873*** |
| Age | 0.0548 | 60.7181*** | 0.0565 | 27.8451*** | 0.0573 | 47.2971*** | 0.0459 | 35.7907*** |
| Top1 | 0.1680 | 1.5256 | −0.1077 | 0.2742 | −0.0716 | 0.1980 | 0.2004 | 1.8334 |
| Dual | −0.4116 | 43.8272*** | −0.1764 | 3.7827* | −0.1391 | 3.7812* | −0.4711 | 46.2365*** |
| IndDir | 1.3870 | 18.0014*** | 0.5951 | 1.6113 | 0.5940 | 2.4607 | 1.4156 | 16.4918*** |
| 行业效应 | 已控制 | | 已控制 | | 已控制 | | 已控制 | |
| 年度效应 | 已控制 | | 已控制 | | 已控制 | | 已控制 | |
| R−Square | 0.0631 | | 0.0359 | | 0.0605 | | 0.0382 | |
| Chi−Square | 549.0846*** | | 429.9513*** | | 459.8885*** | | 457.2316*** | |
| 样本量 | 11752 | | 11752 | | 11752 | | 11752 | |

注：***、**、* 分别表示在 1%、5% 和 10% 水平显著。

3. 董事长有政治联系

表 9-13 报告了模型（9-4）的回归结果。在 Turnover、Change 和 Director 作为被解释变量的模型中，Opinion 的回归系数显著为负，表明标准审计意见公司的高管变更概率较低；在 Manager 作为被解释变量的模型中，Opinion 的回归系数不显著。Dirpc 的回归系数都是显著为负，说明董事长有政治联系，高管变更的概率较低。表 9-13 中的 NSOE、ROA、Size、Growth、Age、Dual、IndDir 的回归系数显著性与表 9-9、表 9-11 一致；表 9-13 中 Lev 和 Top1 的回归系数不显著，与表 9-11 的结果一致。

表 9-13　Logistic 回归结果（7）

| | *Turnover* | | *Change* | | *Director* | | *Manager* | |
|---|---|---|---|---|---|---|---|---|
| | 估计系数 | *Wald* | 估计系数 | *Wald* | 估计系数 | *Wald* | 估计系数 | *Wald* |
| 截距项 | 2.8979 | 37.1907*** | 3.5202 | 23.4801*** | 2.8348 | 25.5097*** | 2.4138 | 21.6043*** |
| *Opinion* | −0.2384 | 7.8709*** | −0.2683 | 5.4375** | −0.3331 | 12.6311*** | −0.1277 | 1.9949 |
| *Dirpc* | −0.1732 | 16.1115*** | −0.3220 | 23.0775*** | −0.2588 | 25.0932*** | −0.1523 | 10.4370*** |
| *NSOE* | 0.0812 | 2.7588* | 0.0627 | 0.7544 | −0.0616 | 1.1264 | 0.1778 | 11.4685*** |
| *ROA* | −2.8907 | 93.9792*** | −3.0647 | 68.0295*** | −2.6293 | 68.4713*** | −2.7570 | 80.6312*** |
| *Size* | −0.1549 | 45.2659*** | −0.2384 | 46.2568*** | −0.1758 | 41.9963*** | −0.1562 | 38.6622*** |
| *Lev* | 0.0259 | 0.0843 | −0.0861 | 0.5776 | 0.0219 | 0.0519 | −0.0467 | 0.2534 |
| *Growth* | 0.1598 | 20.9416*** | 0.2390 | 29.6239*** | 0.1882 | 24.2531*** | 0.1634 | 20.2456*** |
| *Age* | 0.0531 | 57.1366*** | 0.0542 | 25.5679*** | 0.0547 | 43.1262*** | 0.0449 | 34.3094*** |
| *Top*1 | 0.1737 | 1.6319 | −0.0948 | 0.2128 | −0.0675 | 0.1763 | 0.2091 | 1.9973 |
| *Dual* | −0.4241 | 47.1134*** | −0.1912 | 4.4968** | −0.1646 | 5.3664** | −0.4717 | 46.9215*** |
| *IndDir* | 1.3654 | 17.4579*** | 0.5511 | 1.3817 | 0.5656 | 2.2371 | 1.3921 | 15.9383*** |
| 行业效应 | 已控制 | | 已控制 | | 已控制 | | 已控制 | |
| 年度效应 | 已控制 | | 已控制 | | 已控制 | | 已控制 | |
| *R-Square* | 0.0461 | | 0.0370 | | 0.0385 | | 0.0389 | |
| *Chi-Square* | 554.8980*** | | 443.4090*** | | 461.4422*** | | 465.8365*** | |
| 样本量 | 11752 | | 11752 | | 11752 | | 11752 | |

注：***、**、* 分别表示在 1%、5% 和 10% 水平显著。

表 9-14 报告了模型（9-8）的回归结果。在 *Turnover* 作为被解释变量的模型中，*Opinion* 的回归系数为负但不显著；*Opinion*Dirpc* 的回归系数在 10% 水平上显著负相关，说明相对于没有政治联系的公司来说，有政治联系的公司被出具非标准审计意见时高管变更的概率较低，回归结果验证了假设 1。同样，本书将 *Change*、*Director* 和 *Manage* 替换 *Turnover* 作为被解释变量，回归结果表明，在 *Director* 作为被解释变量的模型中，*Opinion* 的回归系数在 1% 水平上显著负相关，说明在没有政治联系的公司中，非标准审计意见公司的董事长变更的概率较高；*Opinion*Dirpc* 的回归系数在 10% 水平上显著负相关，说明相对于董事长没有政治联系的公司来说，有政治联系的公司被出具非标准审计意见时董事长变更的概率较低，回归结果进一步验证了假设 1。在 *Turnover*、*Change*、*Director*、*Manager* 四个回归模型中，控制变量的回归系数与表 9-9 基本一致。

表 9-14　Logistic 回归结果（8）

| | *Turnover* | | *Change* | | *Director* | | *Manager* | |
|---|---|---|---|---|---|---|---|---|
| | 估计系数 | *Wald* | 估计系数 | *Wald* | 估计系数 | *Wald* | 估计系数 | *Wald* |
| 截距项 | 2.8176 | 34.7750*** | 3.4749 | 22.7225*** | 2.7907 | 24.5118*** | 2.3390 | 20.0851*** |
| *Opinion* | −0.1481 | 2.1156 | −0.2205 | 2.7652* | −0.2843 | 6.6615*** | −0.0446 | 0.1719 |
| *Dirpc* | 0.0511 | 0.1233 | −0.1945 | 1.1141 | −0.1345 | 0.7571 | 0.0558 | 0.1372 |
| *Opinion*Dirpc* | −0.2451 | 2.6074* | −0.1460 | 0.5490 | −0.1393 | 2.9268* | −0.2297 | 2.1123 |
| *NSOE* | 0.0828 | 2.8680* | 0.0641 | 0.7865 | −0.0604 | 1.0840 | 0.1795 | 11.6900*** |
| *ROA* | −2.8921 | 94.0512*** | −3.0645 | 68.0371*** | −2.6294 | 68.4793*** | −2.7594 | 80.7151*** |
| *Size* | −0.1550 | 45.3192*** | −0.2382 | 46.2000*** | −0.1757 | 41.9844*** | −0.1562 | 38.6766*** |
| *Lev* | 0.0321 | 0.1289 | −0.0820 | 0.5226 | 0.0257 | 0.0716 | −0.0405 | 0.1896 |
| *Growth* | 0.1601 | 20.9961*** | 0.2390 | 29.6121*** | 0.1883 | 24.2652*** | 0.1635 | 20.2725*** |
| *Age* | 0.0531 | 57.2238*** | 0.0541 | 25.5389*** | 0.0547 | 43.1230*** | 0.0449 | 34.3109*** |
| *Top*1 | 0.1685 | 1.5352 | −0.0995 | 0.2342 | −0.0713 | 0.1968 | 0.2041 | 1.8994 |
| *Dual* | −0.4242 | 47.1259*** | −0.1914 | 4.5059** | −0.1647 | 5.3695** | −0.4720 | 46.9630*** |
| *IndDir* | 1.3820 | 17.8652*** | 0.5647 | 1.4506 | 0.5771 | 2.3268 | 1.4093 | 16.3216*** |
| 行业效应 | 已控制 | | 已控制 | | 已控制 | | 已控制 | |
| 年度效应 | 已控制 | | 已控制 | | 已控制 | | 已控制 | |
| *R−Square* | 0.064 | | 0.0371 | | 0.0608 | | 0.0576 | |
| *Chi−Square* | 557.5046*** | | 443.9549*** | | 462.1662*** | | 467.9396*** | |
| 样本量 | 11752 | | 11752 | | 11752 | | 11752 | |

注：***、**、* 分别表示在 1%、5% 和 10% 水平显著。

4.总经理有政治联系

表 9-15 报告了模型（9-9）的回归结果。在 *Turnover*、*Change* 和 *Director* 作为被解释变量的模型中，*Opinion* 的回归系数显著为负，表明标准审计意见公司的高管变更概率较低；在 *Manager* 作为被解释变量的模型中，*Opinion* 的回归系数不显著。在 *Turnover*、*Change* 和 *Director* 作为被解释变量的模型中，*Ceopc* 的回归系数显著为负，说明总经理有政治联系，高管变更的概率较低；在 *Manager* 作为被解释变量的模型中，*Ceopc* 的回归系数不显著。表 9-15 中的 *NSOE*、*ROA*、*Size*、*Growth*、*Age*、*Dual*、*IndDir* 的回归系数显著性与表 9-9、表 9-11、表 9-13 一致；*Lev*、*Top*1 的回归系数不显著，与表 9-11 和表 9-13 的结果一致。

表 9-15　Logistic 回归结果（9）

| | *Turnover* | | *Change* | | *Director* | | *Manager* | |
|---|---|---|---|---|---|---|---|---|
| | 估计系数 | *Wald* | 估计系数 | *Wald* | 估计系数 | *Wald* | 估计系数 | *Wald* |
| 截距项 | 2.9214 | 37.7869*** | 3.5679 | 24.0395*** | 2.8661 | 26.0444*** | 2.4369 | 21.9819*** |
| *Opinion* | −0.2330 | 7.5346*** | −0.2576 | 5.0240** | −0.3268 | 12.1620*** | −0.1214 | 1.8061 |
| *Ceopc* | −0.0800 | 2.9173* | −0.1306 | 3.3576* | −0.1940 | 11.9419*** | 0.0014 | 0.0008 |
| *NSOE* | 0.0867 | 3.1514* | 0.0775 | 1.1576 | −0.0514 | 0.7857 | 0.1829 | 12.1771*** |
| *ROA* | −2.8735 | 93.0214*** | −3.0352 | 66.8883*** | −2.6054 | 67.2903*** | −2.7438 | 79.9451*** |
| *Size* | −0.1584 | 47.3589*** | −0.2448 | 48.6636*** | −0.1798 | 43.9444*** | −0.1602 | 40.6392*** |
| *Lev* | 0.0286 | 0.1029 | −0.0804 | 0.5059 | 0.0270 | 0.0794 | −0.0443 | 0.2287 |
| *Growth* | 0.1612 | 21.3150*** | 0.2409 | 30.2098*** | 0.1888 | 24.4537*** | 0.1656 | 20.8303*** |
| *Age* | 0.0540 | 59.1657*** | 0.0557 | 26.9746*** | 0.0563 | 45.7458*** | 0.0454 | 35.0627*** |
| *Top*1 | 0.1679 | 1.5260 | −0.1133 | 0.3047 | −0.0743 | 0.2138 | 0.2009 | 1.8445 |
| *Dual* | −0.4221 | 46.3167*** | −0.1921 | 4.5093** | −0.1528 | 4.5892** | −0.4800 | 48.2048*** |
| *IndDir* | 1.3798 | 17.8470*** | 0.5880 | 1.5767 | 0.5828 | 2.3719 | 1.4118 | 16.4300*** |
| 行业效应 | 已控制 | | 已控制 | | 已控制 | | 已控制 | |
| 年度效应 | 已控制 | | 已控制 | | 已控制 | | 已控制 | |
| *R-Square* | 0.0450 | | 0.0354 | | 0.0374 | | 0.0380 | |
| *Chi-Square* | 541.6160*** | | 423.0397*** | | 448.0603*** | | 455.3177*** | |
| 样本量 | 11752 | | 11752 | | 11752 | | 11752 | |

注：***、**、* 分别表示在 1%、5% 和 10% 水平显著。

表 9-16 报告了模型（9-9）的回归结果。在 *Turnover*、*Change* 和 *Director* 作为被解释变量的模型中，*Opinion* 的回归系数均显著为负，说明在总经理没有政治联系的公司中，非标准审计意见公司的高管变更的概率较高；*Opinion\*Ceopc* 的回归系数均不显著。在 *Turnover*、*Change*、*Director*、*Manager* 四个回归模型中，控制变量的回归系数与表 9-9 基本一致。

表 9-16  Logistic 回归结果（10）

| | Turnover | | Change | | Director | | Manager | |
|---|---|---|---|---|---|---|---|---|
| | 估计系数 | Wald | 估计系数 | Wald | 估计系数 | Wald | 估计系数 | Wald |
| 截距项 | 2.8986 | 36.9527*** | 3.5775 | 24.0567*** | 2.8507 | 25.6316*** | 2.4281 | 21.6877*** |
| Opinion | −0.2064 | 4.5818** | −0.2681 | 4.4659* | −0.3090 | 8.6987*** | −0.1114 | 1.1961 |
| Ceopc | 0.0067 | 0.0019 | −0.1662 | 0.7085 | −0.1346 | 0.6583 | 0.0341 | 0.0445 |
| Opinion*Ceopc | −0.0950 | 0.3412 | 0.0407 | 0.0375 | −0.0668 | 0.1450 | −0.0361 | 0.0454 |
| NSOE | 0.0867 | 3.1542* | 0.0774 | 1.1562 | −0.0513 | 0.7845 | 0.1829 | 12.1810*** |
| ROA | −2.8769 | 93.1813*** | −3.0337 | 66.8041*** | −2.6077 | 67.3720*** | −2.7454 | 79.9742*** |
| Size | −0.1584 | 47.3686*** | −0.2448 | 48.6788*** | −0.1798 | 43.9304*** | −0.1601 | 40.6326 |
| Lev | 0.0289 | 0.1051 | −0.0802 | 0.5031 | 0.0270 | 0.0789 | −0.0443 | 0.2287 |
| Growth | 0.1611 | 21.2986*** | 0.2410 | 30.2279*** | 0.1888 | 24.4309*** | 0.1656 | 20.8235*** |
| Age | 0.0541 | 59.2492*** | 0.0556 | 26.9480*** | 0.0563 | 45.8018*** | 0.0454 | 35.0851*** |
| Top1 | 0.1655 | 1.4817 | −0.1118 | 0.2962 | −0.0764 | 0.2257 | 0.1999 | 1.8245 |
| Dual | −0.4223 | 46.3387*** | −0.1920 | 4.5018** | −0.1530 | 4.5965** | −0.4801 | 48.2166*** |
| IndDir | 1.3852 | 17.9745*** | 0.5844 | 1.5546 | 0.5876 | 2.4094 | 1.4140 | 16.4684*** |
| 行业效应 | 已控制 | | 已控制 | | 已控制 | | 已控制 | |
| 年度效应 | 已控制 | | 已控制 | | 已控制 | | 已控制 | |
| R−Square | 0.0623 | | 0.0354 | | 0.0374 | | 0.038 | |
| Chi−Square | 541.957*** | | 423.0773*** | | 448.2049*** | | 455.363*** | |
| 样本量 | 11752 | | 11752 | | 11752 | | 11752 | |

注：***、**、* 分别表示在 1%、5% 和 10% 水平显著。

除了上述研究过程之外，本章还分别做了如下的稳健性检验：①剔除了由于任期届满、控制权变更、健康原因以及退休等情况造成的高管变更样本，重新进行回归检验，研究发现假设 1 依然成立。②弗斯等（2006）、常和汪（2009）以及游家兴等（2010）发现高管年龄、高管任期、法人股权以及外资股权等因素会影响高管变更，因此本章也将这些因素作为模型（9-6）的控制变量，结果发现假设 1 依然成立。

# 9.6 结　　论

公司是否因为被出具非标准审计意见而变更高管是反映委托代理问题和公司治理效率的重要方面。本章选择 1999—2008 年我国上海、深圳两市的所有 A 股上市公司为样本，实证研究了审计意见、政治联系与高管变更三者之间的关系，在研究方法上采用了描述性统计、卡方检验、$t$ 检验、符号秩检验、相关性检验、Logistic 回归等方法。首先，考察了公司特征对高管变更的影响。研究发现，有政治联系的企业更容易被出具非标准审计意见。然而，杜兴强等（2011）的研究结果表明，对于既定的盈余质量，有政治联系的国有上市公司获得"非标"审计意见的概率显著更低。其次，考察了审计意见、政治联系分别对高管变更的影响，研究发现审计意见为非标的公司的高管变更的概率更大，并且不管是董事长还是总经理具有政治联系时，高管变更的概率较低。最后，考察了审计意见和政治联系的交互作用对高管变更的影响。研究发现，相对于董事长和总经理都没有政治联系的公司来说，至少一个有政治联系的公司被出具非标准审计意见时，董事长变更的概率较低；相对于董事长和总经理没有同时具有政治联系的公司来说，同时具有政治联系的公司被出具非标准审计意见时，董事长变更的概率较低；相对于董事长没有政治联系的公司来说，董事长有政治联系的公司被出具非标准审计意见时，董事长变更的概率较低。

研究结果表明，高管所拥有的政治资源成为其构筑职位壕沟的资本，弱化了公司治理对高管应有的监管和约束机制。本章研究了审计意见对高管变更的影响，探讨了审计意见对高管变更的影响是否受到政治关联的影响，丰富了审计意见、政治关联以及高管变更方面的研究。本章的研究结论可以为完善公司高管考评体系提供重要依据，也可以为完善公司治理机制提供依据，还可以为培育和发展职业经理人市场提供参考。

# 第10章 审计师选择、市场化程度
## 与募资投向变更

近年来，募资投向变更已表现得越来越突出，受到理论界和实务界的广泛关注。本章选择 2001—2011 年我国上海、深圳两市的所有 A 股上市公司为样本，研究了审计师选择对募资投向变更的影响，比较了不同市场化程度地区之间的不同影响，以检验审计师的治理作用。研究结果发现，审计师选择与募资投向变更负相关，且这种负相关会随着市场化程度的提高而增强。同时表明，在市场化程度低的地区，审计师对募资投向变更的治理作用有限，政府部门应该加强管理与监督。

## 10.1 问题提出

我国上市公司募资投向变更的频繁性和普遍性使募资投向变更问题成为理论界和实务界关注的焦点。已有文献对募资投向变更的原因进行了大量的研究，并取得了丰富的研究成果。募资投向变更原因主要是涉及公司内部治理和外部制度环境方面的原因。关于公司内部治理方面的因素，朱武祥和朱白云（2002）研究指出无效的财务决策体制和财务分析技术问题是募资投向变更原因中不可忽视的方面；杨全文和薛清梅（2009）认为募资投向变更是因为公司的业绩下滑。关于外部制度环境方面的原因，刘勤等（2002）把募资投向变更原因分为客观变更（国家政策调整和市场突变等因素）和非客观变更（欠规范的制度环境、政府干预和宽松的融资环境等因素）；王向阳等（2002）认为募资投向变更是因为非市场化的股票发行方式和不健全的项目审批制度。从已有文献可以看出，目前还没有文献涉及外部审计师对募资投向变更的治理作用。代理理论认为，高质量的审计出具的财务报告更加可靠，其提供的会计信息将会更加可信，从而减轻代理问题（Jensen and Meckling，1976；Watts and Zimmerman，1983）。宋衍蘅（2008）指出公司募集资金的投资项目缺乏有效的监督，这种监督包括公司内部治理和外部监督。另外，高质量审计师的治理作用也在募集资金的使用问题上扮演重要的角色，起到了应有的监督作用。改革开放以来，市场化进展得到认可，但各地区间的市场化程度存在差异，如东部、沿海地区走在改革的前端，市场化程度更高。不同市场化程度的地区，审计师对募资投向变更的治理作用可能存在差异。

　　本章以 2001—2011 年我国上海、深圳两市的所有 A 股上市公司为样本，研究了审计师选择对募资投向变更的影响，并比较不同市场化程度地区之间这种影响的差异，以检验审计师的治理作用。研究结果发现，审计师选择与募资投向变更负相关，且这种负相关会随着市场化程度的提高而增强。

　　本章的贡献主要体现在以下三个方面：①本章从募资投向变更和募资投向变更频率两个角度检验了高质量审计师的治理作用，为审计师选择研究找到了一个新的视角，丰富了审计师选择方面的研究。②已有文献关于募资投向变更的研究主要集中于公司内部因素，本章则从外部审计师的治理作用来研究募资投向变更，丰富了募资投向变更方面的文献。③本章进一步研究了市场化程度对审计师选择与募资投向变更之间关系的影响，推进了审计师选择与募资投向变更之间关系的研究，也丰富了我们对中国不同市场化进程下公司财务决策行为之间差异的认识。

## 10.2　文　献　回　顾

　　在国外文献中，大量的研究主要集中在公司的资本结构、融资顺序及其与公司价值的关系方面。对于融资的资金使用问题的研究，主要探讨如何防止公司经理的过度投资行为和随意使用自由现金流（Jensen，1986；Stulz，1990；Richardson，2006）等问题。关于公司募资投向变更的文献更是少之又少。出现这一现象的主要原因是国外上市公司非常看重公司的信誉，一般不随意进行募资投向变更。本章主要对以下几方面的文献进行回顾梳理。

　　（1）关于募集资金投向变更原因分析。与这方面相关的文献已有丰富的研究成果。刘勤等（2002）把募资投向变更原因分为客观变更（国家政策调整和市场突变等因素）和非客观变更（欠规范的制度环境、政府干预和宽松的融资环境等因素），并认为非客观变更是募资投向变更的主要因素。朱武祥和朱白云（2002）研究指出，无效的财务决策体制和财务分析技术问题是募资投向变更原因中不可忽视的方面。刘少波和戴文慧（2004）采用规范的研究方法，首次将募资投向变更区分为隐性变更和显性变更，指出募资投向变更的原因是四重约束缺失。除此之外，也有关于制度和政策方面的原因，如王向阳等（2002）认为募资投向变更是非市场化的股票发行方式和不健全的项目审批制度导致的；李志文和宋衍蘅（2003）发现，在中国特殊的融资环境下，上市公司募集资金并不是为了投资净现值为正的项目，而只是进行圈钱活动。李虎（2005）从战略和绩效角度对募资投向变更原因进行研究，发现投资的多元化程度与变更正相关。张为国和翟春燕（2005）研究得出关联交易、闲置资金以及股权集中度与募资投向变更正相关；公司规模、长期投资与募资投向变更负相关。杨全文和薛清梅（2009）以项目型股票融资制度为背景，研究得出上市前后企业业绩下降幅度越大，募资投向变更概率越高。以上研究以不同的研究方法、观察视角对募资投向变更原因进行分析，为以后的研究奠定了基础。

（2）关于募资投向变更和业绩变化的文献。原红旗和李海建（2005）研究了配股资金的使用情况，得出投资项目变更与公司业绩显著负相关。陈文斌和陈超（2007）从盈利能力和成长能力的角度进行研究，得出 IPO 募资投向变更可能导致 IPO 长期盈利能力下降。杨全文和薛清梅（2009）认为募资投向变更有可能改进未来经营业绩，从总体上看，变更是"善意行为"，但由于中国的特殊市场环境，投资者对募资投向变更持负向市场反应。这些文献研究了募资投向变更后的业绩反应，一般都认为变更将导致当期业绩不良，但也有文献认为变更可能是"善意行为"。

（3）关于市场对募资投向变更行为认识方面的文献较少。刘斌等（2006）从理论上认为募资投向变更会引起股价的下跌，但得不到实证结果的支持，说明募资投向变更公告不具有信息含量。方军雄和方芳（2011）认为 IPO 的超募容易导致公司的过度投资和高管薪酬的过度发放，说明超募损害了市场的配置效率。

## 10.3　研究假设和检验模型

上市公司的募资行为是公司的一种融资活动。一般情况下，募资投资项目必定经过了严格而科学的评估、论证，是经过深思熟虑的。募集后的资金会投资于相应的可行性项目，具有专项用途。上交所关于募集资金的管理办法① 指出，上市公司的高管应当督促公司规范使用募集资金，维护募资的安全，不得参与、协助或纵容上市公司擅自或变相改变募集资金用途。深交所关于募集资金的管理办法② 指出，上市公司有责任对募资变更后的投资项目进行审慎的分析，确保新的投资项目具有良好的盈利前景，以防范投资风险。根据委托代理理论和信息不对称理论，大股东掌握着更多的公司内部信息，为了自身利益，很有可能侵害小股东的利益。朱武祥和朱白云（2002）研究指出，无效的财务决策体制和财务分析技术问题是募资投向变更原因中不可忽视的方面。刘少波和戴文慧（2004）采用规范的研究方法，首次将募资投向变更区分为隐性变更和显性变更，指出募资投向变更的原因是约束缺失。张为国和翟春燕（2005）研究得出关联交易、闲置资金以及股权集中度与募资投向变更正相关；公司规模、长期投资与募资投向变更负相关。

如果发生募资投向变更，有可能是公司的大股东损害小股东的利益，把应该投资于相应项目的资金挪作他用；也有可能是公司募资只是进行"圈钱"行动，极易发生募资投向变更。因此，总体来看，企业发生募资投向变更的主要原因是公司治理没有得到良好的发挥，高管没有真正起到督促、监督作用。

国内外已有研究表明，高质量的外部审计师可以发挥治理作用。樊和王（2004）通过研究东亚八国（或地区）得出，代理问题严重的公司更倾向聘请"五大"事务所，表明外部审计师能够在公司治理中发挥作用。王鹏和周黎安（2006）研究了审计师与公司代理成本之间的关系，得出公司代理成本越严重越倾向选择代表高质量审计质量的"四大"；选择"四大"审计可以提高公司业绩及降低控股股东对公司的资金占用。从已有研究可以看出，高质量的外部审计师具有公司治理作用。如果公司存在恶意损害小股东利益或者弄虚作假的行为，那么高质量的审计师可以发挥治理作用，降低募资投向变更的概率。据此，提出假设 1。

假设 1：高质量的审计师与募资投向变更负相关。

在计划经济时代，政府具有很强的干预能力，公司的融资、投资行为在一定程度上受到政府调控的影响，而市场的"无形之手"没有发挥调节作用。从 20 世纪 70 年代至今，市场化进展得到了认同，公司的投融资行为越来越受到"无形之手"的调节。但是，各地区之间市场化的发展程度仍存在较大差异，

---

① 引自《上海证券交易所上市公司募集资金管理办法（2013 年修订）》。

② 引自《深圳证券交易所上市公司募集资金管理办法（2008）》。

如东部、沿海地区走在改革的前端，市场化程度会更高。在市场化程度越高的地区，市场机制将得到越大的发挥，投资者对企业的信心更高，与企业相关信息的质量和透明度也更高（贺炎林等，2012）。市场化的最终目标在于通过市场手段对资源进行合理配置（姜付秀、黄继承，2011），市场化程度的提高，预示着政府干预的减弱，公司的治理机制得到加强，企业的投融资行为更加市场化。

王鹏和周黎安（2006）研究了代理成本和"四大"审计之间的关系，认为在市场化程度更高的地区，上述两者关系会得到更进一步的增强，因为这两者关系会受到不同市场化程度的影响。那么，在市场化程度高的地区，公司治理作用将得到更好的发挥，本章研究的审计师选择和募资投向变更的关系也可能得到增强。据此，提出假设2。

假设2：相对于市场化程度低的地区，在市场化程度高的地区，高质量的审计师与募资投向变更的负相关关系会增强。

本章拟通过模型（10-1）对假设进行检验。

$$Change = \beta_0 + \beta_1 Audit10 + \beta_2 Market + \beta_3 Audit10 * Market + \beta_4 GS \\ + \beta_5 Amount + \beta_6 Top1 + \beta_7 Size + \beta_8 Lev + \beta_9 ROE + \varepsilon \qquad (10-1)$$

式中：$Change$ 为募资投向变更变量，如果公司发生募资投向变更，则为1，否则为0。更进一步地，本章将用募资投向变更频率（$ChangeQ$）代替募资投向变更（$Change$）重新运行模型（10-1）。募资投向变更频率（$ChangeQ$）表示一年中募资投向变更的次数。$Audit10$ 代表高质量的审计需求，如果上市公司的审计师为"十大"[①]，则为1，否则为0。一般情况下，募资投资项目必定经过了严格而科学的评估、论证，是经过深思熟虑的。如果存在弄虚作假，高质量的审计师会及时发现并可能出具非标准审计意见。所以，通过高质量审计师审核的上市公司发生募资投向变更的概率会低。因此，预计 $Audit10$ 的估计系数为负。

$Market$ 为市场化程度变量，其值参考樊纲和王小鲁编制的"市场化程度指数"。从20世纪70年代改革开放至今，市场化进展得到了公认，但各地区之间的市场化程度还是存在较大差异。在市场化程度较高的地区，市场机制得到较大发挥，投资者对企业的信心更高，与企业相关信息的质量和透明度会更高（贺炎林等，2012），那么募资投向变更的概率将会降低。因此，预计 $Market$ 的估计系数为负。

---

① 本章的"十大"指国内"六大"加上国际"四大"。国内"六大"的衡量标准是客户资产总额的年度会计师事务所市场份额排名；国际"四大"指普华永道、毕马威、德勤和安永。

$Audit10*Market$ 是 $Audit10$ 和 $Market$ 的交互变量，与市场化程度低的地区相比，市场化程度高的地区的高质量审计师与募资投向变更负相关关系会增强。因此，预计 $Audit10*Market$ 的估计系数为负。

模型（10-1）中的其他变量为控制变量，它们主要用来控制影响募资投向变更的其他相关因素。具体说明如下：

$GS$ 为国有股权比例变量，等于国有股权数除以总股数。变更募资投向容易向投资者传递企业业绩和信誉方面不好的信号，而国有股权比例越高的公司，享受政府"父爱"的可能性越高。因此，国有股权比例越高的公司可能对募资投向变更的情况并不关心，暂不对 $GS$ 的估计系数进行预计。

$Amount$ 为募集资金总额变量，等于募集资金总额的自然对数。李志文和宋衍蘅（2003）研究表明，在中国特殊的融资背景下，企业"圈钱"动机强烈，募集资金并不是为了进行可行性项目的投资，而是为了进行"圈钱"活动。杨全文和薛清梅（2009）研究得出募资总额与募资投向变更正相关。因此，预计 $Amount$ 的估计系数为正。

$Top1$ 为第一大股东持股比例变量，等于第一大股东持股数除以公司发行股份数总额。杨全文和薛清梅（2009）研究表明，第一大股东持股比例越高，大股东的控制能力越强，募资变更概率也会越高。因此，预计 $Top1$ 的估计系数为正。

$Size$ 为企业规模变量，等于年末总资产的自然对数。已有研究指出，公司规模与资金投向变更呈显著负相关（刘少波、戴文慧，2004；张为国、翟春燕，2005）。因此，预计 $Size$ 的估计系数为负。

$Lev$ 为财务风险变量，等于年末负债总额除以年末资产总额。资产负债率高的公司，企业风险相应提高，募资投向变更概率也会高；杨全文和薛清梅（2009）在对募资投向变更进行研究时，发现资产负债率对募资投向变更可能是正向的影响，也有可能是负向的影响。詹斯（1986）认为由于存在道德风险，管理者可能偏离股东的利益，将资金投入净现值为负的项目中。在这种情况下，负债可以约束管理者的过度投资行为。因此，暂时不对 $Lev$ 的估计系数进行预计。

$ROE$ 为净资产收益率变量，等于净利润除以股东权益余额。$ROE$ 越高，说明投资带来的收益越高，募资投向变更的概率越低；张为国和翟春燕（2005）研究表明净资产收益率与募资投向变更负相关，但不显著。因此，预计 $ROE$ 的估计系数为负。

各变量的说明如表 10-1 所示。

表 10-1　变量说明

| 变量 | 预计符号 | 变量说明 |
|---|---|---|
| *Change* | | 募资投向变更变量，如果公司发生募资投向变更，则为 1，否则为 0 |
| *ChangeQ* | | 募资投向变更频率变量，一年中募资变动的次数 |
| *Audit*10 | − | 代表高质量的审计需求，如果上市公司的审计师为"十大"，则为 1，否则为 0 |
| *Market* | | 市场化程度变量 |
| *Audit*10\**Market* | − | *Audit*10 和 *Market* 的交互项 |
| *GS* | ? | 国有股权比例变量，等于国有股权数除以总股数 |
| *Amount* | + | 募集资金总额变量，等于募集资金总额的自然对数 |
| *Top*1 | + | 第一大股东持股比例，等于第一大股东持股数量除以公司发行股份总额 |
| *Size* | − | 企业规模，等于年末总资产的自然对数 |
| *Lev* | ? | 资产负债率，等于年末负债总额除以年末资产总额 |
| *ROE* | − | 净资产收益率，等于变更前一年末的公司税后利润除以变更前一年末的净资产 |

# 10.4　样本和描述性统计

　　本章选择 2001—2011 年中国上海、深圳两市通过首发、增发和配股方式募集资金后变更募资投向的 A 股上市公司。股票发行从 2001 年起开始实行"核准制"，因此本章的样本始于 2001 年。样本具体选择标准如下：①剔除了会计制度具有特殊性的金融类上市公司；②剔除了审计师选择、市场化指数和募资投向变更等变量数据缺失的样本；③对于本章所使用到的所有连续变量，为消除极端值的影响，在 1% 和 99% 分位数上进行 Winsorize 处理。最后得到了 2178 个观测值。募资投向变更数据来自万得（Wind）数据库，市场化程度参考樊纲、王小鲁编制的"市场化程度指数"，其余数据来源于国泰安（CSMAR）数据库。

表 10-2 说明了样本的分布情况。2001—2011 年共有 2178 个样本，其中通过配股募集资金的有 217 个，通过首发募集资金的有 267 个，通过增发募集资金的有 1694 个。在总样本中，发生募资投向变更的共有 509 个，占样本总数的 23.37%；募资投向未变更的有 1669 个，占总数的 76.63%。从时间上看，募资投向变更具有增长趋势，从 2001 年的 19.85% 到 2011 年的 24.50%。

表 10-2　样本分布

| 年度 | 2001 | 2002 | 2003 | 2004 | 2005 | 2006 | 2007 | 2008 | 2009 | 2010 | 2011 | 合计 |
|---|---|---|---|---|---|---|---|---|---|---|---|---|
| （1）总样本（N=2178） | | | | | | | | | | | | |
| 配股 | 8 | 7 | 13 | 13 | 20 | 21 | 21 | 21 | 28 | 28 | 37 | 217 |
| 首发 | 19 | 16 | 20 | 18 | 21 | 21 | 27 | 30 | 33 | 32 | 30 | 267 |
| 增发 | 109 | 111 | 130 | 127 | 153 | 153 | 154 | 159 | 177 | 190 | 231 | 1694 |
| 合计 | 136 | 134 | 163 | 158 | 194 | 195 | 202 | 210 | 238 | 250 | 298 | 2178 |
| （2）募资投向未变更（N=1669） | | | | | | | | | | | | |
| 配股 | 5 | 4 | 7 | 7 | 11 | 12 | 12 | 12 | 15 | 15 | 21 | 121 |
| 首发 | 16 | 14 | 16 | 15 | 18 | 17 | 22 | 24 | 25 | 25 | 23 | 215 |
| 增发 | 88 | 90 | 103 | 101 | 120 | 120 | 121 | 125 | 137 | 147 | 181 | 1333 |
| 合计 | 109 | 108 | 126 | 123 | 149 | 149 | 155 | 161 | 177 | 187 | 225 | 1669 |
| （3）募资投向变更（N=509） | | | | | | | | | | | | |
| 配股 | 3 | 3 | 6 | 6 | 9 | 9 | 9 | 9 | 13 | 13 | 16 | 96 |
| 首发 | 3 | 2 | 4 | 3 | 3 | 4 | 5 | 6 | 8 | 7 | 7 | 52 |
| 增发 | 21 | 21 | 27 | 26 | 33 | 33 | 33 | 34 | 40 | 43 | 50 | 361 |
| 合计 | 27 | 26 | 37 | 35 | 45 | 46 | 47 | 49 | 61 | 63 | 73 | 509 |

表 10-3 报告了全样本的描述性统计。募资投向变更（Change）的均值为 0.234，说明有 23.4% 的观测值发生了募资投向变更。募资投向变更频率（ChangeQ）的均值为 0.501，最小值为 0.000，最大值为 12.000，标准差为 1.329，说明不同公司之间募资投向变更频率存在较大差异。高质量的审计需求（Audit10）的均值为 0.071，说明在总样本中，只有 7.1% 的公司选择"十大"审计。市场化指数（Market）的均值（中位数）为 7.634（7.560），说明样本公司的市场化程度均值（中位数）为 7.634（7.560）；市场化指数（Market）

的最小值为 0.330，最大值为 11.800，说明不同样本之间的市场化程度差异较大。

在控制变量方面，国有股权比例（*GS*）的均值为 0.192，最小值为 0.000，最大值为 0.733，说明上市公司的国有股权比例较高。募资总额（*Amount*）的均值为 2.711，最小值为 0.544，最大值为 5.659，说明不同公司之间募资总额存在较大差异。第一大股东持股比例（*Top*1）的均值为 40.100，最小值为 10.160，最大值为 75.840，说明我国上市公司存在一股独大的现象。公司规模（*Size*）的均值（中位数）为 21.781（21.620），最小值为 19.219，最大值为 25.177，说明不同公司之间存在差异。财务风险（*Lev*）的均值（中位数）为 0.489（0.497），说明资产负债率的均值（中位数）为 48.9%（49.7%）；最小值为 0.056，最大值为 0.869，说明不同公司之间财务风险存在较大差异。净资产收益率（*ROE*）均值为 0.064，最小值为 -0.782，最大值为 0.355，说明不同公司之间的净资产收益率存在较大差异。

表 10-3　描述性统计

| 变量 | 均值 | 中位数 | 标准差 | 最小值 | 25% | 75% | 最大值 |
|---|---|---|---|---|---|---|---|
| 全样本（*N*=2178） | | | | | | | |
| *Change* | 0.234 | 0.000 | 0.423 | 0.000 | 0.000 | 0.000 | 1.000 |
| *ChangeQ* | 0.501 | 0.000 | 1.329 | 0.000 | 0.000 | 0.000 | 12.000 |
| *Audit*10 | 0.071 | 0.000 | 0.256 | 0.000 | 0.000 | 0.000 | 1.000 |
| *Market* | 7.634 | 7.560 | 2.318 | 0.330 | 5.820 | 9.800 | 11.800 |
| *GS* | 0.192 | 0.031 | 0.236 | 0.000 | 0.000 | 0.398 | 0.733 |
| *Amount* | 2.711 | 2.518 | 1.009 | 0.544 | 2.000 | 3.350 | 5.659 |
| *Top*1 | 40.100 | 38.700 | 16.333 | 10.160 | 26.960 | 53.030 | 75.840 |
| *Size* | 21.781 | 21.620 | 1.197 | 19.219 | 20.912 | 22.462 | 25.177 |
| *Lev* | 0.489 | 0.497 | 0.171 | 0.056 | 0.368 | 0.613 | 0.869 |
| *ROE* | 0.064 | 0.072 | 0.147 | -0.782 | 0.031 | 0.126 | 0.355 |

表 10-4 报告了相关系数，右上角为皮尔森相关系数，左下角为斯皮尔曼相关系数。*Change* 和 *ChangeQ* 显著正相关，说明存在募资投向变更的公司的募资投向变更的频率高。*Audit*10 与 *Change* 显著负相关，说明高质量审计师审核的上市公司发生募资投向变更的概率低；*Audit*10 与 *ChangeQ* 显著负相关，

说明高质量审计师审核的上市公司发生募资投向变更的频率也会低。*Market* 和 *Change*（*ChangeQ*）显著负相关，说明市场化程度越高，募资投向变更（频率）越低。其他变量之间的相关性也非常合理与直观，如 *Top*1 与 *Change* 显著正相关，说明第一大股东持股比例越高，募资投向变更概率越高；*Top*1 与 *ChangeQ* 显著正相关，说明第一大股东持股比例越高，募资投向变更频率越高。虽然变量之间存在显著的相关性，但多重共线性对后文的回归结果影响较小。

表 10-4　皮尔森（斯皮尔曼）相关系数

| | *Change* | *ChangeQ* | *Audit*10 | *Market* | *GS* | *Amount* | *Top*1 | *Size* | *Lev* | *ROE* |
|---|---|---|---|---|---|---|---|---|---|---|
| *Change* | | 0.683*** | −0.051** | −0.047** | −0.010 | −0.241*** | 0.047** | −0.059*** | −0.003 | 0.026 |
| *ChangeQ* | 0.990*** | | −0.055** | −0.049** | −0.019 | −0.198*** | 0.046** | −0.062*** | −0.101*** | 0.028 |
| *Audit*10 | −0.053** | −0.059*** | | −0.051** | 0.000 | 0.060*** | −0.006 | 0.000 | 0.057*** | −0.031 |
| *Market* | −0.049** | −0.051** | −0.052** | | −0.341*** | 0.021 | −0.173*** | 0.234*** | −0.024 | 0.118*** |
| *GS* | −0.039* | −0.036* | −0.009 | −0.340*** | | 0.147*** | 0.430*** | −0.065*** | −0.047** | −0.098*** |
| *Amount* | −0.226*** | −0.232*** | 0.038* | 0.000 | 0.164*** | | 0.172*** | 0.580*** | 0.138*** | 0.103*** |
| *Top*1 | 0.054** | 0.057** | −0.003 | −0.177*** | 0.362*** | 0.167*** | | 0.070*** | −0.073*** | 0.066*** |
| *Size* | −0.048** | −0.048** | −0.020 | 0.233*** | −0.080*** | 0.536*** | 0.074*** | | 0.321*** | 0.254*** |
| *Lev* | −0.013 | −0.023 | 0.057*** | −0.026 | −0.015 | 0.142*** | −0.075*** | 0.318*** | | −0.175*** |
| *ROE* | 0.022 | 0.019 | −0.029 | 0.133*** | −0.156*** | 0.171*** | 0.052** | 0.346*** | −0.019 | |

注：右上角为皮尔森相关系数，左下角为斯皮尔曼相关系数。***、**、* 分别表示在 1%、5% 和 10% 水平上显著。

## 10.5　实证结果

表 10-5 报告了以募资投向变更（*Change*）为因变量的回归结果。回归结果表明，高质量审计（*Audit*10）的估计系数显著为负，说明审计质量越高，募资投向变更越低。市场化程度（*Market*）的估计系数显著为负，说明市场化程度越高的地区，募资投向变更的概率越低。*Audit*10 和 *Market* 交互项（*Audit*10*Market*）的估计系数显著为负，说明与市场化程度低的地区相比，市场化程度高的地区的高质量审计师与募资投向变更负相关关系会增强。

在控制变量方面，国有股权比例（*GS*）的估计系数不显著。募资总额（*Amount*）的估计系数显著为负，说明募资总额越高，募资投向变更的概率越低，这与本章的预期不一致。可能的解释是募资总额越高，受到的关注度、监督更高，所以公司不可能随意变更募资投向。第一大股东持股比例（*Top*1）的估计系数显著为正，说明大股东的控制能力越强，募资投向变更概率越高。公司规模（*Size*）的估计系数显著为正，与刘少波和戴文慧（2004）以及张为国和翟春燕（2005）研究结论不一致。资产负债率（*Lev*）和净资产收益率（*ROE*）的估计系数都不显著。

表 10-5　回归结果（1）

| | Change | | | |
|---|---|---|---|---|
| | 估计系数 | Wald | 估计系数 | Wald |
| 截距项 | −8.658 | 25.541*** | −8.592 | 25.044*** |
| Audit10 | −0.162 | 5.548** | −0.629 | 5.700** |
| Market | −0.152 | 5.407** | −0.146 | 5.071** |
| Audit10*Market | | | −0.109 | 7.241*** |
| GS | 0.116 | 0.153 | 0.106 | 0.126 |
| Amount | −0.938 | 115.098*** | −0.942 | 115.463*** |
| Top1 | 0.015 | 14.892*** | 0.015 | 15.334*** |
| Size | 0.383 | 20.293*** | 0.382 | 20.094*** |
| Lev | 0.165 | 0.195 | 0.172 | 0.210 |
| ROE | 0.430 | 0.988 | 0.409 | 0.891 |
| 行业效应 | 已控制 | | 已控制 | |
| 年度效应 | 已控制 | | 已控制 | |
| R-Square | 0.181 | | 0.185 | |
| Chi-Square | 230.943*** | | 232.183*** | |
| 样本量 | 2178 | | 2178 | |

注：***、**、*分别表示在1%、5%和10%水平上显著。

表 10-6 报告了以募资投向变更频率（*ChangeQ*）为因变量的回归结果。回归结果表明，高质量审计（*Audit*10）的估计系数显著为负，说明审计质量

越高，募资投向变更频率越低。市场化程度（*Market*）的估计系数显著为负，说明市场化程度越高的地区，募资投向变更的频率越低。*Audit*10 和 *Market* 交互项（*Audit*10\**Market*）的估计系数显著为负，说明与市场化程度低的地区相比，市场化程度高的地区的高质量审计师与募资投向变更频率负相关关系会增强。

在控制变量方面，国有股权比例（*GS*）的估计系数不显著。募资总额（*Amount*）的估计系数显著为负，说明募资总额越高，募资投向变更频率越低，这与本章的预期不一致。可能的解释是募资总额越高，受到的关注度、监督可能越高，所以公司不可能随意变更募资投向。第一大股东持股比例（*Top*1）的估计系数显著为正，说明第一大股东持股比例越高，募资投向变更频率越高。公司规模（*Size*）的估计系数显著为正，与本章的预期不一致。资产负债率（*Lev*）的估计系数显著为负，说明资产负债率越高，募资投向变更频率越低。净资产收益率（*ROE*）的估计系数不显著。

表 10-6　回归结果（2）

| | ChangeQ | | | |
|---|---|---|---|---|
| | 估计系数 | *t* 值 | 估计系数 | *t* 值 |
| 截距项 | −1.957 | −2.53** | −1.910 | −2.46** |
| *Audit*10 | −0.174 | −2.58** | −0.352 | −2.93*** |
| *Market* | −0.110 | −2.39** | −0.112 | −2.42** |
| *Audit*10\**Market* | | | −0.098 | −2.17** |
| *GS* | −0.115 | −0.78 | −0.118 | −0.80 |
| *Amount* | −0.337 | −8.89*** | −0.338 | −8.90*** |
| *Top*1 | 0.007 | 3.60*** | 0.007 | 3.65*** |
| *Size* | 0.146 | 3.88*** | 0.144 | 3.82*** |
| *Lev* | −0.860 | −4.56*** | −0.855 | −4.53*** |
| *ROE* | −0.018 | −0.09 | −0.024 | −0.11 |
| 行业效应 | 已控制 | | 已控制 | |
| 年度效应 | 已控制 | | 已控制 | |
| *Adj R-Sq* | 0.174 | | 0.174 | |

153

| | ChangeQ | | | |
|---|---|---|---|---|
| | 估计系数 | t 值 | 估计系数 | t 值 |
| F 值 | 16.99*** | | 16.78*** | |
| 样本量 | 2178 | | 2178 | |

注：***、**、* 分别表示在 1%、5% 和 10% 水平上显著。

除了以上研究过程，本章还做了如下的稳健性检验：①以客户主营业务收入总额的年度会计师事务所市场份额排名来衡量审计质量，如果审计师排名在前十位，则代表的是高质量的审计质量，此时 Audit10=1。②本章募资投向变更包括通过首发、增发和配股方式募集资金后变更投向的样本，在做稳健性检验的时候，我们把首发、增加和配股分为三个子样本分别进行回归分析。以上的稳健性检验结果不会影响本章的研究结论。

## 10.6　研究结论与政策启示

在我国资本市场上，募集资金投向变更比例较高，引起了实务界和理论界的关注。已有文献对募资投向变更原因进行了大量的研究，并取得了丰富的研究成果，但目前暂没有文献涉及外部审计师对募资投向变更的治理作用。本章选择 2001—2011 年我国上海、深圳两市的所有 A 股上市公司为样本，研究了审计师选择对募资投向变更的影响，同时比较不同市场化程度地区之间这种影响的差异，以检验审计师的治理作用。研究结果发现：①高质量的审计师会降低募资投向变更的概率。②在市场化程度高的地区，高质量审计师与募资投向变更的负相关关系会增强。研究结论表明：外部审计师可以发挥治理作用，加快市场化程度的发展，有利于资本市场资源的有效配置。

通过本章的分析，我们可以得到如下的政策启示：①对政府部门监管募资投向变更提供的启示。在市场化程度低的地区，审计师对募资投向变更的治理作用有限，政府部门应该加强管理与监督。②对上市公司自身的启示。完善公司内部治理机制可以降低募集资金投向变更的概率。另外，作为独立的第三方——外部审计师同样可以在一定程度上抑制募资投向变更。

# 第 11 章　我国 IPO 抑价与长期收益率的实证研究

IPO 抑价和长期收益率是 IPO 研究的核心问题。本章以多种方法衡量 IPO 长期收益率，均发现 IPO 抑价率与 IPO 长期收益率显著负相关，公司未来现金流风险与 IPO 长期收益率显著正相关。但是，已有文献中的经验证据存在不一致的结论。因此，本章的相关研究旨在为未来 IPO 抑价和长期收益率的特定影响因素的研究提供经验证据，同时丰富和深化我们对 IPO 抑价和长期收益率问题的认识。

## 11.1　问 题 提 出

根据拉夫兰等（2010）的统计，发现 IPO 抑价现象广泛存在于世界各国。已有较多文献发现，我国股票市场存在比较严重的 IPO 抑价现象（Chen et al., 2004 ; Chi and Padgett，2005a ; Tian，2011）。但是，我国的 IPO 抑价率为何远远大于世界其他国家？已有文献尚未对此进行系统的研究。我国绝大多数上市公司为国有控股公司，并且我国股票市场是受到高度管制的，尤其是一级市场。我国的证券监督管理委员会（CSRC）控制着整个 IPO 过程，包括制定 IPO 市场准入和定价机制。由此可见，我国独特的制度背景为研究 IPO 抑价问题提供了一个天然的实验室。同时，国有企业私有化改革以及民营企业上市后的资源配置效率问题是国有企业改革、民营企业发展以及证券市场发展过程中应予以关注的重要问题。因此，研究公司 IPO 后的市场表现问题对我国上市公司和证券市场的发展具有重要的启示意义。基于上述分析，本章试图实证研究我国 IPO 抑价和长期收益率的影响因素，以期为我国 IPO 高抑价率和 IPO 后的低效市场表现提供经验证据。

　　本章运用 1990—2010 年我国 A 股上市公司的数据，研究了我国 IPO 抑价和长期收益率的影响因素。研究发现国有股权比例与 IPO 抑价率显著正相关，发行管制与 IPO 抑价率显著负相关，公司成长性与 IPO 抑价率显著正相关，内部职工持股比例与 IPO 抑价率显著负相关。然而，已有文献没有发现国有股权比例、发行管制、公司成长性、内部职工持股比例等与 IPO 抑价率存在一致的结论。因此，这些经验证据为未来 IPO 抑价的特定影响因素的研究提供了实证依据。同时，本章先以买入并持有的 IPO 一年期超常收益率、买入并持有的 IPO 两年期超常收益率、买入并持有的 IPO 三年期超常收益率分别衡量 IPO 长期收益率，均发现 IPO 抑价率与 IPO 长期收益率显著负相关，公司未来现金流风险与 IPO 长期收益率显著正相关。然后，以 IPO 一年期累计超额回报、IPO 两年期累计超额回报、IPO 三年期累计超额回报分别衡量 IPO 长期收益率，均发现 IPO 抑价率与 IPO 长期收益率显著负相关，公司未来现金流风险与 IPO 长期收益率显著正相关，发行规模与 IPO 长期收益率显著负相关。然而，已有文献没有发现 IPO 抑价率、公司未来现金流风险、发行规模等与 IPO 长期收益率存在一致的结论。因此，上述关于买入并持有的 IPO 长期超常收益率和 IPO 长期累计超额回报的经验证据为未来 IPO 长期收益率的特定影响因素的研究提供了实证依据。

　　本章主要有以下三个方面的贡献：

　　（1）本章为未来 IPO 抑价和长期收益率的特定影响因素的研究提供了经验证据，丰富了 IPO 抑价和长期收益率方面的研究。

　　（2）欧美国家之间的制度背景、法律法规以及市场环境等差别较大，尤其是发达国家与发展中国家之间的差别更大，因此选择不同国家的公司作为研究样本可能得到不同的研究结论。所以，本章丰富和深化了我们对中国市场上 IPO 抑价和长期收益率问题的认识。

　　（3）已有文献的研究样本太少或者样本时间区间太短（Chen et al.，2004；Chi and Padgett，2005a；Chi and Padgett，2005b），这可能会导致已有研究结论不具有普遍性，本章的研究依据的是 1990—2010 年我国 A 股上市公司的数据，所得到的结论更加可靠。

　　下文的结构安排如下：11.2 为 IPO 抑价的影响因素和检验模型；11.3 为 IPO 长期收益率的影响因素和检验模型；11.4 为样本与描述性统计；11.5 报告了实证检验结果；最后为研究结论部分。

## 11.2　IPO 抑价的影响因素和检验模型

根据已有理论和相关文献，本章使用以下模型来检验我国 A 股 IPO 抑价的影响因素：

$$AdjRet = \alpha_0 + \alpha_1 GOV + \alpha_2 Approval + \alpha_3 VOL + \alpha_4 UWR + \alpha_5 ROA + \alpha_6 Growth$$
$$+ \alpha_7 ES + \alpha_8 Top1 + \alpha_9 Issue + \alpha_{10} Lev + \alpha_{11} Age + \alpha_{12} Lag \qquad (11-1)$$
$$+ \alpha_{13} Overhang + \alpha_{14} Finance + \alpha_{15} Turnover + \varepsilon$$

其中，被解释变量 $AdjRet$ 为经过市场收益调整的首日收益率，计算公式如下：

$$AdjRet_i = (P_{i1} - P_{i0}) / P_{i0} - (P_{m1} - P_{m0}) / P_{m0} \qquad (11-2)$$

式中：$AdjRet_i$ 是公司 $i$ 的首日超额收益率；$P_{i1}$ 是新股上市当天的收盘价；$P_{i0}$ 是新股的发行价；$P_{m1}$ 是新股上市当天的市场指数；$P_{m0}$ 是 IPO 新股发行日的市场指数。公式中市场指数使用上海、深圳两市 A 股流通市值加权平均指数作为市场回报（Chan et al.，2004；刘煜辉、熊鹏，2005）。另外，为了提高本章结论的稳健性，我们借鉴刘煜辉、熊鹏（2005）与田（2011）的研究，也采用"系鞋带法"（Bootstrap）进行回归检验。同时，我们借鉴樊等（2007）和田（2011）的研究，采用未经市场调整的首日收益率（$Return$）来代替经过市场调整的首日收益率（$AdjRet$）。

$GOV$ 是 IPO 后国有股权比例变量，它用国有股股数除以总股数来表示。对于国有企业来说，不管是政府、政府官员还是经理人都有动机进行 IPO 抑价（Jones et al.，1999；Chen et al.，2004；徐浩萍等，2009）。由于国有股权比例越高，政府与企业的联系越紧密，政府、政府官员以及经理人进行 IPO 抑价的动机也就越强。陈等（2004）、于富生和王成方（2012）均发现国有股权比例越高，IPO 抑价越高。但是，迟和帕吉特（2005a）发现国有股权比例越高，IPO 抑价越低。田（2011）则发现国有股权和 IPO 抑价之间不存在显著的相关性。

$Approval$ 是股票发行管制变量，如果公司在"核准制"下首次公开募股，则 $Approval=1$，否则 $Approval=0$。周孝华等（2006）发现核准制下新股发行价不仅反映了发行公司的盈利能力、偿债能力和该股票在二级市场的供求状况，还反映了发行公司的规模、未来的成长能力和该股票的发行方式，说明在核准制下 IPO 定价效率比审批制下要高。肖曙光和蒋顺才（2006）通过描述性统计发现从审批制到核准制，IPO 抑价率整体呈下降趋势。然而，于增彪和梁文涛（2004）采用非参数统计威尔科克森秩和检验发现核准制发行方式下与审批制发行方式下的 IPO 公司上市首日收益率没有显著差异。可见，已有文献还没有直接对发行管制和首日收益率进行回归分析。

*UWR* 是承销商声誉变量，以各承销商在证券承销市场中的份额作为承销商声誉的衡量指标（Megginson and Weiss，1991），如果承销商声誉排在前 10 位，则 *UWR*=1，否则 *UWR*=0。关于承销商声誉与 IPO 抑价率之间的关系，已有研究的实证结果不完全一致（McDonald and Fisher，1972；Carter and Manaster，1990；Loughran and Ritter，2004；郭泓、赵震宇，2006；Su and Bangassa，2011）。

*ROA* 是资产收益率变量，用上市前一年末的净利润与总资产之比表示。洛克（1986）认为公司盈利能力越好，信息不对称问题越小，公司风险越小。但苏（2004）和陈等（2004）均没有发现公司盈利能力与 IPO 抑价率存在显著的相关性。

*Growth* 是公司成长性变量，用上市前一年的主营业务收入增长率表示。陈等（2004）没有发现公司成长性与 IPO 抑价率存在显著的相关性。

*ES* 是 IPO 后内部职工持股比例变量，用内部职工股数除以总股数表示。詹斯和麦克林（1976）认为管理者持股使管理者利益和所有者利益形成一致，当管理者持股较高时，管理者应该不愿意 IPO 抑价。但是，田（2011）发现内部职工持股比例与 IPO 抑价显著负相关。

*Top*1 是第一大股东持股比例变量。刘煜辉和熊鹏（2005）认为我国普遍存在控制股东利用控制权剥夺中、小股东利益的现象，因此控股股东的持股比例越高，投资人对新股上市后估值越低，即第一大股东持股比例与 IPO 抑价率负相关。但是，他们的实证结果发现第一大股东持股比例与 IPO 抑价率不存在显著的相关性。

*Issue* 是发行比例变量，用本次发行股数除以发行后总股数表示。肖曙光和蒋顺才（2006）以及朱红军和钱友文（2010）认为发行比例变量可以控制股权分置改革的部分影响。另外，朱红军和钱友文（2010）认为发行比例越高，发行公司越担心发行失败，越容易增加折让，因此抑价率可能越高。但是，他们的实证结果发现发行比例与 IPO 抑价率不存在显著的相关性。

根据上述分析，已有文献没有发现国有股权比例（*GOV*）、发行管制（*Approval*）、承销商声誉（*UWR*）、资产收益率（*ROA*）、公司成长性（*Growth*）、内部职工持股比例（*ES*）、第一大股东持股比例（*Top*1）、发行比例（*Issue*）等与 IPO 抑价率（*AdjRet* 或 *Return*）存在一致的结论，因此本章将这些变量作为检验 IPO 抑价影响因素的主要变量。另外，本章还控制了公司未来现金流风险（*VOL*）、资产负债率（*Lev*）、公司年限（*Age*）、上市等待期（*Lag*）、留存比例（*Overhang*）、发行规模（*Finance*）和上市首日换手率（*Turnover*）等变量。

*VOL* 反映 IPO 公司未来现金流风险的变量。参照卡特等（1998）的研究，本章采用在 IPO 后第 6 个到第 260 个交易日期间，个股日回报率对截距项和上海、深圳两市 A 股流通市值加权平均指数的市场回报进行回归，残差用标准差处理后再乘以 100 得到。约翰逊和米勒（1988）认为个股收益率的标准差可以体现公司未来现金流风险。卡特等（1998）发现公司未来现金流风险越高，首日回报率越高。因此，本章预计 *VOL* 的估计系数为正。

*Lev* 是资产负债率变量，它用上市前一年末的总负债与总资产之比来表示。苏（2004）发现公司风险越高，IPO 抑价率越高。因此，本章预计 *Lev* 的估计系数为正。

*Age* 是公司年限变量，用（1+ 公司成立到上市之间年限）的自然对数表示。卡特等（1998）发现公司年限越长，IPO 抑价率越低。因此，本章预计 *Age* 的估计系数为负。

*Lag* 是发行上市时间间隔，是发行上市等待期变量，用（1+ 发行日至首发上市日之间的间隔天数）的自然对数表示。一般而言，发达市场的股票发行上市时间间隔比较短，但在我国股票发行上市时间间隔超过两个月是很正常的，且发行上市等待期越长，投资者的风险越高。刘煜辉和熊鹏（2005）以及田（2011）发现发行上市时间间隔越长，IPO 抑价率越高。因此，本章预计 *Lag* 的估计系数为正。

*Overhang* 是留存比例变量，用公司留存股数除以本次发行股数表示。拉夫兰和里特（2004）发现留存比例越高，IPO 抑价越高。因此，本章预计 *Overhang* 的估计系数为正。

*Finance* 是发行规模变量，用实际募集资金的自然对数表示。卡特等（1998）发现发行规模越高，IPO 抑价率越低。因此，本章预计 *Finance* 的估计系数为负。

*Turnover* 是上市首日换手率变量。刘煜辉和熊鹏（2005）发现上市首日换手率越高，IPO 抑价率越高。因此，本章预计 *Turnover* 的估计系数为正。

除此以外，本章在进行回归时还进一步控制了行业和年度固定效应。

## 11.3　IPO 长期收益率的影响因素和检验模型

根据已有理论和相关文献，本章使用以下模型来检验我国 A 股 IPO 长期收益率的影响因素：

$$BHAR_i = \left[ \sum_{t=6}^{\min(510, delist)} (r_{it} - r_{mt}) \right] \qquad (11\text{-}3)$$

其中，$BHAR$ 为买入并持有的长期超常收益率，即公司上市后第 6 个交易日到第 $t$ 个交易日的买入并持有的长期超常收益率（Ritter，1991；Carter et al.，1998）。其计算公式如下：

$$BHAR_i = \left[ \prod_{t=6}^{\min(510, delist)} (1 + r_{it}) \right] - \left[ \prod_{t=6}^{\min(510, delist)} (1 + r_{mt}) \right] \qquad (11\text{-}4)$$

式中：$BHAR_i$ 是公司 $i$ 的买入并持有的长期超常收益率；$delist$ 为退市日期，如果在此期间公司退市了，那么以退市日期为准；$r_{it}$ 是公司 $i$ 在 $t$ 交易日的收益率；$r_{mt}$ 是在 $t$ 交易日的综合市场收益率，与前文一致，我们也采用考虑现金红利再投资的综合日市场收益率（流通市值加权平均法）。我们用 $BHAR1$ 表示买入并持有的一年期超常收益率，即公司上市后第 6 个交易日到第 255 个交易日的买入并持有的一年期超常收益率；用 $BHAR2$ 表示买入并持有的两年期超常收益率，即公司上市后第 6 个交易日到第 510 个交易日的买入并持有的两年期超常收益率；用 $BHAR3$ 表示买入并持有的三年期超常收益率，即公司上市后第 6 个交易日到第 765 个交易日的买入并持有的三年期超常收益率。

同时，我们采用 $CAR$ 代替模型（11-3）中的 $BHAR$（Ritter，1991；Chi and Padgett，2005b；Fan et al.，2007），CAR 为长期累计超额回报，即公司上市后第 6 个交易日到第 $T$ 个交易日的累计超额回报。其计算公式如下：

$$CAR_i = \left[ \sum_{t=6}^{\min(T, delist)} (r_{it} - r_{mt}) \right] \qquad (11\text{-}5)$$

式中：$CAR_i$ 是公司 $i$ 的长期累计超额回报；$T$ 为从股票发行开始计算的交易天数；$delist$ 为退市日期，如果在此期间公司退市了，那么以退市日期为准；$r_{it}$ 是公司 $i$ 在 $t$ 交易日的收益率；$r_{mt}$ 是在 $t$ 交易日的综合市场收益率，与前文一致，我们也采用考虑现金红利再投资的综合日市场收益率（流通市值加权平均法）。我们用 $CAR1$ 表示一年期累计超额回报，即公司上市后第 6 个交易日到第 255 个交易日的累计超额回报；用 $CAR2$ 表示两年期累计超额回报，即公司上市后第6 个交易日到第 510 个交易日的累计超额回报；用 $CAR3$ 表示三年期累计超额回报，即公司上市后第 6 个交易日到第 765 个交易日的累计超额回报。

迟和帕吉特（2005b）发现 IPO 抑价率越高，长期收益率越低；但里特（1991）发现 IPO 抑价率与长期收益率不存在显著的相关性。

国有股权对公司效率具有明显的负作用（刘小玄，2004）。博德曼和劳林（2000）发现国有股权比例越高，IPO 长期收益率越高。但是，迟和帕吉特（2005b）发现国有股权比例越高，IPO 长期收益率越低。

卡特等（1998）和苏、邦萨（2011）发现公司未来现金流风险与长期收益率负相关；郭泓、赵震宇（2006）与董等（2010）均没有发现公司未来现金流风险与长期收益率之间存在显著的相关性。

豪根、贝克（1996）和科恩等（2002）均发现公司资产收益率与股票收益正相关；但法玛和弗兰齐（2008）研究表明，上述两项研究结论只在小公司样本中成立，对于微型公司和大公司则不成立；郭泓、赵震宇（2006）与徐浩萍等（2009）也发现资产收益率与长期回报率不存在显著的相关性。

拉科尼索克等（1994）发现销售收入增长率与股票收益负相关；徐浩萍等（2009）发现销售收入增长率与长期回报率不存在显著的相关性。

姜国华和岳衡（2005）发现资产负债率与未来一年的超额回报率显著正相关；樊等（2007）和高等（2009）发现资产负债率与累计超额回报不存在一致的显著关系。

里特（1991）和董等（2010）均发现公司年限越长，长期收益率越大；卡特等（1998）没有发现公司年限与长期收益率之间存在显著的相关性。

关于发行规模与长期收益率之间的关系，已有研究的实证结果不完全一致。迟和帕吉特（2005b）发现发行规模越大，长期收益率越低；苏和邦萨（2011）发现发行规模越大，长期收益率越高；卡特等（1998）没有发现发行规模与长期收益率之间存在显著的相关性。

我国上市公司大多为国有控股公司，内部职工持股，某种程度能够缓和所有者缺位的代理问题。然而，麦康奈尔和瑟韦斯（1990）认为，在某种程度上，内部人持股损害了公司价值。在我国，内部职工如果拥有经营控制权，可能会通过增加经营成本和职工薪酬来掏空公司，损害外部投资者的利益。

樊等（2007）没有发现第一大股东持股比例与长期收益率之间存在显著的相关性。

根据上述分析，已有文献没有发现首日超额收益率（$AdjRet$）、国有股权比例（*GOV*）、公司未来现金流风险（*VOL*）、资产收益率（*ROA*）、公司成长性（*Growth*）、资产负债率（*Lev*）、公司年限（*Age*）、发行规模（*Finance*）、内部职工持股比例（*ES*）、第一大股东持股比例（*Top*1）等与 IPO 长期收益率（*BHAR* 或 *CAR*）存在一致的结论，因此本章将这些变量作为检验 IPO 长期收益率影响因素的主要变量。

另外，本章还控制了发行比例（*Issue*）和承销商声誉（*UWR*）。苏和邦萨（2011）发现发行比例越高，长期收益率越高。因此，本章预计 *Issue* 的估计系数显著为正。卡特等（1998）、董等（2010）、苏和邦萨（2011）以及郭泓和赵震宇（2006）都发现承销商声誉越高，长期收益率越高。因此，本章预计 UWR 的估计系数显著为正。除此以外，我们在进行回归时进一步控制了行业和年度固定效应。

## 11.4　样本和描述性统计

我们选择 1990—2010 年的 A 股上市公司作为研究样本。并对样本做了如下处理：①剔除了金融行业的上市公司；②进一步剔除了在 CSMAR 数据库、CCER 数据库和招股说明书中缺失本章所需要指标的公司；③对所有连续变量进行了 Winsorize 处理，令其小于 1% 分位数等于 1% 分位数和大于 99% 分位数等于 99% 分位数。最后，本章得到了 1452 个观测值。本章所需要的数据来源于 CSMAR 数据库、CCER 数据库和招股说明书。

表 11-1 报告了变量的描述性统计结果。IPO 抑价率（*AdjRet*）的平均值（中位数）为 1.182（1.001），而最小值（最大值）为 -0.093（4.389），说明我国 IPO 抑价现象较为严重，我国的 IPO 抑价率远远大于拉夫兰等（2010）统计的世界其他国家，但也有个别公司首日破发。买入并持有的 IPO 一年期超常收益率（*BHAR*1）的平均值（中位数）为 -0.026（-0.042），最小值（最大值）为 -1.912（1.553），说明我国上市公司买入并持有的 IPO 一年期超常收益率整体上为负，与麦金森和耐特（2001）的结论一致，虽然买入并持有的 IPO 一年期超常收益率的最大值达到了 155.3%，但也出现了新股弱势问题。

表 11-1　描述性统计

|  | 均值 | 中位数 | 标准差 | 最小值 | 25% | 75% | 最大值 |
|---|---|---|---|---|---|---|---|
| *AdjRet* | 1.182 | 1.001 | 0.867 | −0.093 | 0.563 | 1.584 | 4.389 |
| *BHAR*1 | −0.026 | −0.042 | 0.503 | −1.912 | −0.225 | 0.174 | 1.553 |
| *GOV* | 0.367 | 0.426 | 0.292 | 0.000 | 0.000 | 0.634 | 0.840 |
| *VOL* | 2.186 | 2.160 | 0.651 | 0.976 | 1.737 | 2.650 | 3.929 |
| *ROA* | 0.103 | 0.092 | 0.059 | 0.010 | 0.062 | 0.130 | 0.325 |
| *Growth* | 0.269 | 0.174 | 0.464 | −0.482 | 0.041 | 0.372 | 2.938 |
| *Lev* | 0.554 | 0.580 | 0.147 | 0.142 | 0.467 | 0.660 | 0.942 |
| *Age* | 3.408 | 3.000 | 3.504 | 0.000 | 1.000 | 5.000 | 26.000 |
| *Finance* | 19.650 | 19.559 | 0.997 | 17.728 | 19.041 | 20.113 | 23.440 |
| *ES* | 0.031 | 0.000 | 0.057 | 0.000 | 0.000 | 0.031 | 0.280 |
| *Top*1 | 0.538 | 0.516 | 0.235 | 0.093 | 0.358 | 0.695 | 1.000 |
| *Issue* | 0.287 | 0.267 | 0.079 | 0.058 | 0.250 | 0.333 | 0.481 |
| *UWR* | 0.684 | 1.000 | 0.465 | 0.000 | 0.000 | 1.000 | 1.000 |

表 11-2 报告了变量之间的相关系数。从皮尔森相关系数的结果看，*BHAR*1 与 *AdjRet* 显著负相关，表明公司 IPO 抑价率越高，买入并持有的 IPO 一年期超常收益率越低；*GOV* 与 *AdjRet* 显著正相关，表明公司国有股权比例越高，IPO 抑价率越高；*VOL* 与 *AdjRet* 显著正相关，表明公司未来现金流风险越高，IPO 抑价率越高；*Growth* 与 *AdjRet* 显著正相关，表明公司成长性越好，IPO 抑价率越高；*Age* 与 *AdjRet* 显著负相关，表明公司年限越长，IPO 抑价率越低；*Finance* 与 *AdjRet* 显著负相关，表明公司发行规模越大，IPO 抑价率越低；*Issue* 与 *AdjRet* 显著正相关，表明公司发行比例越高，IPO 抑价率越高。从斯皮尔曼相关系数的结果看，*BHAR*1、*GOV*、*Growth*、*Age*、*Finance*、*Issue* 与 *AdjRet* 之间关系均与皮尔森相关系数的结果一致；但 *VOL* 与 *Adjret* 没有存在显著的相关性，*ES* 与 *AdjRet* 显著正相关，表明公司内部职工持股比例越高，IPO 抑价率越高。

同时，从皮尔森相关系数的结果看，*VOL* 与 *BHAR*1 显著正相关，表明公司未来现金流风险越高，买入并持有的 IPO 一年期超常收益率越高；*ROA* 与 *BHAR*1 显著正相关，表明公司盈利能力越好，买入并持有的 IPO 一年期超常收益率越高；*Age* 与 *BHAR*1 显著负相关，表明公司年限越长，买入并持有的 IPO 一年期超常收益率越低；*UWR* 与 *BHAR*1 显著正相关，表明公司聘用的主承销商声誉越高，买入并持有的 IPO 一年期超常收益率越高。从斯皮尔曼相关系数的结果看，*VOL*、*ROA*、*Age*、*UWR* 与 *BHAR*1 之间关系均与皮尔森相关系数的结果一致；但 *ES* 与 *BHAR*1 显著正相关，表明公司内部职工持股比例越高，买入并持有的 IPO 一年期超常收益率越高。另外，自变量之间不存在高度的相关关系，以 *VIF* 检验多重共线性的值均小于 2，因此多重共线性对回归结果的影响较小。

#### 表 11-2　皮尔森（斯皮尔曼）相关系数

| | *AdjRet* | *BHAR*1 | *GOV* | *VOL* | *ROA* | *Growth* | *Lev* | *Age* | *Finance* | *ES* | *Top*1 | *Issue* | *UWR* |
|---|---|---|---|---|---|---|---|---|---|---|---|---|---|
| *AdjRet* | | −0.084*** | 0.072*** | 0.006 | −0.021 | 0.047* | −0.029 | −0.112*** | −0.389*** | 0.145*** | 0.003 | 0.161*** | −0.026 |
| *BHAR*1 | −0.053** | | 0.027 | 0.108*** | 0.091*** | 0.039 | −0.035 | −0.122*** | −0.018 | 0.061** | 0.032 | 0.021 | 0.068** |
| *GOV* | 0.065** | 0.032 | | −0.265*** | −0.155*** | −0.151*** | 0.127*** | −0.460*** | 0.086*** | 0.073*** | 0.522*** | 0.067** | 0.035 |
| *VOL* | 0.058** | 0.096*** | −0.259*** | | 0.085*** | 0.180*** | −0.061** | 0.063 | −0.347*** | 0.095*** | −0.074*** | −0.279*** | −0.015 |
| *ROA* | −0.025 | 0.107*** | −0.146*** | 0.085*** | | 0.137*** | −0.516*** | −0.095*** | 0.092*** | −0.054** | 0.081*** | −0.078*** | 0.012 |
| *Growth* | 0.078*** | 0.040 | −0.125*** | 0.133*** | 0.100*** | | 0.029 | 0.045* | −0.094*** | 0.012 | −0.137*** | −0.028 | −0.034 |
| *Lev* | −0.030 | −0.030 | 0.126*** | −0.075*** | −0.531*** | 0.030 | | −0.104*** | 0.071*** | 0.021 | 0.113*** | 0.066** | 0.003 |
| *Age* | −0.112*** | −0.120*** | −0.391*** | 0.081*** | −0.033 | −0.021 | −0.053* | | 0.177*** | −0.153*** | −0.479*** | −0.093*** | −0.056** |
| *Finance* | −0.354*** | −0.020 | 0.106*** | −0.286*** | 0.057** | −0.082*** | 0.131*** | 0.237*** | | −0.385*** | 0.039 | −0.109*** | 0.055** |
| *ES* | 0.029 | 0.033 | −0.044* | 0.074*** | −0.115*** | 0.048* | −0.023 | −0.009 | −0.289*** | | 0.137*** | 0.020 | −0.003 |
| *Top*1 | −0.013 | .023 | 0.505*** | −0.070*** | 0.109*** | −0.086*** | 0.085*** | −0.395*** | 0.011 | −0.055** | | −0.026 | 0.057** |
| *Issue* | 0.124*** | 0.022 | 0.032 | −0.222*** | −0.072*** | −0.034 | 0.048* | −0.118*** | −0.207*** | 0.005 | −0.056** | | −0.047* |
| *UWR* | −0.020 | 0.059** | 0.038 | −0.021 | 0.026 | 0.000 | 0.006 | −0.046* | 0.052** | −0.026 | 0.047* | −0.061** | |

注：左下方为皮尔森相关系数，右上方为斯皮尔曼相关系数；***、**、* 分别表示在 1%、5% 和 10% 水平上显著。

## 11.5　实证检验结果

表 11-3 报告了模型（11-1）的回归结果。其中，因变量分别为首日超额收益率（*AdjRet*）和首日收益率（*Return*）。不管是以 *AdjRet* 和 *Return* 作为因变量的 Cluster 回归，还是以 *AdjRet* 作为因变量的"系鞋带法"，检验结果均显示，*GOV* 的估计系数在 1% 水平上显著大于 0，表明国有股权比例越高，IPO 抑价越高；*Approval* 的估计系数在 5% 水平上显著为负，表明从审批制到核准制，IPO 抑价率整体上呈下降趋势；*Growth* 的估计系数在 5% 水平上显著为正，表明公司成长性越高，IPO 抑价越高；*ES* 的回归系数在 5% 水平上显著为负，表明内部职工持股比例越高，IPO 抑价率越低；*Top*1 的回归系数显著为负，表明第一大股东持股比例越高，IPO 抑价率越低；*Issue* 的回归系数在 10% 水平上显著为正，表明发行比例越高，IPO 抑价越高。这些经验证据为未来 IPO 抑价的特定影响因素的研究提供了实证依据。

另外，在其他变量方面，*Lag* 的回归系数显著为负，与刘煜辉和熊鹏（2005）以及田（2011）的结论相反，表明上市等待期越长，IPO 抑价率越低；*Finance* 的回归系数在 1% 水平上显著为负，与卡特等（1998）的结论一致，表明发行规模越高，IPO 抑价率越低；*Turnover* 的回归系数在 1% 水平上显著为正，与刘煜辉和熊鹏（2005）的结论一致，表明上市首日换手率越高，IPO 抑价越高。

表 11-3　回归结果（1）

| | *AdjRet* | | *Adjret*（Bootstrap） | | *Return* | |
|---|---|---|---|---|---|---|
| | 估计系数 | *t* 值 | 估计系数 | *z* 值 | 估计系数 | *t* 值 |
| 截距项 | 7.205 | 10.63*** | 7.205 | 9.98*** | 7.297 | 10.74*** |
| *GOV* | 0.304 | 3.70*** | 0.304 | 3.59*** | 0.285 | 3.48*** |
| *Approval* | −0.480 | −2.11** | −0.480 | −2.09** | −0.525 | −2.26** |
| *VOL* | 0.027 | 0.51 | 0.027 | 0.58 | −0.006 | −0.12 |
| *UWR* | −0.013 | −0.35 | −0.013 | −0.33 | −0.013 | −0.35 |
| *ROA* | −0.046 | −0.11 | −0.046 | −0.14 | 0.049 | 0.11 |

| | *AdjRet* | | *Adjret*（Bootstrap） | | *Return* | |
|---|---|---|---|---|---|---|
| | 估计系数 | *t* 值 | 估计系数 | *z* 值 | 估计系数 | *t* 值 |
| *Growth* | 0.109 | 2.31** | 0.109 | 2.50** | 0.114 | 2.39** |
| *ES* | −0.901 | −2.42** | −0.901 | −2.37** | −0.797 | −2.13** |
| *Top*1 | −0.285 | −2.49** | −0.285 | −2.61*** | −0.255 | −2.26** |
| *Issue* | 0.767 | 1.88* | 0.767 | 1.83* | 0.760 | 1.85* |
| *Lev* | −0.012 | −0.07 | −0.012 | −0.09 | 0.001 | 0.01 |
| *Age* | 0.005 | 0.85 | 0.005 | 1.00 | 0.004 | 0.69 |
| *Lag* | −0.152 | −2.36** | −0.152 | −2.40** | −0.171 | −2.66*** |
| *Overhang* | 0.015 | 0.81 | 0.015 | 0.84 | 0.019 | 1.03 |
| *Finance* | −0.353 | −11.97*** | −0.353 | −11.55*** | −0.355 | −12.09*** |
| *Turnover* | 1.597 | 10.27*** | 1.597 | 9.88*** | 1.720 | 11.43*** |
| 行业效应 | 已控制 | | 已控制 | | 已控制 | |
| 年度效应 | 已控制 | | 已控制 | | 已控制 | |
| $R^2$ | 0.469 | | 0.469 | | 0.473 | |
| *F* 值 | 29.10*** | | | | 28.76*** | |
| *Wald Chi*$^2$ | | | 7 394.44*** | | | |
| 样本量 | 1452 | | 1452 | | 1452 | |

注：因变量为 *AdjRet* 和 *Return* 的回归系数的标准误差经 Cluster 调整；***、**、*分别表示在1%、5%和10%水平上显著。

表 11-4 报告了模型（11-3）的回归结果。其中，因变量分别为 *BHAR*1、*BHAR*2 和 *BHAR*3。在 *BHAR*1 的回归结果中，*AdjRet* 的估计系数在 1% 水平上显著为负，表明 IPO 抑价率越高，买入并持有的 IPO 一年期超常收益率越低；*VOL* 的回归系数在 1% 水平上显著为正，表明公司未来现金流风险越高，买入并持有的 IPO 一年期超常收益率越高；*ROA* 的回归系数在 5% 水平上显著为正，表明公司盈利能力越好，买入并持有的 IPO 一年期超常收益率越高；*Lev* 的回归系数在 5% 水平上显著为正，表明财务风险越高，买入并持有的 IPO 一年期超常收益率越高；*Top*1 的回归系数在 5% 水平上显著为负，表明第一大股东持股比例越高，买入并持有的 IPO 一年期超常收益率越低。在 *BHAR*2 的回归结果中，*AdjRet* 和 *VOL* 的回归结果均与 *BHAR*1 一致，但 *GOV* 的估计系数在

5% 水平上显著为负，表明国有股权比例越高，买入并持有的 IPO 两年期超常收益率越低；*Finance* 的估计系数在 1% 水平上显著为负，表明发行规模越大，买入并持有的 IPO 两年期超常收益率越低。在 *BHAR*3 的回归结果中，*AdjRet* 和 *VOL* 的回归结果也均与 *BHAR*1 一致，*Finance* 的回归结果与 *BHAR*2 一致，但 *Growth* 的回归系数在 10% 水平上显著为正，表明公司成长性越好，买入并持有的 IPO 两年期超常收益率越高；*ES* 的估计系数在 10% 水平上显著为负，表明内部职工持股比例越高，买入并持有的 IPO 两年期超常收益率越低。

表 11-4　回归结果（2）

| | *BHAR*1 | | *BHAR*2 | | *BHAR*3 | |
|---|---|---|---|---|---|---|
| | 估计系数 | *t* 值 | 估计系数 | *t* 值 | 估计系数 | *t* 值 |
| 截距项 | −0.737 | −1.79* | 2.413 | 4.66*** | 4.641 | 4.36*** |
| *AdjRet* | −0.121 | −8.00*** | −0.174 | −7.49*** | −0.308 | −8.21*** |
| *GOV* | 0.005 | 0.09 | −0.140 | −1.97** | −0.186 | −1.23 |
| *VOL* | 0.376 | 10.53*** | 0.286 | 5.66*** | 0.275 | 2.85*** |
| *ROA* | 0.640 | 2.44** | −0.149 | −0.41 | 0.448 | 0.68 |
| *Growth* | 0.035 | 1.39 | 0.055 | 1.36 | 0.112 | 1.76* |
| *Lev* | 0.218 | 2.07** | −0.030 | −0.20 | 0.204 | 0.72 |
| *Age* | −0.004 | −1.10 | −0.004 | −0.55 | 0.006 | 0.48 |
| *Finance* | −0.016 | −0.89 | −0.124 | −5.34*** | −0.233 | −5.08*** |
| *ES* | −0.309 | −1.21 | −0.347 | −0.90 | −1.183 | −1.76* |
| *Top*1 | −0.121 | −2.06** | −0.138 | −1.40 | −0.153 | −0.94 |
| *Issue* | 0.133 | 0.79 | 0.220 | 0.91 | 0.045 | 0.10 |
| *UWR* | 0.026 | 1.14 | 0.057 | 1.51 | 0.016 | 0.22 |
| 行业效应 | 已控制 | | 已控制 | | 已控制 | |
| 年度效应 | 已控制 | | 已控制 | | 已控制 | |
| $R^2$ | 0.368 | | 0.236 | | 0.167 | |
| *F* 值 | 14.05*** | | 10.08*** | | 7.29*** | |
| 样本量 | 1452 | | 1303 | | 1286 | |

注：因变量分别为 *BHAR*1、*BHAR*2、*BHAR*3；回归系数的标准误差经过 Cluster 调整；***、**、* 分别表示在 1%、5% 和 10% 水平上显著。

表11-5 报告了 CAR 代替模型（11-3）中的 BHAR 回归结果。其中，因变量分别为 CAR1、CAR2 和 CAR3。在 CAR1 的回归结果中，AdjRet 的估计系数在 1% 水平上显著为负，表明 IPO 抑价率越高，IPO 一年期累计超额回报越低；VOL 的回归系数在 1% 水平上显著为正，表明公司未来现金流风险越高，IPO 一年期累计超额回报越高；ROA 的回归系数在 5% 水平上显著为正，表明公司盈利能力越好，IPO 一年期累计超额回报越高；Growth 的回归系数在 10% 水平上显著为正，表明公司成长性越好，IPO 一年期累计超额回报越高；Finance 的估计系数在 1% 水平上显著为负，表明发行规模越大，IPO 一年期累计超额回报越低；UWR 的回归系数在 10% 水平上显著为正，表明公司聘用的主承销商声誉越高，IPO 一年期累计超额回报越高。在 CAR2 的回归结果中，AdjRet、VOL、Finance 和 UWR 的回归结果均与 CAR1 一致，但 GOV 的估计系数在 5% 水平上显著为负，表明国有股权比例越高，IPO 两年期累计超额回报越低。在 CAR3 的回归结果中，AdjRet、VOL、Growth 和 Finance 的回归结果也均与 CAR1 一致，但 ES 的估计系数在 5% 水平上显著为负，表明内部职工持股比例越高，IPO 三年期累计超额回报越低。上述关于买入并持有的 IPO 长期超常收益率和 IPO 长期累计超额回报的经验证据为未来 IPO 长期收益率的特定影响因素的研究提供了实证依据。

表 11-5　回归结果（3）

| | CAR1 | | CAR2 | | CAR3 | |
|---|---|---|---|---|---|---|
| | 估计系数 | t 值 | 估计系数 | t 值 | 估计系数 | t 值 |
| 截距项 | −0.058 | −0.18 | 2.382 | 5.98*** | 3.607 | 6.94*** |
| AdjRet | −0.130 | −10.14*** | −0.159 | −9.41*** | −0.209 | −10.41*** |
| GOV | 0.005 | 0.13 | −0.098 | −2.05** | −0.052 | −0.77 |
| VOL | 0.332 | 14.11*** | 0.270 | 8.39*** | 0.254 | 6.42*** |
| ROA | 0.441 | 2.28** | −0.054 | −0.21 | 0.062 | 0.20 |
| Growth | 0.035 | 1.87* | 0.040 | 1.55 | 0.068 | 2.44** |
| Lev | 0.130 | 1.62 | −0.015 | −0.14 | 0.038 | 0.31 |
| Age | −0.004 | −1.40 | −0.003 | −0.60 | −0.002 | −0.37 |
| Finance | −0.042 | −2.81*** | −0.124 | −6.67*** | −0.173 | −7.34*** |
| ES | −0.284 | −1.57 | −0.249 | −1.10 | −0.666 | −2.30** |

| | CAR1 | | CAR2 | | CAR3 | |
|---|---|---|---|---|---|---|
| | 估计系数 | t 值 | 估计系数 | t 值 | 估计系数 | t 值 |
| *Top*1 | −0.051 | −1.10 | −0.045 | −0.70 | −0.111 | −1.46 |
| *Issue* | 0.129 | 1.05 | −0.016 | −0.09 | −0.038 | −0.18 |
| *UWR* | 0.031 | 1.82* | 0.057 | 2.31** | 0.014 | 0.44 |
| 行业效应 | 已控制 | | 已控制 | | 已控制 | |
| 年度效应 | 已控制 | | 已控制 | | 已控制 | |
| $R^2$ | 0.337 | | 0.292 | | 0.278 | |
| F 值 | 17.64 | | 14.22*** | | 13.12*** | |
| 样本量 | 1452*** | | 1303 | | 1286 | |

注：因变量分别为 *CAR*1、*CAR*2、*CAR*3；回归系数的标准误差经过 Cluster 调整；***、**、* 分别表示在 1%、5% 和 10% 水平上显著。

## 11.6　研　究　结　论

本章运用 1990—2010 年我国 A 股上市公司的数据，研究了我国 IPO 抑价和长期收益率的影响因素。研究发现，国有股权比例、公司成长性与 IPO 抑价率显著正相关，发行管制、内部职工持股比例与 IPO 抑价率显著负相关。同时，本章以多种方法衡量 IPO 长期收益率，均发现 IPO 抑价率与 IPO 长期收益率显著负相关，公司未来现金流风险与 IPO 长期收益率显著正相关。已有文献在这些经验证据中还存在不一致的结论，因此本章的研究结论将有助于增进我们对我国 IPO 市场高度抑价原因和发展趋势的理解，为未来 IPO 抑价和长期收益率的特定影响因素的研究提供经验证据，既可以为我国国有企业私有化改革提供重要依据，又可以为政府监管部门制定 IPO 发行制度和投资者的投资决策提供支持。

# 第 12 章　国有股权、政府定价管制与 IPO 长期收益率

国有企业私有化改革的资源配置效率问题是国有企业改革和证券市场发展过程中应予以关注的重要问题。目前，很少有研究关注国有股权与 IPO 长期收益率之间的关系，也没有考虑政府定价管制程度对国有股权与 IPO 长期收益率之间关系的影响问题。本章研究了国有股权对 IPO 长期收益率的影响，并进一步研究了政府定价管制程度对国有股权与 IPO 长期收益率之间关系的影响。研究结果表明，国有股权比例越高，IPO 长期收益率越低；相对于政府定价管制程度较低公司来说，国有股权降低了政府定价管制程度较高公司的 IPO 长期收益率。本章深化了国有股权对 IPO 长期收益率的影响方面的研究，有助于人们认识国有企业私有化过程中的政府行为及其影响，也有助于理解中国证券市场发展过程中政府、企业与市场之间的关系。

## 12.1　问　题　提　出

我国发展股票市场的主要目的是为国有企业改革服务。随着国有企业改革的推进和股票市场的发展，从规模和影响力看，公开发行股票已经成为国有企业私有化最为重要的途径。对于具有国有股权的公司来说，我国政府同时拥有发行者和监管者的身份，并且国有股权比例越高，政府与企业的关系越紧密，企业与证监会的关系也越紧密，所以在上市过程中受到的政府优待也越多。然而，国有股权也会给公司带来诸多不利影响（Shleifer and Vishny，1994，1998）。因此，国有股权如何影响公司的市场表现是一个需要实证检验的问题。另外，我国具有特殊的政府管制背景，IPO 市场定价长期受到政府的高度管制。那么，政府定价管制将如何影响国有股权与 IPO 长期收益率之间的关系？

目前，关于国有股权与 IPO 长期收益率之间的关系的研究很少，并且没有考虑政府定价管制对国有股权与 IPO 长期收益率之间关系的影响问题。博德曼和劳林（2000）以 1980—1990 年 129 家跨国 IPO 公司为样本，发现国有股权比例越高，IPO 长期收益率越高。但是，迟和帕吉特（2005）运用 1996—1997 年 409 家中国 A 股 IPO 公司数据，发现国有股权比例越高，IPO 长期收益率越低。有较多研究关注了所有权性质与 IPO 长期收益率之间的关系，但没有取得比较一致的结论。比如，国有企业的 IPO 长期收益率高于民营企业（Levis，1993；Menyah et al.，1995；Jelic and Briston，1999；徐浩萍等，2009）；国有企业的 IPO 长期收益率低于民营企业（Aggarwal et al.，1993）；国有企业的 IPO 长期收益率与民营企业没有显著区别（Paudyal et al.，1998；Foerster and Karolyi，2000）。已有研究结论存在争议可能有以下两个方面的原因：第一，研究样本或者样本时间区间选择的差异可能导致研究结论不具有普遍性；第二，欧美国家之间的制度背景、法律法规以及市场环境等差别较大，尤其是发达国家与发展中国家之间的差别更大，因此选择不同国家的公司作为研究样本将得到不同的研究结论。

本章运用 1990 年至 2011 年 6 月 30 日的中国 A 股 IPO 公司数据，研究了国有股权对 IPO 长期收益率的影响，并且进一步研究了政府定价管制程度对国有股权与 IPO 长期收益率之间关系的影响。研究结果表明，我国上市公司 IPO 长期收益率整体为正；国有股权比例越高，IPO 长期收益率越低；相对于政府定价管制程度较低的公司来说，国有股权降低了政府定价管制程度较高的公司的 IPO 长期收益率。

本章的贡献主要体现在以下三个方面：①本章研究发现我国上市公司 IPO 长期收益率整体为正，与布拉夫和保罗（1997）、麦金森等（2000）以及迟和帕吉特（2005）的结论一致，但已有大多数研究发现 IPO 长期收益率为负（Megginson and Netter，2001），本章提供了来自新兴市场的经验证据，丰富了上市后市场业绩方面的研究。②本章研究了国有股权对 IPO 长期收益率的影响，推进了目前亟待发展的国有股权与 IPO 长期收益率之间关系的研究（Boardman and Laurin，2000；Chi and Padgett，2005），也有助于认识中国上市公司上市后的市场表现。③本章揭示了政府定价管制，加剧了国有股权与 IPO 长期收益率之间的负相关关系，丰富了政府干预和寻租方面的研究（Megginson and Netter，2001；Tian，2002；Fan et al.，2007；Kao et al.，2009），不仅有助于认识国有企业私有化过程中的政府行为及其影响，有助于理解中国证券市场发展过程中政府、企业与市场之间的关系，还有助于政府监管部门完善 IPO 发行制度，更好地利用证券市场推动国有企业私有化进程。

下文的结构安排如下：12.2 为理论分析与研究假设；12.3 为检验模型；12.4 为样本与描述性统计；12.5 报告了检验结果；最后为研究结论部分。

## 12.2　理论分析与研究假设

从 20 世纪 80 年代开始，我国政府通过公开发行股票对国有企业进行部分私有化。然而，不像那些私有化后政府放弃了对企业的控制权，我国政府即使在私有化后仍对企业保持着有效的控制权，政府仍然拥有大量的股份。然而，国有股权能够对投资者传递不同的信号：一方面，政府出售小部分股票给公众传递了政府在国有企业私有化过程中是有承诺和可信任的信号；另一方面，也传递了政府将会继续干预企业经营管理的信号。因此，这两种信号会同时影响国有股权与 IPO 长期收益率之间的关系。钱（1996）、车和钱（1998）认为我国政府在国有企业治理方面扮演了重要的角色。国有股减持课题组（2001）的研究表明，由于国有股的比重过高和不能流通，作为外部治理机制的经理人员市场、资本市场和公司控制权市场的功能发挥受到了限制。因此，国有股权的存在为政府干预企业提供了途径，并且国有股权比例越大，政府干预越强。政府利用国有企业来实现社会稳定、减少失业率以及扶持特定行业和特定区域的经济发展等多元化政策目标，即使实现这些目标会与股东利益产生冲突（Shleifer and Vishny, 1998）。另外，我国比较普遍的是国有企业的高管由政府委派任命，企业高管也会被任命到政府机构，而且不管是在政府机构还是国有企业工作，其行政级别都由政府考评，因此某些政府官员可能将其控制的企业资产转移给他们的政治支持者（Shleifer and Vishny, 1994），政治干预损害了企业价值，是一只攫取之手（Shleifer and Vishny, 1998）。

国有企业由于信息不对称和激励不足，往往产生复杂的委托—代理关系，代理成本损害了企业价值（Shleifer and Vishny, 1994, 1998）。虽然一定程度的股权集中度可以解决股东之间的"搭便车问题"，从而发挥股权集中度的积极作用，但在我国这种不完全竞争环境下，政府作为大股东也有动机对企业进行相应的监督和控制，而国家及其代理人所具有的特殊地位又使这种监督和控制带有行政色彩，导致对企业的过多干预（薄仙慧、吴联生，2009）。而且，林等（1998）认为对国有企业来说，政府直接监督经理人的可能性较小或者成本较大，国有企业的经理人权利越大，代理问题会越严重。因此，从理论上讲，政府可以通过对经理进行有效的监督来提高国有企业业绩，但在实际中可行性很小。

　　然而，政府是拥有多家企业的特殊股东，其为了获得更多的剩余现金流，完全有动机通过监督经理、实行微妙的政策倾斜以及提供特惠待遇来提高公司价值。田（2002）和田利辉（2005）认为当国有股权比例足够大时，政府也有可能是一只帮助之手，同时发现国有股权与公司价值成正 U 型关系。陈小悦和徐晓东（2001）认为，虽然国有股比例的提高意味着获得政府保护，享受税收优惠的可能性上升，但内部人控制和由此引发的道德风险会对企业的绩效产生更大的负面影响。

　　虽然有少部分研究发现国有股权不具有绩效劣势的证据（Sun et al.，2002；Tian，2002；田利辉，2005；陈小悦、徐晓东，2001），但是绝大多数研究发现国有股权会损害公司价值。博德曼和维宁（1989）以刊登在 1983年 8 月 22 日《财富》杂志上除美国外的世界 500 强制造业和矿业公司为样本，发现民营企业的业绩比国有企业和混合所有制企业都好，他们认为政府所有制对企业效益是有害的。麦金森等（1994）以 1961—1990 年来自 18 个国家 32个行业的 61 家 IPO 公司作为样本，比较了私有化前后公司业绩的变化情况，发现减少或消除国有股权能够提高公司业绩，由此他们也认为政府所有制通常是有害的。魏等（2003）以中国 1990—1997 年的国有股权私有化公司为样本，发现相对于国有控股公司来说，向公众出售 50% 以上股份的公司的盈利能力、就业状况以及销售效率均显著要好。郑等（1998）、徐和王（1999）、张等（2001）、孙和唐（2003）等以中国上市公司为样本，研究了国有股权对公司业绩的影响，均发现国有股权比例越高，公司业绩越差。徐晓东和陈小悦（2003）以 1997—2000 年上市的 508 家上市公司为样本，研究发现非国家股东作为公司的第一大股东时，公司有着更强的盈利能力和更高的企业价值，在经营上更具灵活性，公司治理的效力更高，其高级管理层也面临着更多的来自企业内部和市场的监督和激励。白等（2004）以 1999—2001 年的中国上市公司为样本，发现国家股东作为公司的第一大股东时，其公司价值更低。夏立军和方轶强（2005）选择 2003—2005 年的上市公司作为研究样本，发现政府控制尤其是县级和市级政府控制对公司价值产生了负面影响。魏和瓦雷拉（2003）以 1994—1996 年的中国上市公司为样本，发现国有股权比例越高，公司价值越低。

　　已有文献对国有股权与公司业绩之间关系的研究尚未取得比较一致的结

论，但是已有文献关于国有股权对公司效率影响的研究取得了基本一致的结论，即国有股权对公司效率具有明显的负作用（刘小玄，2004；宋立刚、姚洋，2005；刘小玄、李利英，2005；胡一帆、宋敏、郑红亮，2006）。本章试图从 IPO 长期收益率的角度进一步检验这一判断，我们预期国有股权比例越高，IPO 长期收益率越低。据此，提出本章的假设 1。

假设 1：国有股权比例与 IPO 长期收益率负相关。

我国股票市场是受到高度管制的，尤其是一级市场。管制主体中国证券监督管理委员会控制着整个 IPO 过程，包括制定 IPO 市场准入和定价机制。政府对定价方式的管制可分为实行管制和放开管制，实行管制又可分为显性管制与隐性管制，后者如"窗口指导"（朱红军、钱友文，2010）。总体而言，我国在不同阶段的政府定价管制即市盈率上限管制，可以概括为 1999 年之前在"审批制"下的管制，2001—2004 年在核准制下的管制，以及 2005—2009 年的"窗口指导"（朱红军、钱友文，2010）。但是，IPO 中的定价管制作为"政府控制企业价格的行动"，反映的是"政府与企业的关系"，政府定价管制是政府对 IPO 市场进行控制的重要手段。

国有企业私有化的一个重要原因是政府对财政收入的需求（World Bank，1996；López-de-Silanes，1997）。迄今为止，学者比较一致地认为国有企业私有化和改革的最常见诱因是财政压力（Yarrow，1999）。中国股票市场建立的初衷是解决国有企业的经营效率低下问题，国有企业在 IPO 方面必然受到特殊照顾。阿哈罗尼、李和汪（2000）研究表明，受保护行业公司在被选择上市过程中受到政府优待，即股票市场监管者同样出于政治考虑而不是经济考虑给予国有公司优先上市的特权。吴联生和刘慧龙（2008）研究了 1994—2004 年国有企业改制上市的问题，研究发现尽管存续分立改制上市模式与公司上市后市场业绩表现负相关，但政府让存续分立模式的公司（政策性负担重的公司）筹集更多的资金，并且政府对存续分立公司的偏袒在"审批制"下比在"核准制"要严重。国有股权比例越高，政府与企业的联系越紧密，企业与证监会的关系也越紧密，因此在政府定价管制程度较高的情况下，国有股权比例越高，在上市过程中受到的政府优待也越多，从而抑制了经理人员对企业进行高效运作的积极性。所以说，国有股权给公司带来的诸多不利影响必然会影响上市后的市场表现。虽然一些效益不佳的国有企业在"政府帮助"下得以成功上市，但是长久以后，投资者对有关政府和国有企业的信息会掌握得越来越多，首发上市时投资者过度乐观的情绪也会慢慢地消退。因此，一些在上市过程中受到政府特殊照顾的绩劣的国有企业会被投资者识别出来。综上所述，我们预期随着政府定价管制程度的提高，国有股权比例与 IPO 长期收益率负相关关系会增强。据此，提出本章的假设 2。

假设 2：随着政府定价管制程度的提高，国有股权比例与 IPO 长期收益率负相关关系会增强。

## 12.3  检 验 模 型

本章使用模型（12-1）来检验假设 1：

$$CAR或BHAR = \beta_0 + \beta_1 GS + \beta_2 Control + \beta_3 AdjRet + \beta_4 VOL + \beta_5 UWR + \beta_6 Issue \\ + \beta_7 LNSize + \beta_8 Lev + \beta_9 ROA + \beta_{10} Growth + \beta_{11} Age + \tau \quad (12\text{-}1)$$

模型（12-1）中，$CAR$ 为两年期累计超额回报，即公司上市后第 6 个交易日到第 510 个交易日的累计超额回报（Ritter，1991；Chi and Padgett，2005；Fan et al.，2007）。在累计超额回报计算过程中，本章使用的市场回报是考虑现金红利再投资的综合日市场回报率（流通市值加权平均法）。其计算公式如下：

$$CAR_i = \left[ \sum_{t=6}^{\min(510,delist)} (r_{it} - r_{mt}) \right] \quad (12\text{-}2)$$

式中：$CAR_i$ 是公司 $i$ 的两年期累计超额回报；$delist$ 为退市日期，如果在此期间公司退市了，那么以退市日期为准；$r_{it}$ 是公司 $i$ 在 $t$ 交易日的收益率；$r_{mt}$ 是在 $t$ 交易日的综合市场收益率。另外，$BHAR$ 为买入并持有的两年期超常收益率，即公司上市后第 6 个交易日到第 510 个交易日的买入并持有的两年期超常收益率。其计算公式如下：

$$BHAR_i = \left[ \prod_{t=6}^{\min(510,delist)} (1+r_{it}) \right] - \left[ \prod_{t=6}^{\min(510,delist)} (1+r_{mt}) \right] \quad (12\text{-}3)$$

式中：$BHAR_i$ 是公司 $i$ 买入并持有的两年期超常收益率；市场回报仍然采用考虑现金红利再投资的综合日市场回报率（流通市值加权平均法）。参照里特（1991）、卡特等（1998）、迟和帕吉特（2005）以及郭泓和赵震宇（2006）的研究，本章也使用 $BHAR$ 来衡量公司上市后的市场表现。

$GS$ 是 IPO 后国有股权比例变量，用国有股股数除以总股数来表示。$GS$ 的估计系数表示国有股权与 IPO 长期收益率之间的关系，如果估计系数为负，表明国有股权与 IPO 长期收益率负相关；根据假设 1，国有股权比例越高，IPO 长期收益率越低，因此预计 *GS* 的估计系数显著为负。*Control* 为是否受到政府定价管制程度较高的虚拟变量。根据前文对制度背景的介绍可以看出，如果公司受到发行市盈率管制或窗口指导，表明公司的 IPO 受到政府定价管制程度较高。借鉴朱红军和钱友文（2010）的研究，如果某公司的 IPO 处于市盈率直接管制期，则 *Control*=1；如果在 2005—2009 年 5 月的放开时期，公司的发行市盈率受到窗口指导，则 *Control*=1[①]；如果不属于以上情况，则 *Control*=0。

根据已有文献和相关理论，模型（12-1）还控制了 IPO 抑价率（*AdjRet*）、公司未来现金流风险（*VOL*）、承销商声誉（*UWR*）、发行比例（*Issue*）、发行规模（*LNSize*）、资产负债率（*Lev*）、盈利能力（*ROA*）、公司成长性（*Growth*）、公司年限（*Age*）等因素。

*AdjRet* 为经过市场收益调整的首日收益率变量，其计算公式如下：

$$AdjRet_i = (P_{i1} - P_{i0}) / P_{i0} - (P_{m1} - P_{m0}) / P_{m0} \qquad (12-4)$$

式中：$AdjRet_i$ 是公司 $i$ 的首日超额回报率；$P_{i1}$ 是新股上市当天的收盘价；$P_{i0}$ 是新股的发行价；$P_{m1}$ 是新股上市当天的市场指数；$P_{m0}$ 是 IPO 新股发行日的市场指数。公式中市场指数使用上海、深圳两市 A 股流通市值加权平均指数作为市场回报（刘煜辉、熊鹏，2005）。迟和帕吉特（2005）发现 IPO 抑价率越高，长期收益率越低。但里特（1991）发现 IPO 抑价率与长期收益率不存在显著的相关性。因此，本章不对 *AdjRet* 的回归系数符号做出预测。

*VOL* 反映 IPO 公司未来现金流风险的变量，参照卡特等（1998）的研究，本章采用在 IPO 后第 6 个到第 260 个交易日期间，个股日回报率对截距项和上海、深圳两市 A 股流通市值加权平均指数的市场回报进行回归，残差用标准差处理后再乘以 100 得到。约翰逊和米勒（1988）认为，个股收益率的标准差可以体现公司未来现金流风险。卡特等（1998）与苏和邦萨（2011）发现公司未来现金流风险与长期收益率负相关。但郭泓和赵震宇（2006）与董等（2010）均没有发现公司未来现金流风险与长期收益率之间存在显著的相关性。因此，本章不对 *VOL* 的回归系数符号做出预测。

*UWR* 是承销商声誉变量，以各承销商在证券承销市场中的份额作为承销商声誉的衡量指标（Megginson and Weiss，1991），如果承销商声誉排在前 10 位，则 *UWR*=1，否则 *UWR*=0。卡特等（1998）、董等（2010）、苏和邦萨

---

① 这段期间窗口指导的市盈率上限为 30 倍，但 A+H 型新股发行，A 股定价只需不超过 H 股市场价（严小洋，2008；邹斌，2010）。

（2011）以及郭泓和赵震宇（2006）都发现承销商声誉越高，长期收益率也越高。因此，本章预计 *UWR* 的回归系数显著为正。

*Issue* 为发行比例，等于本次发行股数除以发行后总股数。苏和邦萨（2011）发现发行比例越高，长期收益率也越高。因此，本章预计 *Issue* 的回归系数显著为正。

*LNSize* 是发行规模变量，用实际募集资金的自然对数表示。关于发行规模与长期收益率之间的关系，已有研究的实证结果不完全一致。迟和帕吉特（2005）发现发行规模越大，长期收益率越低；苏和邦萨（2011）则发现发行规模越大，长期收益率越高；Carter 等（1998）没有发现发行规模与长期收益率之间存在显著的相关性。因此，本章不对 *LNSize* 的回归系数符号做出预测。

*Lev* 是资产负债率变量，用上市前一年末的总负债与总资产之比表示。姜国华和岳衡（2005）发现资产负债率与未来一年的超额回报率显著正相关。但樊等（2007）和高等（2009）发现资产负债率与累计超额回报没有存在一致的显著关系。因此，本章不对 *Lev* 的回归系数符号做出预测。

*ROA* 为盈利能力，用上市前一年末的净利润与总资产之比表示。豪根和贝克（1996）与科恩等（2002）均发现公司盈利能力与股票收益正相关。但法玛和弗兰齐（2008）研究表明，上述两项研究结论只在小公司样本中成立，对于微型公司和大公司不成立。郭泓、赵震宇（2006）与徐浩萍等（2009）也均发现盈利能力与长期回报率不存在显著的相关性。因此，本章不对 *ROA* 的回归系数符号做出预测。

*Growth* 是公司成长性变量，用上市前一年的主营业务收入增长率表示。拉科尼索克等（1994）发现销售收入增长率与股票收益负相关。但徐浩萍等（2009）发现销售收入增长率与长期回报率不存在显著的相关性。因此，本章不对 *Growth* 的回归系数符号做出预测。

*Age* 是公司年限变量，用公司成立到上市之间年限的自然对数表示。里特（1991）和董等（2010）均发现公司年限越长，长期收益率越大。但 Carter 等（1998）没有发现公司年限与长期收益率之间存在显著的相关性。因此，本章不对 *Age* 的回归系数符号做出预测。

除此以外，本章在进行回归时还进一步控制了行业因素。

本章使用模型（12-5）来检验假设 2：

$$CAR或BHAR = \beta_0 + \beta_1 GS + \beta_2 Control + \beta_3 GS \times Control + \beta_4 AdjRet + \beta_5 VOL + \beta_6 UWR \\ + \beta_7 Issue + + \beta_8 LNSize + \beta_9 Lev + \beta_{10} ROA + \beta_{11} Growth + \beta_{12} Age + \tau \quad (12\text{-}5)$$

模型（12-5）中依然将 *CAR* 和 *BHAR* 作为被解释变量，含义和取值方式与模型（12-1）一致。*GS* 和 *Control* 的含义和取值方式与模型（12-1）也一致。*GS* × *Control* 为 *GS* 与 *Control* 的交互项，*GS* × *Control* 的估计系数表示相对于政府定价管制程度较低的公司来说，国有股权能否降低政府定价管制程度较高的公司的 IPO 长期收益率，如果估计系数为负，则表明国有股权降低了政府定价管制程度较高公司的 IPO 长期收益率。根据假设 2，随着政府定价管制程度的提高，国有股权比例与 IPO 长期收益率负相关关系会增强，因此预计 *GS* × *Control* 的估计系数显著为负。另外，模型（12-5）中其余变量的定义均与模型（12-1）一致，而且在进行回归时进一步控制了行业因素。

# 12.4　样本和描述性统计

本章先选取 1990 年到 2011 年 6 月 30 日期间的 A 股上市公司为研究样本，然后对样本做了如下处理：①剔除金融行业的上市公司；②进一步剔除了在 CSMAR 数据库、CCER 数据库和招股说明书中缺失本章所需要指标的公司；③对所有连续变量进行了 Winsorize 处理，令其小于 1% 分位数等于 1% 分位数和大于 99% 分位数等于 99% 分位数。最后，本章得到了 1452 个观测值。本章所需要的数据来源于 CSMAR 数据库、CCER 数据库和招股说明书。

表 12-1 报告了全样本的描述性统计。两年期累计超额回报（*CAR*）的平均值（中位数）为 0.108（0.082），最小值（最大值）为 -0.973（1.512），说明我国上市公司 IPO 长期收益率整体上为正，虽然累计超额回报的最大值达到了 151.2%，但也出现了新股弱势问题。国有股权比例（*GS*）的平均值（中位数）为 0.397（0.480），最小值（最大值）为 0.000（0.840），表明我国上市公司的国有股权比例较高，但不同公司之间的差异也较大。受到政府定价管制程度较高（*Control*）的平均值为 0.751，表明大约有 75.1% 公司受到政府定价管制的程度较高。IPO 抑价率（*AdjRet*）的平均值（中位数）为 1.256（1.087），最小值（最大值）为 -0.093（4.389），说明我国 IPO 抑价现象较为严重，但也有个别公司首日破发。

表 12-1　描述性统计

|  | 均值 | 中位数 | 标准差 | 最小值 | 25% | 75% | 最大值 |
|---|---|---|---|---|---|---|---|
| CAR | 0.108 | 0.082 | 0.466 | −0.973 | −0.213 | 0.385 | 1.512 |
| GS | 0.397 | 0.480 | 0.284 | 0.000 | 0.032 | 0.644 | 0.840 |
| Control | 0.751 | 1.000 | 0.433 | 0.000 | 1.000 | 1.000 | 1.000 |
| AdjRet | 1.256 | 1.087 | 0.872 | −0.093 | 0.668 | 1.639 | 4.389 |
| VOL | 2.169 | 2.134 | 0.667 | 0.976 | 1.694 | 2.646 | 3.929 |
| UWR | 0.688 | 1.000 | 0.464 | 0.000 | 0.000 | 1.000 | 1.000 |
| Issue | 0.293 | 0.281 | 0.079 | 0.058 | 0.250 | 0.345 | 0.481 |
| LNSize | 19.534 | 19.464 | 0.946 | 17.728 | 18.973 | 19.938 | 23.440 |
| Lev | 0.560 | 0.584 | 0.143 | 0.142 | 0.477 | 0.662 | 0.942 |
| ROA | 0.100 | 0.088 | 0.057 | 0.010 | 0.061 | 0.125 | 0.325 |
| Growth | 0.278 | 0.180 | 0.471 | −0.482 | 0.048 | 0.385 | 2.938 |
| Age | 1.083 | 1.099 | 0.782 | 0.000 | 0.000 | 1.609 | 2.773 |

表 12-2 对 IPO 长期收益率（CAR）进行了单变量检验。本章根据国有股权比例的中位数（0.480）将样本区分为低国有股权公司（GS ≤ 0.480）和高国有股权公司（GS>0.480）。从全样本的检验结果来看，低国有股权公司与高国有股权公司的 IPO 长期收益率的平均值之差和中位数之差分别为 0.097、0.092，均在 1% 水平上显著为正。检验结果表明，低国有股权公司 IPO 长期收益率可能大于高国有股权公司。进一步地，本章将上述结果是否会受到政府定价管制程度的影响进行检验。政府定价管制程度较低时的检验结果显示，低国有股权公司 IPO 长期收益率的平均值（中位数）与高国有股权公司没有显著差异。然而，政府定价管制程度较高时的检验结果显示，低国有股权公司 IPO 长期收益率的平均值（中位数）显著大于高国有股权公司，这表明政府定价管制较高时，低国有股权公司 IPO 长期收益率可能大于高国有股权公司。分样本检验的结果表明，较高程度的政府定价管制使低国有股权公司 IPO 长期收益率更加大于高国有股权公司。

### 表 12-2 两类公司 IPO 长期收益率比较

| | 低国有股权公司 | | 高国有股权公司 | | 低国有股权与高国有股权 | |
|---|---|---|---|---|---|---|
| | 平均值 | 中位数 | 平均值 | 中位数 | 平均值之差<br>（ $t$ 检验） | 中位数之差<br>（符号秩检验） |
| 全样本 | 0.160 | 0.130 | 0.063 | 0.038 | 0.097<br>(3.76)*** | 0.092<br>(3.39)*** |
| 政府定价管制程度较低 | 0.019 | −0.017 | −0.014 | 0.001 | 0.033<br>0.67 | −0.018<br>−0.17 |
| 政府定价管制程度较高 | 0.208 | 0.166 | 0.089 | 0.073 | 0.119<br>(4.02)*** | 0.093<br>(3.74)*** |

注： ***、**、* 分别表示在 1%、5% 和 10% 水平上显著。

表 12-3 报告了全样本变量之间的相关系数。其中，左下方为皮尔森相关系数，右上方为斯皮尔曼相关系数。从表 12-3 可以看出：GS 与 CAR 显著负相关，表明公司国有股权比例越高，IPO 长期收益率越低；Control 与 CAR 显著正相关，表明政府定价管制程度较高时的 IPO 长期收益率高于政府定价管制程度较低时。模型（12-1）的自变量之间不存在高度的相关关系，以 VIF 检验多重共线性的值均小于 2，因此多重共线性对回归结果的影响较小。

### 表 12-3 皮尔森（斯皮尔曼）相关系数

| | CAR | GS | Control | AdjRet | VOL | UWR | Issue | LNSize | Lev | ROA | Growth | Age |
|---|---|---|---|---|---|---|---|---|---|---|---|---|
| CAR | | −0.095*** | 0.130*** | −0.097*** | 0.266*** | 0.058** | −0.092*** | −0.159*** | −0.055** | 0.113*** | 0.067** | −0.071** |
| GS | −0.113*** | | 0.010 | −0.022 | −0.254*** | 0.043 | −0.026 | 0.225*** | 0.066** | −0.072*** | −0.200*** | −0.432*** |
| Control | 0.132*** | 0.016 | | −0.030 | 0.228*** | −0.090*** | −0.046* | −0.351*** | −0.039 | 0.104*** | 0.044 | −0.212*** |
| AdjRet | −0.076*** | −0.015 | −0.029 | | 0.016 | −0.039 | 0.073*** | −0.302*** | −0.065** | 0.036 | 0.041 | −0.023 |
| VOL | 0.268*** | −0.255*** | 0.221*** | 0.068** | | −0.031 | −0.287*** | −0.434*** | −0.034 | 0.060** | 0.190*** | 0.023 |
| UWR | 0.058** | 0.041 | −0.090*** | −0.031 | −0.035 | | −0.053* | 0.068** | 0.013 | 0.000 | −0.051* | −0.047* |
| Issue | −0.056** | −0.035 | −0.023 | 0.069** | −0.232*** | −0.066** | | 0.030 | 0.032 | −0.035 | −0.054* | −0.004 |
| LNSize | −0.165*** | 0.214*** | −0.353*** | −0.294*** | −0.334*** | 0.074*** | −0.133*** | | 0.126*** | 0.043 | −0.089*** | 0.071** |
| Lev | −0.054* | 0.064** | −0.067** | −0.058** | −0.051* | 0.014 | 0.016 | 0.166*** | | −0.468*** | 0.013 | −0.069*** |
| ROA | 0.078*** | −0.080*** | 0.079*** | 0.026 | 0.060** | 0.011 | −0.025 | 0.005 | −0.486*** | | 0.155*** | −0.172*** |
| Growth | 0.078*** | −0.168*** | 0.064** | 0.074*** | 0.145*** | −0.012 | −0.046 | −0.101*** | 0.015 | 0.106*** | | 0.085*** |

| | CAR | GS | Control | AdjRet | VOL | UWR | Issue | LNSize | Lev | ROA | Growth | Age |
|---|---|---|---|---|---|---|---|---|---|---|---|---|
| Age | −0.064** | −0.402*** | −0.227*** | −0.023 | 0.022 | −0.045 | 0.004 | 0.088*** | −0.040 | −0.170*** | 0.016 | |

注：左下方为皮尔森相关系数，右上方为斯皮尔曼相关系数，***、**、* 分别表示在 1%、5% 和
10% 水平上显著。

## 12.5　检　验　结　果

表 12-4 报告了模型（12-1）和模型（12-5）的回归结果，其中被解释变
量是 IPO 两年期累计超额回报（CAR）。模型 1 的回归结果显示，GS 的估计
系数为 −0.123，在 5% 水平上显著为负，表明国有股权比例与 IPO 两年期累计
超额回报负相关，该结果支持了假设 1。模型 2 的回归结果表明，Control 的
估计系数为 0.122，在 5% 水平上显著为正，表明政府定价管制程度较高时的
IPO 两年期累计超额回报高于政府定价管制程度较低时；GS × Control 的估计
系数为 −0.233，在 5% 水平上显著为负，表明当政府定价管制程度较高时，国
有股权比例的提高能够显著降低 IPO 两年期累计超额回报，该结果支持了假
设 2。模型 3 报告了政府定价管制程度较低样本的回归结果，结果显示 GS 的
估计系数为负但不显著，表明当政府定价管制程度较低时，公司的国有股权比
例与 IPO 两年期累计超额回报不存在显著的相关性。模型 4 报告了政府定价
管制程度较高样本的回归结果，结果显示 GS 的估计系数为 −0.153，在 5% 水
平上显著为负，表明当政府定价管制程度较高时，国有股权比例的提高能够显
著降低 IPO 两年期累计超额回报，该结果进一步验证了假设 2。

表 12-4　模型（12-1）和模型（12-5）的回归结果

| | 模型 1 | | 模型 2 | | 模型 3 | | 模型 4 | |
|---|---|---|---|---|---|---|---|---|
| | 全样本 | | 全样本 | | Control=0 | | Control=1 | |
| | 估计系数 | t 值 | 估计系数 | t 值 | 估计系数 | t 值 | 估计系数 | t 值 |
| 截距项 | 0.977 | 2.68*** | 0.952 | 2.60*** | 1.579 | 2.03** | 0.744 | 1.73* |
| GS | −0.123 | −2.21** | 0.057 | 0.59 | −0.019 | −0.17 | −0.153 | −2.39** |
| Control | 0.035 | 1.03 | 0.122 | 2.14** | | | | |

续表

| | 模型 1 全样本 | | 模型 2 全样本 | | 模型 3 Control=0 | | 模型 4 Control=1 | |
|---|---|---|---|---|---|---|---|---|
| | 估计系数 | t 值 | 估计系数 | t 值 | 估计系数 | t 值 | 估计系数 | t 值 |
| $GS \times Control$ | | | −0.233 | −2.25*** | | | | |
| $AdjRet$ | −0.070 | −4.52*** | −0.073 | −4.73*** | −0.054 | −1.78* | −0.081 | −4.58*** |
| $VOL$ | 0.142 | 6.60*** | 0.148 | 6.86*** | 0.081 | 1.83* | 0.192 | 7.12*** |
| $UWR$ | 0.067 | 2.64*** | 0.066 | 2.57** | 0.036 | 0.60 | 0.074 | 2.57** |
| $Issue$ | 0.045 | 0.24 | 0.054 | 0.29 | −0.654 | −1.86* | 0.242 | 1.11 |
| $LNSize$ | −0.060 | −3.53*** | −0.064 | −3.72*** | −0.077 | −2.08** | −0.055 | −2.69*** |
| $Lev$ | 0.026 | 0.23 | 0.046 | 0.40 | 0.079 | 0.30 | 0.050 | 0.39 |
| $ROA$ | 0.419 | 1.56 | 0.484 | 1.78* | 1.394 | 2.37** | 0.295 | 0.95 |
| $Growth$ | 0.019 | 0.62 | 0.018 | 0.61 | 0.130 | 2.31** | 0.003 | 0.09 |
| $Age$ | −0.042 | −2.26** | −0.040 | −2.19** | −0.120 | −2.75*** | −0.022 | −1.06 |
| 行业控制 | 已控制 | | 已控制 | | 已控制 | | 已控制 | |
| $R^2$ | 0.136 | | 0.139 | | 0.137 | | 0.148 | |
| $F$ 值 | 10.27*** | | 10.06*** | | 5.10*** | | 8.17*** | |
| 样本量 | 1303 | | 1303 | | 325 | | 978 | |

注：被解释变量为 $CAR$；标准误差经公司聚类和异方差调整；***、**、* 分别表示在 1%、5% 和 10% 水平上显著。

表 12-5 报告了被解释变量为买入并持有的 IPO 两年期超常收益率（$BHAR$）的回归结果。模型 1 的回归结果表明，$GS$ 的估计系数为 −0.154，在 10% 水平上显著为负，表明国有股权比例越高，买入并持有的 IPO 两年期超常收益率越低，该结果同样支持了假设 1。模型 2 的回归结果表明，$GS \times Control$ 的估计系数为 −0.288，在 10% 水平上显著为负，表明相对于没有受到政府定价管制的公司来说，国有股权降低了受到政府定价管制公司的买入并持有的 IPO 两年期超常收益率，该结果同样支持了假设 2。模型 3 的回归结果表明，$GS$ 的估计系数为负但不显著，表明未受政府定价管制公司的国有股权比例与买入并持有的 IPO 两年期超常收益率不存在显著的相关性。关于模型 4 的回归结果表明，$GS$ 的估计系数为 −0.181，在 5% 水平上显著为负，表明受到政府定价管制公司的国有股权比例越高，买入并持有的 IPO 两年期超常收益率越

低，该结果同样进一步验证了假设 2。另外，控制变量的估计系数和符号与表 12-4 的回归结果基本一致。

表 12-5　BHAR 的回归结果

| | 模型 1 | | 模型 2 | | 模型 3 | | 模型 4 | |
|---|---|---|---|---|---|---|---|---|
| | 全样本 | | 全样本 | | *Control*=0 | | *Control*=1 | |
| | 估计系数 | *t* 值 | 估计系数 | *t* 值 | 估计系数 | *t* 值 | 估计系数 | *t* 值 |
| 截距项 | 0.624 | 1.26 | 0.592 | 1.19 | 1.119 | 1.06 | 0.626 | 1.05 |
| *GS* | −0.154 | −1.94* | 0.068 | 0.47 | −0.051 | −0.31 | −0.181 | −2.00** |
| *Control* | 0.099 | 2.03*** | 0.207 | 2.42** | | | | |
| *GS*×*Control* | | | −0.288 | −1.90* | | | | |
| *AdjRet* | −0.070 | −2.99*** | −0.073 | −3.16*** | −0.002 | −0.04 | −0.102 | −3.79*** |
| *VOL* | 0.108 | 3.28*** | 0.115 | 3.48*** | 0.045 | 0.67 | 0.165 | 3.93*** |
| *UWR* | 0.058 | 1.53 | 0.056 | 1.47 | 0.052 | 0.65 | 0.061 | 1.38 |
| *Issue* | 0.453 | 1.75* | 0.464 | 1.79* | −0.726 | −1.64 | 0.811 | 2.64 *** |
| *LNSize* | −0.051 | −2.20** | −0.056 | −2.38** | −0.054 | −1.02 | −0.060 | −2.14** |
| *Lev* | 0.069 | 0.42 | 0.094 | 0.56 | 0.053 | 0.14 | 0.146 | 0.78 |
| *ROA* | 0.673 | 1.82* | 0.754 | 2.01** | 1.401 | 1.67* | 0.734 | 1.70* |
| *Growth* | 0.026 | 0.55 | 0.026 | 0.54 | 0.153 | 1.83* | 0.004 | 0.08 |
| *Age* | −0.041 | −1.56 | −0.039 | −1.49 | −0.145 | −2.37** | −0.011 | −0.36 |
| 行业控制 | 已控制 | | 已控制 | | 已控制 | | 已控制 | |
| $R^2$ | 0.075 | | 0.078 | | 0.083 | | 0.082 | |
| *F* 值 | 4.91*** | | 4.77*** | | 3.37*** | | 3.71*** | |
| 样本量 | 1303 | | 1303 | | 325 | | 978 | |

注：被解释变量为 *BHAR*；标准误差经公司聚类和异方差调整；***、**、* 分别表示在 1%、5% 和 10% 水平上显著。

另外，本章还从以下几个方面进行稳健性检验以提高结论的可靠性：①根据国有股权比例的中位数（0.48）设置虚拟变量 *HGS*，若 *GS*>0.48，则 *HGS* 取 1，否则取 0。然后，将 *HGS* 代替 *GS* 重新运行模型（12-1）和模型（12-5）。②使用不同的市场回报，可能会有不同的结果，在计算公司未来现金流风险（*VOL*）、累计超额回报和买入并持有的超常收益率的过程中，也使用沪深两市 A 股总市值加权平均指数作为市场回报。③樊等（2007）的研究中关于累计超额回报的回归模型中控制了 *M/B*（市场价值/账面价值）和 *Size*。本章将模型（12-1）和模型（12-5）中的 *Growth* 用 *M/B* 替代，*LNSize* 用 *Size* 替代。上述稳健性检验结果均不会改变本章的研究结论。

## 12.6　研究结论与政策建议

　　国有企业私有化改革的资源配置效率问题是国有企业改革和证券市场发展过程中需要予以关注的重要问题。目前，很少有研究关注国有股权与 IPO 长期收益率之间的关系，并且它们没有考虑政府定价管制对国有股权与 IPO 长期收益率之间关系的影响问题。本章运用 1990 年至 2009 年 6 月 23 日的中国 A 股 IPO 公司数据，研究了国有股权对 IPO 长期收益率的影响，并且进一步研究了政府定价管制程度对国有股权与 IPO 长期收益率之间关系的影响。研究结果表明：我国上市公司 IPO 长期收益率整体上为正；国有股权比例越高，IPO 长期收益率越低；相对于政府定价管制程度较低公司来说，国有股权降低了政府定价管制程度较高公司的 IPO 长期收益率。这一研究结论归因于国有股权比例越高的公司受到了越多的政府干预，而政府的行政干预又带来大量寻租空间，因此使国有企业承受了许多额外的成本和社会性负担，制约了企业公司治理水平的提高和经营业绩的改善。因此，国有股权的大量存在损害了股票投资者的长期收益率，这将很难吸引中长期投资者入市，不利于我国资本市场的健康发展。本章深化了国有股权对 IPO 长期收益率的影响方面的研究，有助于认识国有企业私有化过程中的政府行为及其影响，也有助于理解中国证券市场发展过程中政府、企业与市场之间的关系。

　　另外，基于上述研究结论，笔者建议政府继续运用公开发行股票的方式对国有企业进行私有化改革，减少国有股权比例，而非主要通过协议转让方式实现国有股减持。同时，行政干预可能影响 IPO 上市效率和股票市场的资源配置效率，将很多优质公司排斥在中国股票市场之外，许多优质公司可能因为"逆向选择"而放弃上市计划，使中国股票市场成为经济学意义上的"柠檬市场"。因此，政府应该减少对 IPO 市场的股票发行和定价管制，以及对国有企业的直接行政管制，而代之以提供市场规则，维护市场秩序，继续完善证券发行机制和公司治理机制。

# 第13章 所得税率、所有权性质与债务结构

本章研究了所得税率对公司债务结构①的影响，并考察了这种影响在国有控股公司和非国有控股公司之间的差异。

## 13.1 问 题 提 出

税收与资本结构的关系是资本结构理论研究的核心内容之一。研究税收对公司资本结构决策影响的文献主要存在两大思路：一是研究税收如何影响公司在债务融资和股权融资之间的选择；二是研究税收如何影响公司在不同类型的债务融资方式之间的选择，即税收对债务结构的影响。本章试图考察公司所得税率对其债务来源结构和有息债务的期限结构的影响，并比较这种影响在国有和非国有控股公司之间的差异。可见，本章采用了第二种研究税收与资本结构关系的思路。

从某种意义上讲，考察税收对债务结构的影响是对税收如何影响公司在债务融资和股权融资之间的选择研究的进一步推进。因为如果只是为了获得特定金额的税盾，公司完全可以通过调整债务结构来实现，而未必需要改变债务与权益之间的比例关系。这或许可以在一定程度上解释为什么有部分文献未能发现公司税率与企业债务比例之间存在显著的正相关关系（Bradley et al., 1984; Titman and Wessels, 1988）。尽管后续的一些文献通过选择独特的事件或方法解决了税收与资本结构研究中的内生性问题，并且提供了与理论预期相符的经验证据（Givoly et al., 1992; 吴联生、岳衡，2006; Wu et al., 2009; 王跃堂等，2010），但是本章还是需要考察税收如何影响公司在不同的债务融资方式之间的选择。

① 基金项目：教育部人文社科基金项目（15YJC790101、16YJC790001）；国家自然科学基金青年项目（71502161）。

　　单位债务的税盾大小取决于利率和税率两个因素，因此现有文献主要从"利率"和"税率"两个角度研究了税收对债务期限结构的影响。首先，利率与债务期限结构方面。布里克和拉维德（1985）认为，利率曲线斜率越大，债务期限越长。纽伯里和诺瓦克（1999）提供的证据支持了这种观点。然而，大多数文献并不支持这种观点（Graham，2008），如巴雷莱和史密斯（1995）、斯托斯和毛尔（1996）、格德斯和奥普勒（1996）与哈伍德和曼宗（1998）等。埃梅里等（1998）分析了利率波动对债务期限的影响，认为利率波动幅度越大，债务期限将越长。其次，税率与债务期限结构方面。凯恩等（1985）的理论模型分析认为，如果公司债务期限较长，则资本结构调整频率较低，可以节省交易成本，这使税率较低的债务税盾可以弥补交易成本，因而税率与债务期限负相关。斯托斯和毛尔（1996）与洛佩兹－格拉西亚和麦斯特－巴贝拉（2010）等提供的证据支持了这种观点。然而，斯科尔斯和沃尔夫森（1992）认为，尽管长期债务可以降低资本结构调整的交易成本，但是发行长期债务会使公司面临很高的风险，并非所有的公司都能够承担这种风险，边际税率较高的企业发行长期债务能够获得较多的税盾收益，边际税率较低的企业能获得的税盾收益却较少，因此边际税率与债务期限正相关。哈伍德和曼宗（1998）与纽伯里和诺瓦克（1999）提供的证据支持了这种观点。

　　不难看出，税收是否以及会如何影响债务结构，现有文献并没有取得一致的结论。本章认为，产生这种不一致的原因除了税收对债务期限结构的影响的确可能存在不同的作用机制以外，另一个重要的原因可能在于这些文献基本是考察实际税率或边际税率对债务期限结构的影响。格拉姆（2008）指出，实际税率或边际税率计算得再精确，也难以避免资本结构与实际税率或边际税率之间的内生性问题。因此，这些文献所使用的税率指标与债务期限结构之间的内生性问题也可能是导致现有文献没有取得一致结论的重要原因。此外，现有文献很少考察税收对债务来源结构的影响。并不是所有的债务都能够产生税盾，有些债务能够产生利息，还有很多债务没有利息。可见，从债务税盾的角度来看，税收对债务来源结构应该具有重要影响，但尚无文献对此问题进行研究。不仅如此，不同类型的企业面临的融资环境也不太一样，这意味着不同类型企业融资的交易成本会不太一样，而资本结构调整成本会影响到税收与债务结构之间的关系（Kane et al., 1985）。大量的研究表明，我国非国有控股公司面临严重的融资歧视，非国有控股公司从银行获得借款和公开发行债券非常困难（Brandt and Li, 2003; Allen, 2005），国有控股公司和非国有控股公司的税收筹划动力也存在显著差异（王跃堂等，2010）。因此，税收对债务结构的影响在国有控股公司和非国有控股公司之间可能存在重要差异，但尚无文献对此问题展开研究。

在中国，由于各种各样税收优惠制度的存在，企业之间在法定税率上差异很大。这为本章更好地研究税率对债务结构的影响提供了机会。因为与模拟出的实际税率或边际税率不同，法定税率对于公司的债务结构来说是一个外生变量，因而可以避免在考察实际税率或边际税率对债务结构的影响过程中所可能存在的严重的内生性问题。然而，尚无文献研究公司法定所得税率对中国上市公司债务结构的影响。本章收集了中国 A 股非金融类上市公司 1999—2014 年 19 852 个公司年度数据作为样本，考察了公司法定所得税率对公司债务期限结构和债务来源结构的影响及其在国有控股公司和非国有控股公司之间的差异。研究结果表明：税率越高，公司有息债务占总负债的比例就越高，并且这种关系在国有控股公司中更加明显；税率越高，公司有息债务中长期债务的比例就越高，并且这种关系在非国有控股公司中更加明显。上述证据表明，公司的确会因利息的税盾作用而调整债务结构，但是国有控股公司和非国有控股公司面临的融资环境不同，因此国有控股公司和非国有控股公司在利用债务税盾作用调整债务结构的过程中存在显著的差异。

不难看出，本章通过研究公司法定所得税率对公司债务期限结构和债务来源结构的影响，并比较其在国有控股公司和非国有控股公司之间的差异，丰富和深化了税收与资本结构方面的研究。不仅如此，还说明了公司法定所得税率对公司债务期限结构和债务来源结构的影响在国有控股公司和非国有控股公司之间的差异，揭示了国有控股公司和非国有控股公司之间因融资环境不同而产生的财务行为差异。因此，本章可以丰富人们对中国不同产权类型公司财务决策行为之间差异的认识。

## 13.2　理论分析与研究假设

经典资本结构理论表明，公司税率影响债务结构，原因在于债务的利息具有抵税作用（Modigliani and Miller, 1963）。公司税率越高，越有可能进行债务融资，格拉姆（2008）用模型推导也得出了税率和债务融资之间的正向关系。仅从这个角度来考虑，公司最优负债率应为 100%。然而，由于破产成本等的存在，公司的最优负债率实际上低于 100%。

具体来说，单位债务的税盾大小取决于两个因素：利率和税率。利率越高，意味着单位债务所产生的可以抵扣应税利润的利息就越多；税率越高，意味着单位利息所形成的税盾就越多。因此，随着税率的提高，公司债务中有息债务的比例会上升。然而，税率对有息债务比例的影响会受到债务结构调整成本的影响。凯恩等（1985）认为，资本结构调整成本是影响税率与资本结构关系的重要因素。如果资本结构调整的交易成本过高，则可能使有息债务带来的税盾净收益较小，甚至不能弥补资本结构调整的交易成本，此时税率对债务中有息债务比率的影响就会较小。我国大多数银行是国有控制的银行，债券发行市场也受到政府高度控制，这意味着政府能够对企业通过银行或者公开发行债券的机会和成本产生重大影响。国有控股公司的最终控制人为政府，其与政府的关系要比非国有控股公司更加密切，因而通过银行或者公开发行债券时更加容易得到政府的支持，获得更多的融资机会和降低融资交易成本。有很多的研究表明，非国有控股公司因遭受融资歧视导致其进行债务结构调整的交易成本比国有控股公司要高得多。因此，从这一角度来看，税率对公司债务中有息债务比例的影响在国有控股公司中会更大。税率与公司债务中有息债务比例之间的关系不仅会受到债务结构调整成本的影响，还可能受到公司税收筹划动机的影响。显然，如果公司不怎么在意债务的税盾作用，或者公司进行税务筹划的成本较高，则公司不太可能利用债务的税盾作用。与非国有控股公司不同，国有控股股东的最终控制人——政府既是企业的所有者，又是税收收益的所有者，并且国有控股公司目标函数比较复杂，要实现大量的社会性目标，对利润的追求动力不如非国有控股公司，这会导致国有控股公司进行税收筹划的动机较弱。此外，从企业管理者角度看，国有企业管理者背负着大量的行政职责，对外披露的财务报告利润是其政绩的重要表现方式，直接关系到管理者的升迁。而非国有企业管理者往往是大股东，其自身的经济利益与公司价值最大化的目标密切相关。依据斯科尔斯等（1992）的有效税务筹划理论，国有企业管理者进行税收筹划面临着更高的财务报告成本，而非国有企业面对的财务报告成本要低很多。因此，与非国有控股公司相比，国有控股公司进行税收筹划的动机较弱。王跃堂等（2010）表达了类似的观点，指出国有控股公司较非国有控股公司在税收筹划行为上会更为保守。因此，从这一角度看，税率对公司债务中有息债务比例的影响在国有控股公司中会更小。根据以上分析，关于税率与公司债务中有息债务比例之间的关系，本章可以提出下述一组假说。

$H_{1a}$：法定所得税率与公司债务中有息债务的比例正相关，且这种正相关关系在国有控股公司中更加明显。

$H_{1b}$：法定所得税率与公司债务中有息债务的比例正相关，且这种正相关关系在非国有控股公司中更加明显。

关于税率对债务期限结构的影响，存在两种截然相反的理论。一种理论认为，税率与债务期限结构负相关（Kane et al., 1985）。理由是较长的债务期限能够降低资本结构调整频率，节省交易成本，这使税率较低时产生的较少债务税盾依然可以弥补交易成本，因而税率与债务期限负相关。这一理论得到了斯托斯和毛尔（1996）与洛佩兹 – 格拉西亚和麦斯特 – 巴贝拉（2010）等提供的证据的支持。另一种理论认为，税率与债务期限结构正相关（Scholes and Wolfson, 1992）。原因在于发行长期债务会使公司面临很高的风险，并非所有的公司都能够承担这种风险，边际税率较高的企业发行长期债务能够获得较多的税盾收益，而边际税率较低的企业发行长期债务能获得的税盾收益较少，因此税率与债务期限是正相关关系。这一理论同样得到了一定程度经验证据的支持（Harwood and Manzon, 1998; Newberry and Novack, 1999）。一方面，由于非国有控股公司在中国遭受了融资歧视，尤其是在获得长期债务融资方面（方军雄，2007；肖泽忠、邹宏，2008；郭泽光等，2015；邵传林、邵姝静，2016；杨亚林、马如飞，2016），这使长期债务交易成本的节约作用在非国有控股公司中可能不如国有控股公司明显，因而非国有控股公司对长期有息债务通过节省交易成本而弥补税率较低情况下税盾较小的功能的需求会较小。根据凯恩等（1985）的理论，这会使法定所得税率和债务期限的税率与债务期限的负相关关系在国有控股公司中更加明显。另一方面，由于政府是国有控股公司的最终控制人，借款人对国有控股公司的还款约束能力较弱。国有控股公司在难以偿还银行借款时，政府出于社会稳定等方面的考虑，通常不愿意国有控股公司破产，所以长期借款带来的风险问题在非国有控股公司中更加严重。根据斯科尔斯和沃尔夫森（1992）的理论，法定所得税率和债务期限的税率与债务期限的正相关关系在非国有控股公司中会更加明显。根据以上分析，法定所得税率与公司有息债务中短期债务比例之间究竟是负相关关系还是正相关关系取决于上述两种理论所分析的效应哪一种会占主导地位，本章事前难以判断哪一种效应会占主导地位，因而可以提出如下一组假说。

$H_{2a}$：法定所得税率与公司有息债务中短期债务的比例正相关，且这种正相关关系在国有控股公司中更加明显。

$H_{2b}$：法定所得税率与公司有息债务中短期债务的比例负相关，且这种负相关关系在非国有控股公司中更加明显。

# 13.3 检 验 模 型

本章使用模型（13-1）和模型（13-2）检验 $H_{1a}$ 和 $H_{1b}$，使用模型（13-3）和模型（13-4）检验 $H_{2a}$ 和 $H_{2b}$：

$$DS_t=\gamma_0+\gamma_1 TR_t+\gamma_2 NSOE_t+\gamma_3 First_t+\gamma_4 Size_t+\gamma_5 BA_t+\gamma_6 CFA_t+\gamma_7 ROA_t+\gamma_8 Lose_t+\gamma_9 q_t+\gamma_{10}Market+\sum Industry\ Indicator+\sum Year\ Indicator +\zeta \quad （13-1）$$

$$DS_t=\gamma_0+\gamma_1 TRDum_t+\gamma_2 TRDum_t*NSOE_t+\gamma_3 NSOE_t+\gamma_4 First_t+\gamma_5 Size_t+\gamma_6 BA_t+\gamma_7 CFA_t+\gamma_8 ROA_t+\gamma_9 Lose_t+\gamma_{10} q_t+\gamma_{11}Market+\sum Industry\ Indicator+\sum Year\ Indicator+\zeta \quad （13-2）$$

$$DM_t=\beta_0+\beta_1 TR_t+\beta_2 NSOE_t+\beta_3 First_t+\beta_4 Size_t+\beta_5 BA_t+\beta_6 CFA_t+\beta_7 ROA_t+\beta_8 Lose_t+\beta_9 q_t+\gamma_{10}Market+\sum Industry\ Indicator +\sum Year\ Indicator +\varepsilon \quad （13-3）$$

$$DM_t=\beta_0+\beta_1 TRDum_t+\beta_2 TRDum_t*NSOE_t+\beta_3 NSOE_t+\beta_4 First_t+\beta_5 Size_t+\beta_6 BA_t+\beta_7 CFA_t+\beta_8 ROA_t+\beta_9 Lose_t+\beta_{10} q_t+\gamma_{11}Market+\sum Industry\ Indicator +\sum Year\ Indicator+\varepsilon \quad （13-4）$$

式中：$DS$ 为债务来源结构变量，衡量了公司债务中有息债务与无息债务的结构关系，其值等于（短期借款＋长期借款＋应付债券＋一年内到期的非流动负债）/总负债；$DM$ 为债务期限结构变量，衡量了公司有息债务中长短期债务的结构关系，其值等于短期借款/（短期借款＋长期借款＋应付债券＋一年内到期的非流动负债）[1]；$TR$ 为上市公司作为纳税主体所适用的法定所得税率；$TRDum$ 为税率虚拟变量，衡量公司所得税率高低，如果公司法定所得税率大于样本法定所得税率的中位数 15%，则取 1，否则取 0；$NSOE$ 为最终控制人性质虚拟变量，如果最终控制人为非国有产权主体，则 $NSOE=1$，否则 $NSOE=0$；$TRDum*NSOE$ 为变量 $TRDum$ 和 $NSOE$ 的交互项。本章没有设置 $TR$ 和 $NSOE$ 的交互项，是因为发现 $TR$、$NSOE$ 与 $TR*NSOE$ 在回归过程中的共线性问题比较严重，这样可能会对本章获得正确的结论产生不利影响。而

---

[1] 我们没有将一年内到期的非流动负债归为短期有息债务，是因为本章是从利息税盾作用的角度去考察债务结构的，尽管一年内到期的非流动负债从"期限"的角度看的确属于短期债务，但其利率仍是按长期债务计算的。根据本章的研究目的，将一年内到期的非流动负债划为长期债务更为合适。

*TRDum*、*NSOE* 和 *TRDum\*NSOE* 之间的共线性问题较小，所以本章设置了 *TRDum* 和 *TRDum\*NSOE* 来避免共线性问题。

根据现有文献，股权结构、资产规模、资产结构、现金流、盈利状况、投资机会、公司所处地区的制度环境等因素会影响公司的资本结构或债务结构（肖作平、廖理，2008；Goyal et al., 2001；孙铮等，2005；陈建林，2016），因此本章还设置了这方面的变量，以控制这方面因素的影响。具体地，*First* 为股权结构方面的变量，其值为第一大股东持股比例；*Size* 为公司规模变量，它等于年末资产总额的自然对数；*BA* 为资产结构变量，它等于在建工程除以年末总资产；*CFA* 为经营活动产生的现金流量净额除以年末总资产；*ROA* 为公司盈利能力，它等于净利润除以年末总资产；*Lose* 为 1 或 0，如果净利润小于 0，则取 1，否则取 0；托宾 q 衡量了企业的投资机会[①]；*Market* 为公司所处地区市场化程度指数。考虑到各地市场化指数及其排名相对而言比较稳定，因此本章将樊纲等（2011）研究提供的各年"地区市场化进程指数"取平均值得到 *Market*[②]。此外，本章还控制了年度和行业效应这两个变量。

根据 H$_{1a}$，本章预期：模型（13-1）中 *TR* 的回归系数显著为正；模型（13-2）中 *TRDum* 的回归系数显著为正，*TRDum\*NSOE* 的回归系数显著为负。根据 H$_{1b}$，本章预期：模型（13-1）中 *TR* 的回归系数显著为正；模型（13-2）中 *TRDum* 的回归系数显著为正，*TRDum\*NSOE* 的回归系数显著为正。根据 H$_{2a}$，本章预期：模型（13-3）中 *TR* 的回归系数显著为正；模型（13-4）中 *TRDum* 的回归系数显著为正，*TRDum\*NSOE* 的回归系数显著为负。根据 H$_{2b}$，本章预期：模型（13-3）中 *TR* 的回归系数显著为负；模型（13-4）中 *TRDum* 的回归系数显著为负，*TRDum\*NSOE* 的回归系数显著为负。

---

[①] 股权分置给本章按照正常方法计算托宾 q 带来了困难，本章以流通股价格的 40% 来代表非流通股价格，进而算出托宾 q。杨丹等（2008）发现非流通股价格大致相当于流通股价格的 40%～50%。本章还选用了流通股价格的 50%、非流通股的账面价值、以流通股价格代替非流通股价格进行研究，但不会改变本章的研究结论。

[②] 之所以对各年的指数进行平均，是因为本章考虑到以下几点：第一，各地区总市场化水平在不同年度间相对稳定，使用平均值可以在一定程度上消除指标编制上的误差；第二，制度环境对债务融资的影响是企业对过去和现时制度环境的体验与企业对未来制度环境预期的函数，使用平均的制度环境指数涵盖较长的区间，可以更好地反映企业对制度环境的体验和预期。

## 13.4　样本和描述性统计

本章的初始样本为 1999—2014 年中国 A 股非金融类上市公司的年度数据。之所以以 1999—2014 年为样本区间，是因为本章需要公司最终控制人类型数据，而本章能够获得的公司最终控制人类型数据最早始于 1999 年。在样本筛选和数据处理过程中，本章剔除总资产、总负债、固定资产净值和在建工程小于 0，以及总资产小于总负债的公司、变量数据缺失的样本；对连续变量 *DS*、*DM*、*Size*、*BA*、*CFA*、*ROA* 和托宾 *q* 在 1% 分位数和 99% 分位数进行了温莎处理。经过上述处理以后，本章得到了 19 852 个样本。本章所使用的公司最终控制人类型数据和第一大股东持股比例数据来自色诺芬（CCER）数据库，公司所得税税率来源于万得（Wind）数据库，其他数据均来自色诺芬（CSMAR）数据库。

表 13-1 报告了全样本的描述性统计。*DS* 的均值（中位数）为 0.505（0.532），意味着全样本中有息债务占总负债的比例的均值（中位数）约为 50.5%（53.2%）；*DS* 的最小值为 0.011，最大值为 0.897，标准差为 0.221，说明不同公司之间的债务来源结构存在较大差异。*DM* 的均值（中位数）为 0.705（0.797），意味着全样本中短期债务的均值（中位数）占公司有息债务的 70.5%（79.7%）；*DM* 的最小值为 0，最大值为 1，标准差为 0.305，说明不同公司之间有息债务的期限结构存在较大差异。*TR* 的均值（中位数）为 0.214（0.150），说明全样本中公司税率的均值（中位数）为 21.4%（15.0%），*TR* 的最小值为 0，最大值为 0.33，标准差为 0.088，说明不同公司之间的法定所得税率存在较大差异。*TRDum* 的均值为 0.443，说明样本中有 44.3% 的样本的法定所得税率要大于 15%。*NSOE* 的均值为 0.287，说明非国有控股公司样本约为 28.7%，反映出中国 A 股上市公司大部分由政府控制。

表 13-1　描述性统计

| 变量 | 均值 | 中位数 | 最小值 | 最大值 | 标准差 |
|---|---|---|---|---|---|
| *DS* | 0.505 | 0.532 | 0.011 | 0.897 | 0.221 |
| *DM* | 0.705 | 0.797 | 0.000 | 1.000 | 0.305 |

续表

| 变量 | 均值 | 中位数 | 最小值 | 最大值 | 标准差 |
|------|------|--------|--------|--------|--------|
| TR | 0.214 | 0.150 | 0.000 | 0.330 | 0.088 |
| TRDum | 0.443 | 0.000 | 0.000 | 1.000 | 0.497 |
| NSOE | 0.287 | 0.000 | 0.000 | 1.000 | 0.452 |
| First | 0.404 | 0.389 | 0.019 | 0.886 | 0.168 |
| Size | 21.273 | 21.149 | 19.203 | 24.407 | 1.006 |
| BA | 0.048 | 0.022 | 0.000 | 0.349 | 0.068 |
| CFA | 0.048 | 0.047 | −0.195 | 0.267 | 0.078 |
| ROA | 0.027 | 0.032 | −0.253 | 0.166 | 0.061 |
| Lose | 0.228 | 0.000 | 0.000 | 1.000 | 0.419 |
| q | 1.711 | 1.414 | 0.708 | 5.758 | 0.937 |
| Market | 6.772 | 6.886 | 1.160 | 9.106 | 1.850 |

表 13-2 报告了相关系数。无论皮尔森相关系数还是斯皮尔曼相关系数，$DS$ 和 $TR$ 的相关系数均显著大于 0，$DM$ 和 $TR$、$TRDum$ 的相关系数均显著小于 0，显示出法定所得税率越高，公司有息债务比例越高，有息债务中短期有息债务的比例越低。自变量之间并不存在高度的相关关系，表明相关系数表中的这些自变量并不会导致严重的多重共线性问题。

表13-2 相关系数

| | DS | DM | TR | TRDum | NSOE | First | Size | BA | CFA | ROA | Lose | q | Market |
|---|---|---|---|---|---|---|---|---|---|---|---|---|---|
| DS | | -0.135*** | 0.021** | 0.007 | 0.006 | -0.034*** | 0.030*** | 0.203*** | -0.144*** | -0.141*** | 0.023** | -0.107*** | -0.038*** |
| DM | -0.217*** | | -0.029*** | -0.058*** | 0.104*** | -0.087*** | -0.326*** | -0.209*** | -0.111*** | -0.107*** | 0.105*** | 0.089*** | 0.103*** |
| TR | 0.018* | -0.038*** | | 0.910*** | 0.051*** | -0.049*** | 0.061*** | -0.029*** | 0.025*** | -0.089*** | 0.081*** | -0.133*** | 0.002 |
| TRDum | 0.008 | -0.053*** | 0.939*** | | 0.068*** | -0.072*** | 0.104*** | -0.035*** | 0.018* | -0.094*** | 0.094*** | -0.120*** | 0.014 |
| NSOE | 0.003 | 0.113*** | 0.048*** | 0.068*** | | -0.289*** | -0.196 | -0.045*** | -0.055*** | 0.010 | 0.051*** | 0.129*** | 0.088*** |
| First | -0.034*** | -0.068*** | -0.052*** | -0.074*** | -0.297*** | | 0.172*** | 0.079*** | 0.070*** | 0.139*** | -0.144*** | -0.123*** | -0.023** |
| Size | 0.039*** | -0.331*** | 0.070*** | 0.100*** | -0.188*** | 0.146*** | | 0.116*** | 0.140*** | 0.163*** | -0.240*** | -0.381*** | 0.115*** |
| BA | 0.195*** | -0.195*** | -0.055*** | -0.068*** | -0.080*** | 0.106*** | 0.145*** | | 0.076*** | 0.070*** | -0.116*** | -0.072*** | -0.110*** |
| CFA | -0.116*** | -0.106*** | 0.034*** | 0.026*** | -0.052*** | 0.070*** | 0.151*** | 0.113*** | | 0.293*** | -0.139*** | 0.019** | 0.012 |
| ROA | -0.185*** | -0.056*** | -0.123*** | -0.124*** | 0.042*** | 0.145*** | 0.091*** | 0.101*** | 0.330*** | | -0.573*** | 0.119*** | 0.082*** |
| Lose | 0.022** | 0.105*** | 0.087*** | 0.094*** | 0.051*** | -0.147*** | -0.241*** | -0.171*** | -0.165*** | -0.532*** | | 0.089*** | -0.036*** |
| q | -0.089*** | 0.132*** | -0.177*** | -0.165*** | 0.109*** | -0.113*** | -0.426*** | -0.110*** | -0.018** | 0.241*** | 0.067*** | | -0.017* |
| Market | -0.032*** | 0.123*** | -0.009 | -0.007 | 0.079*** | -0.052*** | 0.070*** | -0.130*** | 0.023*** | 0.072*** | -0.024** | -0.011 | |

注: 右上方是皮尔森相关系数,左下方是斯皮尔曼相关系数; ***、**、* 分别表示在 1%、5%、10% 水平上显著。

# 13.5 实 证 结 果

表 13-3 报告了 $H_{1a}$ 和 $H_{1b}$ 的回归检验结果。第（1）次回归结果中，*TR* 的回归系数在 1% 水平上显著大于 0；第（2）次回归结果中，*TRDum* 的回归系数在 1% 水平上显著大于 0；第（3）次回归结果中，*TRDum* 的回归系数在 1% 水平上显著大于 0，*TRDum*NSOE* 的回归系数在 5% 水平上显著小于 0。上述结果意味着法定所得税率越高，公司越会选择有息债务，而不是无息债务，这在国有控股公司中更加明显。这些结果支持了 $H_{1a}$，而不是 $H_{1b}$。王跃堂等（2010）的研究结论认为，国有控股公司因税收筹划动力不如非国有控股公司，因此非国有控股公司会更多地利用债务的税盾作用。与王跃堂等（2010）的研究结论完全相反，本章的结果显示，国有控股公司更多地发挥了有息债务的债务税盾作用。可见，王跃堂等（2010）只考虑了国有控股公司和非国有控股公司税收筹划动机方面的差异，没有考虑国有控股公司和非国有控股公司获得有息债务能力方面的差异，而这种能力会影响资本结构调整成本，进而影响税收与资本结构之间的关系。此外，他们也没考虑国有控股公司和非国有控股公司在调整有息债务期限结构方面可能存在的差异。

表 13-3　回归结果（因变量 =DS）

| 变量 | （1） | | （2） | | （3） | |
|---|---|---|---|---|---|---|
| | 系数 | t 值 | 系数 | t 值 | 系数 | t 值 |
| 截距项 | 0.343 | 6.55*** | 0.355 | 6.77*** | 0.356 | 6.79*** |
| *TR* | 0.079 | 3.32*** | | | | |
| *TRDum* | | | 0.012 | 2.80*** | 0.017 | 3.43*** |
| *TRDum*NSOE* | | | | | −0.017 | −1.98** |
| *NSOE* | 0.025 | 5.61*** | 0.025 | 5.63*** | 0.033 | 5.58*** |
| *First* | −0.081 | −6.59*** | −0.081 | −6.59*** | −0.080 | −6.51*** |
| *Size* | 0.012 | 4.78*** | 0.012 | 4.77*** | 0.011 | 4.71*** |
| *BA* | 0.563 | 22.43*** | 0.563 | 22.40*** | 0.562 | 22.40*** |

| 变量 | （1） | | （2） | | （3） | |
|---|---|---|---|---|---|---|
| | 系数 | t 值 | 系数 | t 值 | 系数 | t 值 |
| CFA | −0.366 | −13.85*** | −0.365 | −13.81*** | −0.365 | −13.80*** |
| ROA | −0.492 | −11.46*** | −0.493 | −11.48*** | −0.493 | −11.49*** |
| Lose | −0.019 | −3.37*** | −0.019 | −3.38*** | −0.019 | −3.39*** |
| q | −0.014 | −4.57*** | −0.014 | −4.57*** | −0.014 | −4.60*** |
| Market | −0.001 | −0.74 | −0.001 | −0.77 | −0.001 | −0.76 |
| 行业效应 | 已控制 | 已控制 | 已控制 | 已控制 | 已控制 | 已控制 |
| 年度效应 | 已控制 | 已控制 | 已控制 | 已控制 | 已控制 | 已控制 |
| $Adj.R^2$ | 0.151 | | 0.151 | | 0.151 | |
| F 值 | 74.29 | | 74.05 | | 72.07 | |
| 观测数 | 19 852 | | 19 852 | | 19 852 | |

注：回归系数方差经 Robust 调整；***、**、* 分别表示在 1%、5%、10% 水平上显著。

表 13-4 报告了 $H_{2a}$ 和 $H_{2b}$ 的回归检验结果。第（1）次回归结果中，TR 的回归系数在 1% 水平上显著小于 0；第（2）次回归结果中，TRDum 的回归系数在 1% 水平上显著小于 0；第（3）次回归结果中，TRDum 的回归系数在 1% 水平上显著小于 0，TRDum*NSOE 的回归系数在 5% 水平上显著小于 0。上述结果意味着法定所得税率越高，公司有息债务中长期债务的比例就会越高，并且这种关系在非国有控股公司中更加明显。不难看出，这些结果符合斯科尔斯和沃尔夫森（1992）的理论和 $H_{2b}$ 的预期，而不符合凯恩等（1985）的理论和 $H_{2a}$ 的预期。然而，考虑到债务来源的回归结果在一定程度上支持了凯恩等（1985）的理论的预期，说明在债务期限回归结果中，只是由于斯科尔斯和沃尔夫森（1992）所强调的效应占据了主导地位，才使 TR 和 TRDum 回归系数的符号均显著为负。总而言之，长期有息债务的税盾优势作用在税率较高的情况下对长期有息债务所带来的高额风险的抵消作用使税率与债务期限正相关，但长期有息债务对资本结构调整交易成本的节约作用也有使税率与债务期限呈负相关的趋势，只是在中国上市公司中前一种效应占据了主导地位。

表 13-4　回归结果（因变量 =DM）

| 变量 | （1） | | （2） | | （3） | |
|---|---|---|---|---|---|---|
| | 系数 | t 值 | 系数 | t 值 | 系数 | t 值 |
| 截距项 | 2.394 | 34.45*** | 2.373 | 34.18*** | 2.374 | 34.19*** |
| TR | −0.122 | −3.94*** | | | | |
| TRDum | | | −0.030 | −5.55*** | −0.022 | −3.49*** |
| TRDum*NSOE | | | | | −0.026 | −2.34** |
| NSOE | 0.005 | 0.93 | 0.006 | 0.98 | 0.018 | 2.39** |
| First | −0.006 | −0.34 | −0.006 | −0.34 | −0.004 | −0.25 |
| Size | −0.083 | −26.05*** | −0.083 | −25.99*** | −0.083 | −26.02*** |
| BA | −0.645 | −17.52*** | −0.646 | −17.52*** | −0.647 | −17.53*** |
| CFA | −0.184 | −4.91*** | −0.185 | −4.94*** | −0.185 | −4.94*** |
| ROA | −0.178 | −3.24*** | −0.182 | −3.30*** | −0.182 | −3.31*** |
| Lose | −0.012 | −1.60 | −0.011 | −1.46 | −0.011 | −1.47 |
| q | −0.007 | −1.54 | −0.007 | −1.59 | −0.007 | −1.63 |
| Market | 0.022 | 15.86*** | 0.022 | 15.92*** | 0.022 | 15.93*** |
| 行业效应 | 已控制 | 已控制 | 已控制 | 已控制 | 已控制 | 已控制 |
| 年度效应 | 已控制 | 已控制 | 已控制 | 已控制 | 已控制 | 已控制 |
| Adj.R² | 0.215 | | 0.216 | | 0.216 | |
| F 值 | 113.10 | | 114.02 | | 110.49 | |
| 观测数 | 19 852 | | 19 852 | | 19 852 | |

注：回归系数方差经 Robust 调整；***、**、* 分别表示在 1%、5%、10% 水平上显著。

# 13.6　研 究 结 论

税率对公司债务来源和有息债务的期限结构的影响是研究税收与资本结构关系的重要视角。考察税率对公司债务来源和有息债务的期限结构的影响在国有企业和非国有企业之间的差异，不仅丰富和深化了税收与资本结构方面的研究，还揭示了国有控股公司和非国有控股公司之间因融资环境方面面临的重要差异而导致的财务行为差异。因此，本章可以丰富我们对中国不同产权类型公司财务决策行为之间差异的认识。

本章的经验证据显示：法定所得税率越高，公司有息债务占总负债的比例就越高，并且这种关系在国有控股公司中更加明显；法定所得税越高，公司有息债务中长期债务的比例就越高，并且这种关系在非国有控股公司中更加明显。这说明公司的确会通过调整其有息债务与无息债务的比例关系或有息债务的期限结构来获得债务税盾利益。然而，由于国有控股公司和非国有控股公司面临的融资环境不同，其融资交易成本和风险有所不同，使法定所得税率对公司债务结构的影响在国有控股公司和非国有控股公司之间会存在显著差异。具体来说，对非国有控股公司的融资歧视导致非国有控股公司通过有息债务调整债务结构的交易成本较高和使用长期负债的风险较高，使税率与有息债务占总负债的比例的正相关关系在国有控股公司中更加明显，与债务期限的正相关关系在非国有控股公司中较大，这也说明长期债务的交易成本节约效应和风险效应同时存在。本章的证据表明，斯科尔斯、沃尔夫森（1992）和凯恩等（1985）的理论均有一定道理，只是在税收对债务期限的影响中斯科尔斯和沃尔夫森（1992）的效应占据了主导作用。这也提醒后续的研究在考察税率和债务期限的关系时，应当同时考虑长期债务的交易成本节约效应和风险效应，否则就有可能做出错误的推断。

# 第14章 两职合一、大股东控制与投资效率

本章研究了总经理和董事长两职合一、大股东控制及其交互作用对投资效率的影响。

## 14.1 问 题 提 出

总经理和董事长是否两职合一是一个重要的公司治理问题,一直以来受到了经济学和管理学领域研究的重视,并且得出了不同的结论。一种源于代理理论的观点认为,总经理和董事长两职合一会损害经济效率,理由是决策制定权与决策控制权应当分离(Fama and Jensen, 1983)。总经理和董事长两职合一违背了这一原则,将损害董事会的独立性、监督能力和监督效果(Fizel and Louie,1990)。另一种源于组织行为理论的观点认为,总经理和董事长两职合一能够改善经济效率,理由是总经理和董事长两职合一能够增强总经理的领导权威,做出更好、更快的决策,避免多头指挥,减少因为职权分离而引发的组织和协调问题,进而改善经济效率(Donaldson and Davis, 1991)。可见,总经理和董事长两职合一如何影响企业经济效率在理论上还没有形成统一的观点,关于总经理和董事长两职合一对企业经济效率影响问题的经验研究也没有形成一致的结论。雷西纳和道尔顿(1991)发现总经理和董事长两职合一降低了经济效率;辛普森和格里森(1999)、博伊德(1995)、里达拉和马辛克(1997)以及彭等(2007)等发现总经理和董事长两职合一提高了经济效率。可见,已有文献关于总经理和董事长两职合一对经济效率影响的理论研究和经验研究尚未形成统一的结论。投资效率直接影响公司业绩,体现经济效率。因此,总经理和董事长两职合一对投资效率的影响是考察总经理和董事长两职合一对企业经济效率影响问题的重要视角。

　　然而，两职合一与投资效率的关系还会受到大股东控制的影响。大股东相对于中、小股东来说处于信息优势地位，在公司决策中并不一定以全体股东利益最大化为出发点，而可能以牺牲中、小股东的利益为代价获取控制权收益（Johnson et al.,2000）。控制权收益来源于公司的控制性资源，过度投资能够增加大股东所控制的资源，因此出于对控制权私有收益的考虑，大股东往往有过度投资的倾向。然而，绝大多数的控股股东会派出自己的直接代表或自己本人担任董事长或总经理（Holdemess and Sheehan,1988），因此大股东有足够的能力和动机使管理层按照自己的利益做出投资决策。同时，大股东在"隧道挖掘"的过程中必须与管理者合谋，而大股东和管理者获取的合谋收益主要来源于非效率投资形成的控制性资源（Burkart et al.,2003）。因此，在总经理和董事长两职合一的情形下，由于两职合一弱化了董事会对管理层的监督和控制，大股东及其代理人易于通过合谋来追求私人收益，进行非效率投资。可见，大股东控制加剧了两职合一对投资效率的负面影响。但在总经理和董事长两职分离的情形下，管理层制定经济决策会受到必要的监督和控制，从而约束了管理层的机会主义行为。此时，大股东为了获取私人收益，即使有足够的动机和能力去促使管理者进行非效率投资，但由于会受到董事会的控制和监督，其获取控制权收益所付出的代价太高；并且随着大股东持股比例的逐步增加，大股东和小股东从公司获取的利益会趋于一致，因而进一步减少了大股东为获取私人收益而进行的非效率投资行为。可见，大股东控制影响两职合一与投资效率之间的关系。然而，已有文献在研究两职合一与经济效率之间的关系时，都没有考虑大股东控制的影响。

　　大股东控制具有激励效应和隧道效应，一方面，大股东通过有效监督管理层或直接参与经营管理来提升公司价值；另一方面，大股东凭借对企业的控制权来获取隐性收益，并降低公司价值（Shleifer and Vishny,1997; La Porta et al.,2002;Claessens et al.,2002）。投资效率是连接大股东控制与公司价值关系的纽带，魏和张（2008）发现，当大股东两权分离程度较高时，大小股东间严重的冲突会加剧公司的过度投资，而随着大股东现金流权比例的增加，大股东和小股东的利益更趋于一致，过度投资得到抑制。刘星和安灵（2010）发现，市县级政府控制和非政府控制上市公司的投资绩效受到隧道效应的消极影响，但激励效应仅在非政府控制上市公司中有所显现。俞红海等（2010）却只发现股权集中、控股股东的存在会导致公司过度投资。可见，大股东控制对投资效率影响的经验研究还没有取得比较一致的结论。另外，大股东控制与投资效率的关系还会受到总经理和董事长两职合一的影响。但是，已有文献在研究大股东控制与投资效率之间的关系时，都没有考虑总经理和董事长两职合一对两者之间关系的影响。

本章采用我国 1999—2015 年 A 股上市公司的数据，检验了总经理和董事长两职合一、大股东控制及其交互作用对投资效率的影响。研究发现，两职合一公司的投资效率显著低于两职分离公司。进一步研究表明，在股权集中度较低的公司中，董事长与总经理两职合一没有显著影响投资效率；相对于股权集中度较低的公司来说，股权集中度较高的公司的两职合一更能降低公司的投资效率；股权集中度较高的公司的两职合一与非效率投资显著正相关。此外，在董事长与总经理两职分离的公司中，第一大股东持股比例越高，投资效率越高；相对于两职分离的公司来说，两职合一的公司的第一大股东持股比例更能造成非效率投资；两职合一的公司的第一大股东持股比例与非效率投资显著正相关。

本章有以下两个方面的贡献：首先，本章从投资效率的角度研究了总经理和董事长两职合一对经济效率的影响，它直接从某一具体的影响途径上检验了两职合一对经济效率的影响，并通过考察不同股权集中度下总经理和董事长两职合一对投资效率的影响，发现两职合一并不总是会降低投资效率，只有股权集中度较高的公司的两职合一才会降低投资效率，股权集中度较低的公司的两职合一没有显著影响投资效率，提供了与现有研究两职合一与投资效率关系的文献不一样的经验证据，从而深化了两职合一对投资效率影响的研究；其次，本章通过考察不同两职状况下大股东控制对投资效率的影响，发现大股东控制并不总能降低投资效率，只有在董事长与总经理两职合一的公司中才会出现大股东控制降低投资效率的问题，而在董事长与总经理两职分离的公司中大股东控制能提高投资效率，提供了与现有研究大股东控制与投资效率关系的文献不一样的经验证据，从而深化了大股东控制与投资效率之间关系的研究，也丰富了大股东控制的经济后果方面的研究。

本章其余部分的安排如下：14.2 节进行理论分析与假设提出；14.3 节设置变量与检验模型；14.4 节进行样本选择与描述统计分析；14.5 节是基本回归结果和稳健性检验；14.6 节是研究结论部分。

## 14.2　理论分析与研究假设

总经理和董事长两职合一作为一种重要的决策权配置机制，直接影响着企业投资效率。在总经理和董事长两职合一的情形下，决策制定权与决策控制权没有分开，达不到不同职务之间相互制约的目的，使管理层有机会获取私人收益。过度投资会促进管理层控制更多的资源，管理层控制的资源越多，获取的私人收益也越大。同时，规模越大的公司，其管理层获取私人收益越多（Jensen,1993），而过度投资能够促进企业规模的迅速扩张。可见，管理层出于私利的考虑，往往有过度投资的倾向。总经理和董事长两职合一弱化了董事会对管理层的监督和控制，从而助长了管理层的过度投资行为，损害了投资效率。当然，总经理和董事长两职合一也可能通过加强管理层的领导权威而提高决策效率。但是，只有当企业资源出现匮乏时才能发挥两职合一的积极作用（Boyd,1995; Peng et al.,2007）。对于各责任中心来说，拥有的资源决定了其在企业内部的地位与发展。当企业出现资源匮乏时，各责任中心会更加激烈地争夺资源，此时决策权配置会对企业的发展产生重要的影响，会降低各责任中心的寻租行为，使企业利益得到维护，决策效率得到提高。相反，当企业资源并不缺乏时，资源的核心地位下降，各责任中心并不会激烈地争夺资源，此时集权带来的强有力领导并不能发挥明显的作用，反而分权可以使各责任中心的积极性增加。然而，在当前的情形下，总经理和董事长两职合一更多体现的是对投资效率的负面影响。基于上述分析，我们提出假设1。

假设1：与两职分离公司相比，两职合一公司的投资效率更低。

投资效率是连接大股东控制与公司价值关系的纽带，大股东控制具有的激励效应和隧道效应在股权集中度与投资效率的关系中均有体现（Wei and Zhang，2008;刘星和安灵，2010）。随着大股东持股比例的提高，大股东参与到公司经营管理中的积极性增强，也增强了对管理者的有效监督（Shleifer and Vishny，1986），抑制了管理者为获取私有收益而进行非效率投资行为，从而避免了在股权分散情况下的"搭便车"问题。但是，大股东持股比例的进一步提高会使大股东在法律形式上和经济实质上都掌握公司的控制权，从而使其在参与公司的经营管理过程中容易掺杂个人意愿。此时，假如缺乏有效的制衡力量或监督机制，很可能会导致大股东控制，由此大股东对控制权私有收益的追求将容易产生过度投资，损害投资效率。

然而，大股东控制的上述两种效应还会受到决策权配置的影响。基于之前的分析，我们提出假设2。

假设2：两职分离的公司的第一大股东持股比例越高，投资效率越高；两职合一公司的第一大股东持股比例越高，投资效率越低。

# 14.3　变量与模型

本章参照刘慧龙等（2014）、程仲鸣等（2008）、魏明海和柳建华（2007）、辛清泉等（2007）等的做法，借鉴理查森（2006）的模型来估计投资效率，具体模型如下：

$$Invest_t = \alpha_0 + \alpha_1 q_{t-1} + \alpha_2 Lev_{t-1} + \alpha_3 Cash_{t-1} + \alpha_4 Age_{t-1} + \alpha_5 Size_{t-1} + \alpha_6 Returns_{t-1}$$
$$+ \alpha_7 Invest_{t-1} + \zeta \tag{14-1}$$

式中：$Invest$ 为衡量新增投资，等于（资本支出＋并购支出－出售长期资产收入－折旧）/ 总资产；$q$ 表示投资机会；$Lev$ 为衡量财务杠杠，等于总负债 / 总资产；$Cash$ 等于现金及现金等价物 / 总资产；$Age$ 为衡量公司的上市年限，用上市年数取自然对数来表示；$Size$ 为衡量企业规模，等于资产总额取自然对数；$Return$ 为衡量公司股票年度回报，用考虑现金红利再投资的年个股回报率来表示。同时，我们还设置了年度和行业虚拟变量来控制固定效应。模型（14-1）估计的残差（$Xinvest$）的绝对值（$AbsXinvest$）即为衡量公司投资效率的指标。如果 $Xinvest>0$，则表示为过度投资，其值越大，表示公司过度投资越严重；如果 $Xinvest<0$，则表示为投资不足，其值越小，表示公司投资不足越严重。

我们使用模型（14-2）来检验总经理和董事长两职合一、大股东控制及其交互作用对投资效率的影响。

$$AbsXinvest_t = \gamma_0 + \gamma_1 Dual_t + \gamma_2 Dual_t * Top_{1t} + \gamma_3 Top_{1t} + \gamma_4 NSOE_t + \gamma_5 AbsDAC_t + \gamma_6 Board_t$$
$$+ \gamma_7 IndDir_t + \zeta \tag{14-2}$$

式中：$AbsXinvest$ 为投资效率的衡量指标；$Dual$ 为决策权配置的代理变量，如果总经理和董事长两职合一，则 $Dual=1$，否则 $Dual=0$；$Top1$ 为大股东控制的衡量指标，它等于第一大股东持股比例；$Dual*Top1$ 是 $Dual$ 和 $Top1$ 的交互项。根据上述假设，同时存在两职合一和较高程度盈余管理的公司，其投资效率更低，因此预计 $AbsDAC*Dual$ 的回归系数显著大于 0。实际控制人性质、盈余管理、董事会规模、董事会独立性等因素会对代理问题产生重要的影响，从而会影响公司的投资效率（刘慧龙等，2014）。因此，模型（14-2）控制了这些变量对投资效率的影响。具体来说，$NSOE$ 为企业产权性质虚拟变量，当 $NSOE=1$ 时表示非国有企业，当 $NSOE=0$ 时表示国有企业；$AbsDAC$ 为盈余管理变量，参照修正琼斯模型（Dechow et al.,1995）来衡量；*Board* 衡量了董事会规模，用董事会人数来表示；*IndDir* 衡量董事会独立性，等于独立董事人数/董事会总人数。同时，我们还设置了年度和行业虚拟变量来控制固定效应。

## 14.4　样本和描述性统计

本章以非金融类中国 A 股上市公司 1999—2015 年数据为初始样本。由于估计投资效率和盈余管理所使用的现金流量表的数据从 1998 年才开始披露，衡量它们还需要使用上一期的数据，因此本章的样本年度始于 1999 年。然后，本章剔除了缺失值，得到 21 838 个测试样本[①]。本章所使用企业产权性质数据和第一大股东持股比例数据来源于色诺芬（CCER）数据库，其他数据都取自国泰安（CSMAR）数据库[②]。

表 14-1 报告了模型（14-2）中所有变量的描述统计。考虑到其可能受到极端值影响，对所有连续变量均在 1% 和 99% 分位数进行缩尾处理。其中，*AbsXinvest* 和 *AbsDAC* 分别是 *Xinvest* 和 *DAC* 在 1% 和 99% 分位数进行了温莎处理之后取绝对值而得到的结果[③]。基本描述统计结果显示，*AbsXinvest* 的平均值和中位数分别为 0.032 和 0.023，表明样本中非效率投资规模的平均值和中位数分别为公司总资产的 3.2% 和 2.3%，*AbsXinvest* 的最小值为 0.000，最大值为 0.173，标准差为 0.032，显示出不同公司之间的投资效率存在较大差异；*Dual* 的平均值为 0.131，表明我国大致有 13.1% 的上市公司存在董事长兼任总经理的情况；*Top*1 的平均值为 0.353、中位数为 0.336，说明样本公司的股权比较集中，普遍存在一股独大的现象。

表 14-1 的第（2）部分比较了两职分离的公司与两职合一的公司的投资效率。投资效率的单变量检验结果显示，两职分离的公司与两职合一的公司的平均值之差为 -0.002，在 5% 水平上显著，中位数之差为 -0.038，也在 5% 水平上

---

① 估计 *Xinvset* 和 *DAC* 时，为了避免生存偏误，并不是使用最终样本，而是用剔除了相关模型变量存在缺失的观测进行估计的结果。其中，*Xinvset* 的估计区间为 1999—2015 年，*DAC* 的估计区间为 1998—2014 年。

② 国泰安（CSMAR）数据库也提供了实际控制人数据，但它只提供了最近一年的数据。至于第一大股东持股比例，CSMAR 数据库存在很多个第一大股东的问题，且持股比例经常不一致，可能是将流通股第一大股东误以为第一大股东所致。这需要逐个去核实，增加了研究难度，因而我们从色诺芬（CCER）数据库中获取了相关数据。

③ 回归时，*AbsXinvest* 和 *AbsDAC* 也是使用缩尾之后的值。

显著，说明两职分离的公司投资效率的平均值和中位数都显著低于两职合一的公司，两职分离的公司的投资效率可能高于两职合一的公司，它与假设 1 一致。

### 表 14-1　描述性统计结果

| （1）基本描述统计 | | | | | |
|---|---|---|---|---|---|
| 变量符号 | 均值 | 标准差 | 中位数 | 最小值 | 最大值 |
| *AbsXinvest* | 0.032 | 0.032 | 0.023 | 0.000 | 0.173 |
| *Dual* | 0.131 | 0.327 | 0.000 | 0.000 | 1.000 |
| *Top*1 | 0.353 | 0.161 | 0.336 | 0.004 | 0.886 |
| *NSOE* | 0.310 | 0.463 | 0.000 | 0.000 | 1.000 |
| *AbsDAC* | 0.067 | 0.063 | 0.048 | 0.000 | 0.307 |
| *Board* | 9.398 | 2.121 | 9.000 | 2.000 | 19.000 |
| *IndDir* | 0.296 | 0.133 | 0.333 | 0.000 | 0.750 |
| （2）投资效率的差异：两职分离公司与两职合一公司的比较 | | | | | |
| | | 两职分离的公司与两职合一的公司 | | | |
| | | 平均值之差 | *t* 值 | 中位数之差 | *Z* 值 |
| *AbsXinvest* | | −0.002 | −2.12** | −0.038 | 2.40** |

注：***、**、* 分别表示在 1%、5% 和 10% 水平上显著。

表 14-2 报告了模型（14-2）中变量之间的相关系数。从皮尔森相关系数来看，*AbsXinvest* 和 *Dual* 的相关系数在 5% 水平上显著为正，说明总经理和董事长两职合一可能降低了投资效率。不难看出，自变量之间的相关关系并不强，因此模型（14-2）不存在严重的共线性问题。

### 表 14-2　皮尔森（斯皮尔曼）相关系数

| | *AbsXinvest* | *Dual* | *Top*1 | *NSOE* | *AbsDAC* | *Board* | *IndDir* |
|---|---|---|---|---|---|---|---|
| *AbsXinvest* | | 0.020** | 0.014 | 0.003 | −0.027*** | 0.000 | −0.010 |
| *Dual* | 0.018** | | −0.079*** | 0.133*** | 0.046*** | −0.088*** | 0.024*** |
| *Top*1 | 0.004 | −0.081*** | | −0.291*** | −0.027*** | 0.019** | −0.125*** |
| *NSOE* | 0.010 | 0.133*** | −0.284*** | | 0.074*** | −0.185*** | 0.147*** |
| *AbsDAC* | −0.021** | 0.047*** | −0.029*** | 0.088*** | | −0.060*** | 0.002 |
| *Board* | −0.005 | −0.077*** | 0.032*** | −0.181*** | −0.060*** | | −0.158*** |

|  | AbsXinvest | Dual | Top1 | NSOE | AbsDAC | Board | IndDir |
|---|---|---|---|---|---|---|---|
| IndDir | −0.005 | −0.002 | −0.133*** | 0.151*** | −0.011 | −0.117*** | |

注：左下方为皮尔森相关系数，右上方为斯皮尔曼相关系数；***、**、* 分别表示在 1%、5% 和 10% 水平上显著。

# 14.5 实 证 结 果

## 14.5.1 基本回归结果

表 14-3 报告了全样本的回归结果。我们对全样本进行了两次回归，其中第（1）次回归没有纳入 Dual*Top1 交互项。第（1）次回归结果显示，Dual 的回归系数在 5% 水平上显著为正，表明两职合一的公司的投资效率显著低于两职分离的公司，该结果支持了假设 1。第（2）次回归结果显示，Dual 的回归系数不显著异于 0，Dual*Top1 的回归系数在 5% 水平上显著为正，Top1 的回归系数在 10% 水平上显著为负。线性约束结果显示，（Dual+Dual*Top1）在 5% 水平上显著，（Top1+Dual*Top1）在 1% 水平上显著。结果表明，在股权集中度较低的公司中，董事长与总经理两职合一没有显著影响投资效率；相对于股权集中度较低的公司来说，股权集中度较高的公司的两职合一更能降低公司的投资效率；在董事长与总经理两职分离的公司中，第一大股东持股比例越高，投资效率越高；相对于两职分离的公司来说，两职合一的公司的第一大股东持股比例更能造成非效率投资。

表 14-3　全样本回归结果

|  | （1） | | （2） | |
|---|---|---|---|---|
|  | 系数 | t 值 | 系数 | t 值 |
| Cons | 0.032 | 15.70*** | 0.033 | 15.89*** |
| Dual | 0.002 | 2.48** | −0.002 | −1.30 |
| Dual*Top1 | | | 0.012 | 2.52** |
| Top1 | −0.002 | −1.09 | −0.004 | −1.87* |

续表

| | （1） | | （2） | |
|---|---|---|---|---|
| | 系数 | t 值 | 系数 | t 值 |
| *NSOE* | 0.002 | 3.11*** | 0.002 | 3.11*** |
| *AbsDAC* | 0.004 | 0.98 | 0.004 | 0.97 |
| *Board* | 0.000 | −1.81* | 0.000 | −1.83* |
| *IndDir* | −0.004 | −0.78 | −0.004 | −0.78 |
| 行业效应 | Yes | | Yes | |
| 年度效应 | Yes | | Yes | |
| *Adj.R²* | 0.032 | | 0.032 | |
| *F* 值 | 17.04*** | | 16.69*** | |
| 样本量 | 21 838 | | 21 838 | |
| 检验：*Dual+Dual\*Top*1=0 | | | F=4.43** | |
| 检验：*Top*1+*Dual\*Top*1=0 | | | F=5.31*** | |

注：回归系数标准误差经公司 Cluster 调整；***、**、* 分别表示在 1%、5% 和 10% 水平上显著。

表 14-4 报告了子样本的回归结果。我们根据第一大股东持股比例将样本划分为股权集中度较高样本和股权集中度较低样本分别进行回归。假如 *Top*1 低于全样本的中位数，则为股权集中度较低的样本（*HighTop*1=0），否则为股权集中度较高的样本（*HighTop*1=1）。

在股权集中度较低样本中，*Dual* 的回归系数不显著异于 0；在股权集中度较高样本中，*Dual* 的回归系数在 1% 水平上显著为正。这表明只有当股权集中度较高时，董事长和总经理两职合一会对投资效率产生负面影响。另外，我们还将样本区分为董事长和总经理两职分离（*Dual*=0）及董事长和总经理两职合一（*Dual*=1）两个子样本分别进行回归。在董事长和总经理两职分离的样本中，*Top*1 的回归系数在 5% 水平上显著为负，说明当董事长和总经理两职分离时，较高的股权集中度会提高投资效率。在董事长和总经理两职合一的样本中，*Top*1 的回归系数在 10% 水平上显著为正，说明只有当董事长和总经理两职合一时，较高的股权集中度才会降低投资效率。

表 14-4　子样本回归结果

| | HighTop1=0 系数 | HighTop1=0 t值 | HighTop1=1 系数 | HighTop1=1 t值 | Dual=0 系数 | Dual=0 t值 | Dual=1 系数 | Dual=1 t值 |
|---|---|---|---|---|---|---|---|---|
| Cons | 0.029 | 9.83*** | 0.033 | 13.91*** | 0.033 | 14.72*** | 0.026 | 5.07*** |
| Dual | 0.000 | 0.25 | 0.004 | 3.61*** | | | | |
| Top1 | | | | | −0.004 | −2.02** | 0.009 | 1.77* |
| NSOE | 0.001 | 1.38 | 0.003 | 3.12*** | 0.001 | 2.10** | 0.005 | 2.97*** |
| AbsDAC | 0.014 | 2.23** | −0.005 | −0.83 | −0.002 | −0.39 | 0.033 | 3.00*** |
| Board | 0.000 | −0.73 | 0.000 | −1.69* | 0.000 | −2.69*** | 0.001 | 1.48 |
| IndDir | 0.001 | 0.10 | −0.007 | −1.14 | −0.006 | −1.13 | 0.009 | 0.79 |
| 行业效应 | Yes | | Yes | | Yes | | Yes | |
| 年度效应 | Yes | | Yes | | Yes | | Yes | |
| Adj.R² | 0.022 | | 0.046 | | 0.034 | | 0.028 | |
| F 值 | 6.65 | | 13.14*** | | 16.42*** | | 3.06*** | |
| 样本量 | 10 918 | | 10 920 | | 18 756 | | 3082 | |

注：回归系数标准误差经公司 Cluster 调整；***、**、* 分别表示在 1%、5% 和 10% 水平上显著。

## 14.5.2　稳健性检验

投资效率计量的可靠性对上述研究结论的可靠性产生了很大的影响，因此我们改变了投资效率的计量方法，并重新运行上文的相关模型来进一步检验上文结论的稳健性。

首先，我们使用上期的营业收入的增长率代替托宾 $q$ 来表示公司的投资机会，进而使用模型（14-1）来计算出投资效率变量，再次运行模型（14-2）。相应的回归结果如表 14-5 所示，第（1）次回归结果显示，Dual 的回归系数在 5% 水平上显著为正，第（2）次回归结果显示，Dual 的回归系数不显著异于 0，Dual*Top1 的回归系数在 5% 水平上显著为正，Top1 的回归系数在 10% 水平上显著为负。线性约束结果显示，（Dual+ Dual*Top1）在 5% 水平上显著，（Top1+ Dual*Top1）在 1% 水平上显著。由此可见，回归结果与表 14-3 完全一致，说明改变投资效率衡量方法不会影响研究结论。

表 14-5　稳健性检验（1）

| | （1） | | （2） | |
|---|---|---|---|---|
| | 系数 | *t* 值 | 系数 | *t* 值 |
| *Cons* | 0.032 | 15.50*** | 0.033 | 15.64*** |
| *Dual* | 0.002 | 2.25** | −0.002 | −1.05 |
| *Dual*Top*1 | | | 0.011 | 2.15** |
| *Top*1 | −0.002 | −1.06 | −0.003 | −1.71* |
| *NSOE* | 0.002 | 2.95*** | 0.002 | 2.95*** |
| *AbsDAC* | 0.004 | 0.88 | 0.004 | 0.86 |
| *Board* | 0.000 | −1.90* | 0.000 | −1.93* |
| *IndDir* | −0.003 | −0.65 | −0.003 | −0.65 |
| 行业效应 | Yes | | Yes | |
| 年度效应 | Yes | | Yes | |
| *Adj.R*² | 0.033 | | 0.033 | |
| *F* 值 | 17.39*** | | 16.97*** | |
| 样本量 | 21 776 | | 21 776 | |
| 检验：<br>*Dual*+*Dual*Top*1=0 | | | *F*=4.01** | |
| 检验：<br>*Top*1+*Dual*Top*1=0 | | | *F*=5.11*** | |

注：回归系数标准误差经公司 Cluster 调整；***、**、* 分别表示在 1%、5% 和 10% 水平上显著。

在完美的市场条件下，公司投资应当只由投资机会决定（Modigliani and Miller,1958; Hayashi,1982）。因此，本章还参照比德尔等（2009）的研究，运用模型（14-3）分年度和分行业回归来计算投资效率：

$$Invest_t = \alpha_0 + \alpha_1 Growth\ Opportunities + \xi \qquad （14-3）$$

同时，分别运用公司上期的托宾 *q* 和上期营业收入的增长率来表示投资机会，计算出投资效率指标。然后，在检验的过程中包含了模型（14-2）所缺少的理查森（2006）已经包含的变量进行回归，表 14-6 报告了回归结果。没有纳入 *Dual*Top*1 交互项的回归结果均表明，两职合一与非效率投资显著正相关；纳入了 *Dual*Top*1 交互项的回归结果均表明，总经理和董事长两职合一与第一大股东持股比例的交互项同非效率投资显著正相关，第一大股东持股比例与非效率投资显著负相关，而两职合一与非效率投资没有存在显著的相关性。由此可见，上述的研究结论依然保持不变。

表 14-6 稳健性检验（2）

| | 模型（14-1） | | 模型（14-2） | | 模型（14-3） | | 模型（14-4） | |
|---|---|---|---|---|---|---|---|---|
| | 系数 | t 值 | 系数 | t 值 | 系数 | t 值 | 系数 | t 值 |
| $Cons$ | 0.105 | 15.31*** | 0.105 | 15.33*** | 0.102 | 14.67*** | 0.102 | 14.70*** |
| $Dual$ | 0.002 | 2.22** | −0.002 | −0.72 | 0.002 | 2.75*** | −0.001 | −0.52 |
| $Dual*Top1$ | | | 0.010 | 1.78* | | | 0.010 | 1.79* |
| $Top1$ | −0.003 | −1.43 | −0.004 | −1.92* | −0.004 | −1.71* | −0.005 | −2.19** |
| $NSOE$ | 0.000 | −0.18 | 0.000 | −0.15 | 0.000 | −0.37 | 0.000 | −0.34 |
| $AbsDAC$ | 0.005 | 1.02 | 0.005 | 1.00 | 0.005 | 1.02 | 0.005 | 1.00 |
| $Board$ | 0.000 | −1.91* | 0.000 | −1.93* | 0.000 | −1.84* | 0.000 | −1.85* |
| $IndDir$ | −0.007 | −1.26 | −0.007 | −1.26 | −0.006 | −1.05 | −0.006 | −1.05 |
| $Lev_{t-1}$ | 0.002 | 1.52 | 0.002 | 1.52 | 0.004 | 2.52** | 0.004 | 2.52** |
| $Cash_{t-1}$ | −0.005 | −1.52 | −0.005 | −1.50 | −0.001 | −0.20 | −0.001 | −0.18 |
| $Age_{t-1}$ | 0.001 | 1.81* | 0.001 | 1.85* | 0.001 | 1.10 | 0.001 | 1.14 |
| $Size_{t-1}$ | −0.004 | −9.67*** | −0.004 | −9.63*** | −0.004 | −9.63*** | −0.004 | −9.59*** |
| $Returns_{t-1}$ | 0.002 | 3.11*** | 0.002 | 3.11*** | 0.002 | 2.53** | 0.002 | 2.52** |
| $Invest_{t-1}$ | 0.109 | 19.88*** | 0.109 | 19.82*** | 0.132 | 23.58*** | 0.131 | 23.52*** |
| 行业效应 | Yes | | Yes | | Yes | | Yes | |
| 年度效应 | Yes | | Yes | | Yes | | Yes | |
| $Adj.R^2$ | 0.075 | | 0.075 | | 0.084 | | 0.084 | |
| F 值 | 34.53*** | | 33.67*** | | 39.03*** | | 38.04*** | |
| 样本量 | 22 191 | | 22 191 | | 22 310 | | 22 310 | |

注：回归系数标准误差经公司 Cluster 调整；***、**、* 分别表示在 1%、5% 和 10% 水平上显著。

另外，上述研究结论可能会受到非效率投资类型的影响，因此本章将投资效率区分为投资不足（$Xinvest<0$）和过度投资（$Xinvest>0$）两个子样本分别进行回归，表 14-7 报告了回归结果。

表 14-7　进一步检验（分投资不足和过度投资样本）

| 变量 | 投资不足样本 | | 过度投资样本 | |
|---|---|---|---|---|
| | 系数 | $t$ 值 | 系数 | $t$ 值 |
| $Cons$ | 0.025 | 12.45*** | 0.046 | 11.39*** |
| $Dual$ | 0.001 | 0.35 | −0.006 | −1.59 |
| $Dual*Top1$ | 0.004 | 0.80 | 0.020 | 2.11** |
| $Top1$ | −0.001 | −0.67 | −0.006 | −1.51 |
| $NSOE$ | 0.002 | 3.93*** | 0.001 | 1.11 |
| $AbsDAC$ | 0.010 | 2.47** | −0.003 | −0.30 |
| $Board$ | 0.000 | −0.88 | −0.001 | −2.11** |
| $IndDir$ | −0.001 | −0.33 | −0.011 | −1.18 |
| 行业效应 | Yes | | Yes | |
| 年度效应 | Yes | | Yes | |
| $Adj.R^2$ | 0.042 | | 0.034 | |
| $F$ 值 | 13.11*** | | 7.81*** | |
| 样本量 | 13 246 | | 8592 | |
| 检验：$Dual+Dual*Top1=0$ | $F=1.40$ | | $F=3.53*$ | |
| 检验：$Top1+Dual*Top1=0$ | $F=1.57$ | | $F=4.21**$ | |

注：回归系数标准误差经公司 Cluster 调整；***、**、* 分别表示在 1%、5% 和 10% 水平上显著。

　　投资不足样本的结果显示，$Dual$、$Top1$ 以及 $Dual*Top1$ 的回归系数均不显著异于 0。在过度投资样本中，$Dual$ 和 $Top1$ 的回归系数均不显著异于 0，而 $Dual*Top1$ 的回归系数在 5% 水平上显著为正。线性约束结果显示，（$Dual+Dual*Top1$）在 10% 水平上显著，（$Top1+Dual*Top1$）在 5% 水平上显著。上述结果表明，在投资不足样本中，总经理和董事长两职合一、第一大股东持股比例及其交互项均没有显著影响投资不足；过度投资样本的结果显示，两职合一的公司的第一大股东持股比例与过度投资显著正相关，股权集中度较高的公司的两职合一与过度投资显著正相关。由此可见，只有在过度投资子样本中才发现总经理和董事长两职合一与第一大股东持股比例的交互项对投资效率存在显著的影响。

# 14.6 研 究 结 论

两职合一、大股东控制及其交互作用对投资效率的影响是理论界和实务界关注的重要问题。本章运用 1999—2015 年中国 A 股上市公司样本，研究了总经理和董事长两职合一、大股东控制及其交互作用对投资效率的影响。研究发现：两职合一的公司的投资效率显著低于两职分离的公司。进一步研究表明，在股权集中度较低的公司中，董事长与总经理两职合一没有显著影响投资效率；相对于股权集中度较低的公司来说，股权集中度较高的公司的两职合一更能降低公司的投资效率；股权集中度较高的公司的两职合一与非效率投资显著正相关。此外，在董事长与总经理两职分离的公司中，第一大股东持股比例越高，投资效率越高；相对于两职分离的公司来说，两职合一的公司的第一大股东持股比例更能造成非效率投资；两职合一的公司的第一大股东持股比例与非效率投资显著正相关。本章既深化了两职合一的经济后果的研究，又拓展了已有大股东控制与投资效率之间关系的研究。

本章的研究结论对企业管理者、投资者以及政府监管者具有以下的启示作用：首先，对企业管理者来说，管理者针对具体的决策问题，可以选择通过调整企业决策权配置状况或者降低股权集中度来提高决策效率，还可以选择同时调整企业决策权配置和股权集中度来提高企业决策效率。其次，对投资者来说，投资者应当选择那些决策权配置较为分散、对管理者的监督和控制效果更好的公司。最后，对政府监管者来说，监管者应当更加重视加强对那些两职合一的公司大股东控制的监管，因为大股东控制对公司决策效率的负面影响在两职合一的公司中会更加明显。

# 第15章 结论、贡献、局限与展望

## 15.1 研 究 结 论

本书借鉴理查森（2006）度量模型的优点，在克服其不足的基础上，提出新的度量投资效率的方法，然后将新的投资效率指标运用到考察"董事长兼任对投资效率的影响"实际问题当中，以此进一步证明理查森（2006）修正模型的有效性和在中国的适用性。具体而言，首先，本书选择1999—2012年中国 A 股上市公司为研究样本，系统地研究理查森（2006）模型的修正和验证，以及董事长内部兼任在大股东控制和地方政府控制的视角下对投资效率的影响；其次，选择2005—2012年中国 A 股上市公司为研究样本，研究董事长外部兼任在大股东控制和地方政府控制的视角下对投资效率的影响；最后，选择1999—2015年中国 A 股上市公司为研究样本，分别研究了审计意见、政治关联对高管变更的影响，审计师选择、市场化程度对募资投向变更的影响，我国 IPO 抑价和长期收益率的影响因素，国有股权、政府定价管制对 IPO 长期收益率的影响，所得税率、所有权性质对公司债务结构的影响。本书的研究结论如下。

（1）理查森（2006）修正模型能更好地衡量公司的投资效率，其测算出的投资效率越好，公司下一年的股票回报率越高，表明理查森（2006）修正模型得到的非效率投资程度数据符合市场规律和理论预期。然而，以边际托宾 $q$ 和伍格勒模型得到的非效率投资程度数据不能有效地反映股票回报率，因此采用这两种方法得到的非效率投资程度数据是基本无效的。

（2）董事长内部兼任的公司的投资效率显著低于不存在董事长内部兼任的公司；大股东控制并不总是降低投资效率，只有在董事长与总经理两职合一的公司中才会出现大股东控制降低投资效率的问题，而在董事长与总经理两职分离的公司中大股东控制能提高投资效率。具体而言，在股权集中度较低的公司中，董事长内部兼任没有显著影响投资效率；相对于股权集中度较低的公司来说，股权集中度较高的公司的董事长内部兼任更能降低公司的投资效率。不存在董事长内部兼任的公司中，第一大股东持股比例越高，投资效率越高；相对于不存在董事长内部兼任的公司来说，董事长内部兼任的公司的第一大股东持股比例更能造成非效率投资。董事长内部兼任的公司的第一大股东持股比例与非效率投资显著正相关；股权集中度较高的公司的董事长内部兼任与非效率投资显著正相关。

（3）地方政府控制并不总是降低投资效率，只有在董事长与总经理两职合一的公司中才会出现地方政府控制降低投资效率的问题。具体而言，在中央政府控制的国有企业中，董事长内部兼任没有显著影响投资效率，当国有企业的产权主体为地方政府时，董事长内部兼任会对投资效率产生负面影响；在不存在董事长内部兼任的公司中，地方政府控制与投资效率不存在显著相关性，当董事长内部兼任时，地方政府控制会降低投资效率；相对于不存在董事长内部兼任的公司来说，地方政府控制的董事长内部兼任的国有企业的投资效率更低；相对于中央政府控制的国有企业来说，董事长内部兼任的地方政府控制的国有企业的投资效率更低。这表明当国有企业的产权主体为地方政府时，董事长内部兼任会对投资效率产生负面影响。

（4）董事长外部兼任的公司的投资效率显著高于不存在董事长外部兼任的公司；大股东控制并不总是降低投资效率，在董事长外部兼任的公司中，大股东控制反而提高了投资效率。具体而言，在董事长不存在外部兼任的公司中，第一大股东持股比例没有显著影响投资效率；相对于董事长不存在外部兼任的公司来说，董事长外部兼任的公司的第一大股东持股比例能够提高投资效率；相对于股权集中度较低的公司来说，股权集中度较高的公司的董事长外部兼任能够提高投资效率；董事长外部兼任的公司的第一大股东持股比例与非效率投资显著负相关；股权集中度较高的公司的董事长外部兼任与非效率投资显著负相关。

（5）董事长外部兼任和投资效率的关系会受政府干预的影响。具体而言，对于地方政府控制的国有企业来说，董事长外部兼任与投资效率的负相关关系会减弱；当国有企业的产权主体为中央政府时，董事长外部兼任会提高投资效率。当董事长不存在外部兼任时，地方政府控制会降低投资效率；当董事长存在外部兼任时，地方政府控制不会显著影响投资效率。

（6）公司审计意见为非标准审计意见时，高管变更的概率更大；相对于没有政治关联的公司来说，有政治关联的公司被出具非标准审计意见时，高管变更的概率更低。审计师选择与募资投向变更负相关，并且这种负相关关系会随着市场化程度的提高而增强。

（7）国有股权比例、公司成长性与 IPO 抑价率显著正相关，发行管制、内部职工持股比例与 IPO 抑价率显著负相关。同时，本书以多种方法衡量 IPO 长期收益率，均发现 IPO 抑价率与 IPO 长期收益率显著负相关，公司未来现金流风险与 IPO 长期收益率显著正相关。国有股权比例越高，IPO 长期收益率越低；相对于政府定价管制程度较低的公司来说，国有股权降低了政府定价管制程度较高的公司的 IPO 长期收益率。

（8）税率越高，公司有息债务占总负债的比例就越高，并且这种关系在国有控股公司中更加明显；税率越高，公司有息债务中长期债务的比例就越高，并且这种关系在非国有控股公司中更加明显。

## 15.2　研究贡献

本书的研究丰富了董事会结构、股权结构、企业投资以及股票市场资源配置效率等方面的文献，具体体现在以下几个方面。

（1）本书以理查森（2006）模型为基础，对其进行了修正，提出新的度量投资效率的方法，从而为研究中国上市公司投资效率相关方面的课题提供了一个较好的变量。

（2）本书的研究丰富了董事长兼任与投资效率之间关系的文献，且初次从理论角度进行分析、通过实证方法检验了董事长外部兼任与投资效率两者的关系。关于研究董事长内部兼任与组织效率两者关系的文献中，尚未有一致的研究结论。有的文献表明董事长内部兼任有助于提高组织效率，有的文献指出董事长内部兼任不利于提高组织效率，也有文献得出董事长内部兼任与组织效率两者无显著关系；而且从决策权配置的影响机理来考察董事长内部兼任和投资效率两者关系的文献暂不多见，一般只是把董事长内部兼任作为回归模型的控制变量进行研究。另外，暂没有文献涉及董事长外部兼任对投资效率的影响。已有文献在资源依赖理论和共谋理论等理论的基础上，通过对连锁董事的研究，来判断董事和董事会是否具有治理作用。因此，本书的研究丰富了董事长内外部兼任与投资效率之间关系的文献，且初次从理论角度进行分析，通过实证方法检验了董事长外部兼任与投资效率两者的关系。

（3）本书的研究丰富了大股东控制的经济后果方面的研究。本书第 4 章通过考察不同股权集中度下董事长内部兼任对投资效率的影响，发现大股东控制并不总是降低投资效率，只有在董事长与总经理两职合一的公司中才会出现大股东控制降低投资效率的问题，而在董事长与总经理两职分离的公司中，大股东控制能提高投资效率。本书第6章考察了不同股权集中度下董事长外部兼任对投资效率的影响。通过研究发现，大股东控制并不总是降低投资效率，在董事长外部兼任的公司中，大股东控制反而提高了投资效率。通过以上内容丰富了大股东控制的经济后果方面的研究。

（4）本书的研究丰富了地方政府控制的经济后果方面的研究。本书第5章通过考察不同产权主体下董事长内部兼任对投资效率的影响，发现地方政府控制并不总是降低投资效率，只有在董事长与总经理两职合一的公司中才会出现地方政府控制降低投资效率的问题。本书第7章通过考察不同产权主体下董事长外部兼任对投资效率的影响，发现董事长外部兼任和投资效率的两者关系会受政府干预的影响。通过以上内容丰富了地方政府控制的经济后果方面的研究。

（5）目前，国内外关于高管变更的影响因素的研究主要集中于公司业绩、股权结构、董事会特征以及法律法规等方面，本书结合审计意见来研究高管变更问题，为高管变更的影响因素分析提供了一个新的研究角度，丰富了高管变更方面的研究。本书还从政治关联的角度研究了审计意见对高管变更的影响，推进了目前亟待发展的审计意见对高管变更影响问题的研究。本书揭示了政治关联是影响审计意见与高管变更之间关系的重要因素。本书的研究结论可以为完善公司高管考评体系提供重要的依据，也可以为完善公司治理机制提供依据，还可以为培育和发展职业经理人市场提供参考。此外，本书从募资投向变更和募资投向变更频率两个角度检验了高质量审计师的治理作用，为审计师选择研究找到了一个新的视角，丰富了审计师选择方面的研究；已有文献关于募资投向变更的研究主要集中于公司内部因素，本书从外部审计师的治理作用来研究募资投向变更，丰富了募资投向变更方面的文献；本书还进一步研究了市场化程度对审计师选择与募资投向变更之间关系的影响，推进了审计师选择与募资投向变更之间关系的研究，也丰富了我们对中国不同市场化进程下公司财务决策行为之间差异的认识。

（6）本书为未来IPO抑价和长期收益率的特定影响因素的研究提供了经验证据，丰富了IPO抑价和长期收益率方面的研究；欧美国家之间的制度背景、法律法规以及市场环境等都差别较大，尤其是发达国家与发展中国家之间的差别更大，因此选择不同国家的公司作为研究样本可能会得到不同的研究结论，本书丰富和深化了我们对中国市场上IPO抑价和长期收益率问题的认识；已有文献的研究样本太少或者样本时间区间太短（Chen et al., 2004; Chan et al.,

2004; Chi and Padgett, 2005a; Chi and Padgett, 2005b），这可能会导致已有研究结论不具有普遍性，本书运用 1990—2010 年所有 A 股上市公司的数据，所得到的结论相对更加可靠；本书研究发现我国上市公司 IPO 长期收益率整体上为正，与布拉夫和保罗（1997）、麦金森等（2000）以及迟和帕吉特（2005）的结论一致，但已有的大多数研究发现 IPO 长期收益率为负（Megginson and Netter, 2001），本书提供了来自新兴市场的经验证据，因此丰富了上市后市场业绩方面的研究；本书研究了国有股权对 IPO 长期收益率的影响，推进了目前亟待发展的国有股权与 IPO 长期收益率之间关系的研究（Boardman and Laurin, 2000; Chi and Padgett, 2005），有助于人们认识中国上市公司上市后的市场表现；本书揭示了政府定价管制加剧了国有股权与 IPO 长期收益率之间的负相关关系，丰富了政府干预和寻租方面的研究（Megginson and Netter, 2001; Tian, 2002; Fan et al., 2007; Kao et al.; 2009），同时有助于人们认识国有企业私有化过程中的政府行为及其影响，理解中国证券市场发展过程中政府、企业与市场之间的关系，也有助于政府监管部门完善 IPO 发行制度，更好地利用证券市场推动国有企业私有化进程。

（7）本书通过研究公司法定所得税率对公司债务期限结构和债务来源结构的影响，比较了其在国有控股公司和非国有控股公司之间的差异，丰富和深化了税收与资本结构方面的研究。不仅如此，还研究了公司法定所得税率对公司债务期限结构和债务来源结构的影响在国有控股公司和非国有控股公司之间的差异，揭示了国有控股公司和非国有控股公司之间因融资环境方面面临的重要差异而导致的财务行为差异。因此，本书可以丰富人们对中国不同产权类型公司财务决策行为之间差异的认识。

## 15.3　研究局限与展望

本书的研究局限与展望主要体现在以下方面。

（1）本书只是运用实证研究方法验证不同投资效率度量模型的有效性，没有对各模型度量效果差异的产生原因进行深入分析。未来的研究可以通过对模型的适用范围和条件进行深入分析，从而对模型进行修正，使不同类型的问题有与之相匹配的投资效率度量模型。

（2）本书判断模型有效性的标准是以残差项计量的非效率投资水平是否与公司的股票回报率显著负相关。这是一种间接的验证，其前提是资本市场是有效的，股市能够全面、及时地传递公司的投资信息，并且投资者的反应能够通过股价正确反映出来。中国资本市场与金融发达国家相比还不够成熟，实证结果虽然证明了理查森（2006）修正模型的有效性，但实际上边际托宾 $q$ 和伍格勒模型不一定不能有效度量非效率投资水平，只是资本市场未能正确反映全部信息。未来的研究可以先对资本市场有效性进行评价，以保证市场的有效性。

（3）由于数据收集的困难和缺失，本书暂没有考虑董事长个人背景特征（如学历、性别、年龄、任职时间、专业、工作经历等方面）和董事长外部兼任职务的具体分类对投资效率的影响。未来的研究可以将董事长个人背景特征和董事长外部兼任职务的具体分类等因素纳入研究范围之内。

# 参 考 文 献

[1]   安灵 , 刘星 , 白艺昕 . 股权制衡、终极所有权性质与上市企业非效率投资 [J]. 管理工程学报 , 2008(2): 122–130.

[2]   薄仙慧 , 吴联生 . 国有控股与机构投资者的治理效应 : 盈余管理视角 [J]. 经济研究 , 2009(2): 81–91.

[3]   陈建林 . 家族管理对民营企业债务融资的影响 : 基于代理成本理论 [J]. 广东财经大学学报 , 2016 (1): 70–77.

[4]   陈文斌 , 陈超 . 新股上市后盈利能力下滑及募集资金使用分析 [J]. 管理科学学报 , 2007, 10(4): 49–55.

[5]   陈小悦 , 徐晓东 . 股权结构、企业绩效与投资者利益的保护 [J]. 经济研究 , 2001(11): 3–11.

[6]   陈信元 , 张田余 , 陈冬华 . 预期股票收益的横截面多因素分析 : 来自中国证券市场的经验证据 [J]. 金融研究 , 2001(6): 22–35.

[7]   陈运森 , 谢德仁 . 网络位置、独立董事治理与投资效率 [J]. 管理世界 , 2011(7): 113–127.

[8]   程仲鸣 , 夏新平 , 余明桂 . 政府干预、金字塔结构与地方国有企业上市公司投资 [J]. 管理世界 , 2008(9): 37–47.

[9]   樊纲 , 王小鲁 , 张立文 , 等 . 中国各地区市场化相对进程报告 [J]. 经济研究 , 2003(3): 9–18.

[10]  樊纲 , 王小鲁 , 朱恒鹏 . 中国市场化指数 : 各地区市场化相对进程 2011 年报告 [M]. 北京 : 经济科学出版社 , 2011.

[11]  方军雄 . 所有制、制度环境与信贷资金配置 [J]. 经济研究 , 2007(12): 82–92.

[12]  方军雄 , 方芳 . IPO 超募与资金滥用研究 [J]. 证券市场导报 , 2011(9): 37–50.

[13]  高雷 , 宋顺林 . 公司治理与公司透明度 [J]. 金融研究 , 2007(11): 28–44.

[14]  龚玉池 . 公司绩效与高层更换 [J]. 经济研究 , 2001(10): 75–96.

[15] 郭泓，赵震宇 . 承销商声誉对 IPO 公司定价、初始和长期回报影响实证研究 [J].
管理世界，2006(3): 122-128.

[16] 郭泽光，敖小波，吴秋生 . 内部治理、内部控制与债务契约治理 [J]. 南开管理评
论，2015(1): 45-51.

[17] 国有股减持课题组 . 国有股减持和上市公司治理结构改革 [J]. 改革，2001(4):
38-46.

[18] 何金耿，丁加华 . 上市公司投资决策行为的实证分析 [J]. 证券市场导报，
2001(9): 44-47.

[19] 贺炎林，王一鸣，吴卫星 . 中国首发新股超高抑价现象研究——基于市场化程度
的视角 [J]. 中国软科学，2012(10): 33-47.

[20] 何源，白莹，文翘翘 . 负债融资、大股东控制与企业过度投资行为 [J]. 系统工程，
2007, 25(3): 61-66.

[21] 胡一帆，宋敏，郑红亮 . 所有制结构改革对中国企业绩效的影响 [J]. 中国社会科
学，2006(4): 50-64.

[22] 黄福广，周杰，刘建 . 上市公司股权结构对投资决策的影响实证研究 [J]. 现代财
经（天津财经学院学报），2005(10): 21-25.

[23] 姜付秀，黄继承 . 市场化进程与资本结构动态调整 [J]. 管理世界，2011(3): 124-
167.

[24] 姜付秀，屈耀辉，陆正飞，等 . 产品市场竞争与资本结构动态调整 [J]. 经济研究，
2008(4): 99-110.

[25] 姜国华，岳衡 . 大股东占用上市公司资金与上市公司股票回报率关系的研究 [J].
管理世界，2005(9): 119-127.

[26] 蒋荣，刘星，刘斌 . 中国上市公司外部审计治理有效性的实证研究——基于
CEO 更换视角 [J]. 财经研究，2007(11): 92-103.

[27] 雷光勇，李书锋，王秀娟 . 政治关联、审计师选择与公司价值 [J]. 管理世界，
2009 (9): 145-155.

[28] 李虎 . 我国上市公司募集资金投向的多元化与变更——战略与绩效视角的实证
研究 [J]. 经济科学，2005(1): 66-76.

[29] 李健，李晏墅 . 制造业组织冗余、两职兼任与企业绩效 [J]. 工业技术经济，
2013(4): 83-89.

[30] 李敏才，罗党论 . 政治关联、审计师选择与审计师独立性——基于中国 A 股民
营上市公司的经验证据 [J]. 中国会计与财务研究，2011(2): 1-44.

[31] 李焰,秦义虎,张肖飞.企业产权、管理者背景特征与投资效率[J].管理世界,2011(1): 135–144.

[32] 李志文,宋衍蘅.影响中国上市公司配股决策的因素分析[J].经济科学,2003(3): 60–69.

[33] 刘冰,符正平,邱兵.冗余资源、企业网络位置与多元化战略[J].管理学报,2011, 8(12): 1792–1801.

[34] 刘斌,段奇特,周轶强.我国上市公司募集资金变更投向的市场反应研究[J].当代财经,2006(10): 53–60.

[35] 刘朝晖.外部套利、市场反应与控股股东的非效率投资行为[J].世界经济,2002(7): 71–79.

[36] 刘勤,陆满平,寻晓青,等.变更募集资金投向及其监管研究[J].证券市场导报,2002(1): 35–40.

[37] 刘少波,戴文慧.我国上市公司募集资金投向变更研究[J].经济研究,2004(5): 88–97.

[38] 刘慧龙,王成方,吴联生.决策权配置、盈余管理与投资效率[J].经济研究,2014(8): 93–106.

[39] 刘慧龙,张敏,王亚平,等.政治关联、薪酬激励与员工配置效率[J].经济研究,2010(9): 109–121, 136.

[40] 刘行,叶康涛.企业的避税活动会影响投资效率吗?[J].会计研究,2013(6): 47–53.

[41] 刘涛,朱敏.动态性环境中企业连锁董事与绩效关系的实证研究[J].软科学,2009, 23(6): 93–97.

[42] 刘小玄.民营化改制对中国产业效率的效果分析[J].经济研究,2004(8): 16–26.

[43] 刘小玄,李利英.企业产权变革的效率分析[J].中国社会科学,2005(2): 4–16.

[44] 刘星,刘理,窦炜.融资约束、代理冲突与中国上市公司非效率投资行为研究[J].管理工程学报,2014(3): 64–73.

[45] 刘星,安灵.大股东控制、政府控制层级与公司价值创造[J].会计研究,2010(1): 69–78.

[46] 刘煜辉,熊鹏.股权分置、政府管制和中国IPO抑价[J].经济研究,2005(5): 85–95.

[47] 刘志强.产品市场竞争与投资者法律保护研究[D].武汉:华中科技大学,2009.

[48] 刘志新,卢妲,黄昌利.中国股市预期收益率的横截面研究[J].经济科学,2000(3): 65–70.

[49] 陆静, 孟卫东, 廖刚. 上市公司会计盈利、现金流量与股票价格的实证研究 [J]. 经济科学, 2002(5): 34–42.

[50] 罗党论, 唐清泉. 政治关系、社会资本与政策资源获取：来自中国民营上市公司的经验证据 [J]. 世界经济, 2009(7): 84–96.

[51] 罗明琦. 企业产权、代理成本与企业投资效率——基于中国上市公司的经验证据 [J]. 中国软科学, 2014(7): 172–184.

[52] 梅丹. 我国上市公司固定资产投资规模财务影响因素研究 [J]. 管理科学, 2005(5): 80–86.

[53] 曲亮, 任国良. "质"的耕耘还是"量"的拓展？[J]. 浙江工商大学学报, 2014(7): 90–103.

[54] 任兵, 区玉辉, 彭维刚. 连锁董事与公司绩效：针对中国的研究 [J]. 南开管理评论, 2007, 10(1): 8–15.

[55] 邵传林, 邵姝静. 制度环境、金融发展与企业研发投资：一个文献综述 [J]. 首都经济贸易大学学报, 2016(3): 110–116.

[56] 申慧慧, 于鹏, 吴联生. 国有股权、环境不确定性与投资效率 [J]. 经济研究, 2012(7): 113–126.

[57] 沈红波, 寇宏, 张川. 金融发展、融资约束与企业投资的实证研究 [J]. 中国工业经济, 2010(6): 55–64.

[58] 沈艺峰, 陈舒予, 黄娟娟. 投资者法律保护、所有权结构与困境公司高层管理人员变更 [J]. 中国工业经济, 2007(1): 96–103.

[59] 宋立刚, 姚洋. 改制对企业绩效的影响 [J]. 中国社会科学, 2005(2): 123–142.

[60] 宋衍蘅. 权益再融资资金使用方式与再融资以后的经营业绩 [J]. 会计研究, 2008(5): 23–95.

[61] 孙永祥, 黄祖辉. 上市公司的股权结构与绩效 [J]. 经济研究, 1999(12): 23–30.

[62] 孙铮, 刘凤委, 李增泉. 市场化程度、政府干预与企业债务期限结构 [J]. 经济研究, 2005(5): 52–63.

[63] 田高良, 李留阁, 齐保垒. 连锁董事、财务绩效和公司价值 [J]. 管理科学, 2011, 24(3): 13–23.

[64] 田利辉. 国有股权对上市公司绩效影响的 U 型曲线和政府股东两手论 [J]. 经济研究, 2005(10): 48–58.

[65] 王成方, 罗明琦, 张胜, 等. 投资效率、企业产权与高管变更——基于中国上市公司的经验证据 [J]. 上海立信会计学院学报, 2010(1): 37–47.

[66] 王进朝 . 非标准审计意见与高管更换的相关性检验——基于 2002 年—2009 年中国 A 股上市公司的实证研究 [J]. 审计与经济研究 , 2011(1): 48–56.

[67] 王鹏 , 周黎安 . 中国上市公司外部审计的选择及其治理效应 [J]. 中国会计评论 , 2006, 4(2): 321–344.

[68] 王向阳 , 甘剑莹 , 徐鸿 . 上市公司变更募集资金投向问题的再认识 [J]. 华中科技大学学报 ( 社科版 ), 2002(1): 69–72.

[69] 王烨 . 股权控制链、代理冲突与审计师选择 [J]. 会计研究 , 2009(6): 65–72.

[70] 王跃堂 , 王亮亮 , 彭洋 . 产权性质、债务税盾与资本结构 [J]. 经济研究 , 2010(9): 122–135.

[71] 汪要文 . 连锁董事怎样影响会计师事务所的选择 [J]. 金融理论与实践 , 2012(4): 111–115.

[72] 魏明海 , 柳建华 . 国企分红、治理因素与过度投资 [J]. 管理世界 , 2007(4): 88–95.

[73] 吴联生 , 刘慧龙 . 国有企业改制上市模式与资源配置效率 [R]. 北京 : 北京大学 , 2008.

[74] 吴联生 , 岳衡 . 税率调整和资本结构变动——基于我国取消"先征后返"所得税优惠政策的研究 [J]. 管理世界 , 2006(11): 111–118.

[75] 肖曙光 , 蒋顺才 . 我国 A 股市场高 IPO 抑价现象的制度因素分析 [J]. 会计研究 , 2006(6): 70–75.

[76] 夏立军 , 方轶强 . 政府控制、治理环境与公司价值——来自中国证券市场的经验证据 [J]. 经济研究 , 2005(5): 40–51.

[77] 肖泽忠 , 邹宏 . 中国上市公司资本结构的影响因素和股权融资偏好 [J]. 经济研究 , 2008(6): 119–134.

[78] 谢德仁 , 陈运森 . 董事网络 : 定义、特征和计量 [J]. 会计研究 , 2012(3): 44–51.

[79] 辛清泉 , 林斌 , 王彦超 . 政府控制、经理薪酬与资本投资 [J]. 经济研究 , 2007(8): 110–122.

[80] 熊风华 , 彭珏 . 公司领导权结构与公司绩效——基于中国上市公司的实证分析 [J]. 经济评论 , 2008(3): 78–82.

[81] 徐浩萍 , 陈欣 , 陈超 . 国有企业 IPO 发行折价 : 基于政策信号理论的解释 [J]. 金融研究 , 2009(10): 133–149.

[82] 徐晓东 , 陈小悦 . 第一大股东对公司治理、企业业绩的影响分析 [J]. 经济研究 , 2003(2): 64–74.

[83]　徐一民，张志宏 . 产品市场竞争、政府控制与投资效率 [J]. 软科学，2010(12): 19–23.

[84]　肖作平，廖理 . 公司治理影响债务期限水平吗？[J]. 管理世界，2008(11): 143– 156.

[85]　严小洋 .IPO 中的价格管制及其后果 [J]. 北京大学学报 ( 哲学社会科学版 )，2008(11): 141–147, 156.

[86]　严也丹 . 上市公司大股东—管理者合谋与公司治理效率研究 [D]. 武汉：华中科技大学，2010.

[87]　杨丹，魏韫新，叶建明 . 股权分置对中国资本市场实证研究的影响及模型修正 [J]. 经济研究，2008(3): 73–86.

[88]　杨华军，胡奕明 . 制度环境与自由现金流的过度投资 [J]. 管理世界，2007 (9): 99–106.

[89]　杨全文，薛清梅 .IPO 募资投向变更、经营业绩变化和市场反应 [J]. 会计研究，2009(4): 69–78.

[90]　杨亚林，马如飞 . 国家文化与非正规融资 [J]. 首都经济贸易大学学报，2016(5): 36–45.

[91]　游家兴，徐盼盼，陈淑敏 . 政治关联、职位壕沟与高管变更——来自中国财务困境上市公司的经验证据 [J]. 金融研究，2010(4): 128–143.

[92]　俞红海，徐龙炳，陈百助 . 终极控股股东控制权与自由现金流过度投资 [J]. 经济研究，2010(8): 1–14.

[93]　余明桂，回雅甫，潘红波 . 政治联系、寻租与地方政府财政补贴有效性 [J]. 经济研究，2010(3): 1–21.

[94]　余明桂，潘红波 . 政治关系、制度环境与民营企业银行贷款 [J]. 管理世界，2008(8): 9–21.

[95]　于富生，王成方 . 国有股权与 IPO 抑价：政府定价管制视角 [J]. 金融研究，2012(9): 155–167.

[96]　于文超，何勤英 . 投资者保护、政治联系与资本配置效率 [J]. 金融研究，2013(5): 152–166.

[97]　于增彪，梁文涛 . 股票发行定价体制与新上市 A 股初始投资收益 [J]. 金融研究，2004(8): 51–58.

[98]　原红旗，李海建 . 配股资金使用与公司业绩 [J]. 中国会计评论，2005, 3(1): 143–160.

[99]　张功富 . 产品市场竞争影响企业非效率投资的路径研究 [D]. 广州：暨南大学，2008.

[100]  张功富.产品市场竞争、大股东持股与企业过度投资——来自沪深工业类上市公司的经验证据 [J]. 华东经济管理 , 2009, 23(7): 68–75.

[101]  张功富 , 宋献中 . 我国上市公司投资 : 过度还是不足 ? ——基于沪深工业类上市公司非效率投资的实证度量 [J]. 会计研究 , 2009(5): 69–77.

[102]  张敏 , 张胜 , 申慧慧 , 等 . 政治关联与信贷资源配置效率——来自我国民营上市公司的经验证据 [J]. 管理世界 , 2010(11): 143–153.

[103]  张为国 , 翟春燕 . 上市公司变更募集资金投向动因研究 [J]. 会计研究 , 2005(7): 19–24.

[104]  张翼 , 李辰 . 股权结构、现金流与资本投资 [J]. 经济学 ( 季刊 ), 2005, 5(1): 229–246.

[105]  赵超 , 皮莉莉 . 中国上市公司股权结构与总经理变更 [J]. 改革 , 2005(1): 93–100.

[106]  赵震宇 , 杨之曙 , 白重恩 . 影响中国上市公司高管层变更的因素分析与实证检验 [J]. 金融研究 , 2007(8): 76–89.

[107]  郑江淮 , 何旭强 , 王华 . 上市公司投资的融资约束 : 从股权结构角度的实证分析 [J]. 金融研究 , 2001(11): 92–99.

[108]  支晓强 , 童盼 . 管理层业绩报酬敏感度、内部现金流与企业投资行为 [J]. 会计研究 , 2007(10): 73–81.

[109]  周孝华 , 赵炜科 , 刘星 . 我国股票发行审批制与核准制下 IPO 定价效率的比较研究 [J]. 管理世界 , 2006(11): 13–18.

[110]  朱红军 . 我国上市公司高管人员更换的现状分析 [J]. 管理世界 , 2002(5): 126–131, 141.

[111]  朱红军 . 高级管理人员更换与经营业绩 [J]. 经济科学 , 2004(4): 82–92.

[112]  朱红军 . 大股东更换与高级管理人员更换 : 经营业绩的作用 [J]. 会计研究 , 2002(9): 31–40.

[113]  朱红军 , 林俞 . 高管人员更换的财富效应 [J]. 经济科学 , 2003(4): 85–94.

[114]  朱红军 , 何贤杰 , 陈信元 . 金融发展、预算软约束与企业投资 [J]. 会计研究 , 2006(10): 64–71.

[115]  朱红军 , 钱友文 . 中国 IPO 高抑价之谜 : "定价效率观"还是"租金分配观"? [J]. 管理世界 , 2010(6): 28–40.

[116]  朱武祥 , 朱白云 . 募集资金投向"变脸"探析 [J]. 科学决策 , 2002(9): 41–46.

[117]  邹斌 . 政府窗口指导、询价制与 IPO 抑价研究 [D]. 武汉 : 华中科技大学 , 2010.

[118]　AGGARWAL R, LEAL R, HERNANDEZ L. The aftermarket performance of initial public offerings in Latin America[J]. Financial Management, 1993, 22(1): 42-53.

[119]　AHARONY J, LEE C J, WONG T J. Financial packaging of IPO firms in China[J]. Journal of Accounting Research, 2000, 38(1): 103-126.

[120]　ALBUQUERUE R U I, WANG N. Agency conflicts, investment, and ssset pricing [J]. Journal of Finance, 2008, 63(1): 1-40.

[121]　ALMEIDA H, CAMPELLO M .Financial constraints, asset tangibility, and corporate investment [J]. The Review of Financial Studies, 2007, 20(5): 1429-1460.

[122]　ALLEN F, QIAN J, QIAN M. Law, finance, and economic growth in China [J]. Journal of Financial Economics, 2005, 77(1): 57-116.

[123]　BAI C, LIU Q, LU J, et al. Corporate governance and market valuation in China[J]. Journal of Comparative Economics, 2004, 32(4): 599-616.

[124]　BAKER M. Career concerns and staged investment: Evidence from the venture capital industry [R]. Boston: Harvard University, 2000.

[125]　BARCLAY M J, SMITH C W. The priority dtructure of corporate liabilities [J]. Journal of Finance, 1995 , 50(3): 899-917.

[126]　BIDDLE G C, HILARY G, VERDI R S. How does financial reporting quality relate to investment efficiency? [J]. Journal of Accounting and Economics, 2009, 48(2-3): 112-131.

[127]　BOARDMAN A E, LAURIN C. Factors affecting the stock price performance of share issue privatizations[J]. Applied Economics, 2000, 32(11): 1451-1464.

[128]　BOARDMAN A E, VINING A R. Ownership and performance in competitive environments: A comparison of the performance of private, mixed, and state-owned enterprises[J]. Journal of Law and Economics, 1989, 32(1): 1-33.

[129]　BONNIER K A, BRUNER R F. Analysis of stock price reaction to management change in distressed firms[J]. Journal of Accounting and Economics, 1989, 11(1): 95-106.

[130]　BOYD B K. CEO Duality and firm performance [J]. Strategic Management Journal, 1995, 16(4): 301-312.

[131]　BRADLEY M G, KIM E H. On the existence of an optimal capital structure: Theory and evidence [J]. Journal of Finance, 1984, 39(3): 857-878.

[132]　BRANDT L, LI H. Bank discrimination in transition economies: Ideology, information or incentives[J]. Journal of Comparative Economics, 2003, 31(3): 387-413.

[133]  BRAV A, PAUL A G. Myth or reality? The long-run underperformance of initial public offerings: Evidence from venture and non-venture capital-backed companies[J]. Journal of Finance, 1997, 52(5): 1791-1821.

[134]  BRICK I E, RAVID S A. On the relevance of debt maturity structure [J]. Journal of Finance, 1985 , 40(5): 1423-1437.

[135]  BURKART M, PANUNZI F. SHILEIFER A. Family firms [J]. The Journal of Finance, 2003, 58(5): 2167-2202.

[136]  CANNELLA A A, LUBSTKIN A M. Succession as a sociopolitical process: Internal impediments to outsider selection [J]. Academy of Management Journal, 1993, 36(4): 763-793.

[137]  CARTER R, MANASTER S. Initial public offerings and underwriter reputation [J]. The Journal of Finance, 1990, 45(4): 1045-1067.

[138]  CARTER R, DARK F, SINGH A K. Underwriter reputation, initial returns, and the long-run performance of IPO Stocks [J]. The Journal of Finance, 1998, 53(1): 285-311.

[139]  CHAGANTI R S, MAHAJAN V, SHARMA S. Corporate board size, composition and corporate failures in retailing industry [J]. Journal of Management Studies, 1985, 22(4): 400-417.

[140]  CHAN K, WANG J B, WEI K C. Underpricing and long-term performance of IPOs in China [J]. Journal of Corporate Finance, 2004, 10(3): 409-430.

[141]  CHANG E C, WONG M L. Governance with multiple objectives: Evidence from top executive turnover in China [J]. Journal of Corporate Finance, 2009, 15: 230 -244.

[142]  CHE J, QIAN Y. Institutional environment, community government, and corporate governance: Understanding China's township village enterprises[Z]. Working Paper, 1997.

[143]  CHEN G, FIRTH M, KIM J B. IPO underpricing in China's new stock markets [J]. Journal of Multinational Financial Management, 2004, 14(3): 283-302.

[144]  CHI J, PADGETT C. Short-run underpricing and its characteristics in Chinese initial public offering (IPO) Markets [J]. Research in International Business and Finance, 2005a, 19(1): 71-93.

[145]  CHI J, PADGETT C. The performance and long-run characteristics of the Chinese IPO market [J]. Pacific Economic Review, 2005b, 10(4): 451-469.

[146] CHOI J, WONG T J. Auditors' governance functions and legal environments: An international investigation [J]. Contemporary Accounting Research, 2007, 24(1): 13–46.

[147] CLAESSENS S, DJANKOV S, LANG L H P. The separation of ownership and control in East Asian Corporations [J]. Journal of Financial Economics, 2000, 58(1–2): 81–112.

[148] CLAESSENS S, DJANKOV S, FAN J P H, et al.Disentangling the incentive and entrenchment effects of large shareholdings [J]. Journal of Finance, 2002, 57(6): 2741–2771.

[149] COHEN R B, GOMPERS P A, VNOLTEENAHO T. Who underreacts to cash–flow news? Evidence from trading between individuals and institutions[J]. Journal of Financial Economics, 2002, 66(2–3): 409–462.

[150] COUGHLAN A T, SCHMIDT R M. Executive compensation, management turnover and firm performance : An empirical investigation [J]. Journal of Accounting and Economics, 1985, 7(1–3): 43–66.

[151] DAILY C M, DALTON D R. Corporate governance and the bankrupt firm: An empirical assessment [J]. Strategic Management Journal, 1994, 15(8): 643–654.

[152] DECHOW P, SLOAN R G, HUTTOW A P. Detecting earnings management [J]. The Accounting Review, 1995, 70(2): 193–225.

[153] DEFOND M L, HUNG M. Investor protection and corporate governance: Evidence from worldwide CEO turnover [J]. Journal of Accounting Research, 2004, 42(2): 269–312.

[154] DEFOND M L, PARK C W. The effect of competition on CEO turnover [J]. Journal of Accounting and Economics, 1999, 27(1): 35–56.

[155] DEVEREUX M, SCHIANTARELLI F. Investment, financial factors, and cash flow: Evidence from U.K. panel data [J]. Journal of Financial Econonics, 1990, 22(1): 79–102.

[156] DONALDSON L, DAVIS J H. Stewardship theory or agency theory: CEO governance and shareholder returns[J]. Australian Journal of Management, 1991(16): 49–64.

[157] DONG M, MICHEL J S, PANDES J A. Underwriter quality and long–run IPO performance[J]. Financial Management, 2011, 40(1): 219–251.

[158] DYCK A, ZINGALES L. Private Benefits of control: An international comparison [J]. The Journal of Finance, 2004, 59(2): 537–600.

[159] EMERY D, LEWELLEN W, MAUER D C.Tax-Timing options, leverage, and the choice of corporate form [J]. Journal of Financial Research, 1998 (11):99–100.

[160] ENGL E, HAYES R M, WANG X.CEO turnover and properties of accounting information [J]. Journal and Accounting and Economics, 2003, 36 (l–3): 197–227.

[161] ALEYE O. Does one hat fit all? The case of corporate leadership structure [J]. Journal of Management and Governance, 2007, 11(3): 239–259.

[162] FAMA E F, JENSEN M C. Separation of ownership and control [J]. Journal of Law and Economics, 1983, 26(2): 301–325.

[163] FAMA E F, FRENCH K R. Dissecting anomalies [J]. The Journal of Finance, 2008, 88(4): 1653–1678.

[164] LAU W, GAN D K K, YOUNG M N, et al. Corporate governance effectiveness during institutional transition [J]. International Business Review, 2007, 16(4): 425–448.

[165] FAN J P H, WONG T J. Do external auditors perform a corporate governance role in emerging markets? Evidence from east Asia [J]. Journal of Accounting Research, 2005, 43:35–72.

[166] FAN J P H, WONG T J, ZHANG T. Politically-connected CEOs, corporate governance and post-IPO performance of China's partially privatized firms [J]. Journal of Financial Economics, 2007, 84(2): 330–357.

[167] FARRELL K A, WHIDBEE D A. Monitoring by the financial press and forced CEO Turnover [J]. Journal of Banking and Finance, 2002, 26(12): 2249–2276.

[168] FARRELL K A, WHIDBEE D A. Impact of firm performance expectations on CEO turnover and replacement decisions [J]. Journal of Accounting and Economics, 2003, 36:165–196.

[169] FAZZARI S, HUBBARD R G, PETERSEN B. Financial constraints and corporate investment [J]. Brookings Papers on Economic Activity, 1988, 1: 141–195.

[170] FICH E M, SHIVDASANI A. Are busy boards effective monitors? [J]. Journal of Finance, 2006, 61(2): 689–724.

[171] FIRTH M, FUNG P M Y, RUI O. Firm performance, governance structure, and top management turnover in a transitional economy [J]. Journal of Management Studies, 2006, 43 (6) : 1289–1330.

[172] FIZEL J L, LOUIE K K T. CEO retention, firm performance and corporate governance [J]. Managerial and Decision Economics, 1990, 11(3): 167–176.

[173]　FLIGSTEIN N, BRANTLEY P. Bank control, owner control, or organizational dynamics: Who controls the large modern corporation? [J]. American Journal of Sociology, 1992, 98(2): 280–307.

[174]　FOERSTER S R, KAROLYI G A. The long–run performance of global equity offerings[J]. Journal of Financial and Quantitative Analysis, 2000, 35(4): 499–528.

[175]　FRYE T, SHLEIFER A. The invisible hand and the grabbing hand [J]. American Economic Review, 1997, 87:354–358.

[176]　GEDAJLOVIC E, YOSHIKAWA T, HASHIMOTO M. Ownership structure, investment behavior and firm performance in Japanese manufaeturing industries [J]. Organization Studies, 2005, 26(1): 7–35.

[177]　GILSON S C.Management turnover and financial distress [J]. Journal of Financial Fconomics, 1989, 25(2): 241–262.

[178]　GIVOLY D, HAHN C, OFER A, et al. Taxes and capital structure: evidence from firms′ response to the Tax Reform Act of 1986 [J]. Review of Financial Studies, 1992 (5): 331–355.

[179]　GODFREY J M, MATHER P R, RAMSAY A L. Earnings and impression management in financial reports: The case of CEO changes [J]. Abacus, 2003, 39(1): 95–123.

[180]　GOERGEN M, RENNEBOOG L. Investment policy, internal financing and ownership concentration in the UK[J]. Journal of Corporate Finance, 2001, 7(3): 257–284.

[181]　GOULDNER A. The problem of loyalty in groups under tension [J]. Social Problems, 1954, 2(2): 82–88.

[182]　GOYAL V K, PARK C W. Board leadership structure and CEO turnover [J]. Journal of Corporate Finance, 2002, 8: 49–66.

[183]　GOYAL V K, LEHN K, RACIC S. Growth opportunities and corporate debt policy: The case of the U.S. defense industry [J]. Journal of Financial Economics, 2001(64): 35–59.

[184]　GRAHAM J R. Taxes and corporate finance [J]. Socal Science Electronic Publishing, 2001, 16(4): 1075–1129.

[185]　GRANOVETTER M. Economic action and social structure: The problem of embeddedness [J]. American Journal of Sociology, 1985, 91(3): 481–510.

[186]　GRULLON G, MICHAELY R. Dividends, share repurchases, and the substitution hypothesis [J]. Journal of Finance, 2002, 57(4): 1649–1684.

[187]    GUEDES J, OPLER T. The Determinants of the Maturity Structure of debt issues [J].
         Journal of Finance, 1996 (51): 1809–1833.

[188]    HACKBARTH D, MAUER D C. Optimal priority structure, capital structure, and
         investment [J]. Review of Financial Studies, 2012, 25(3): 747–796.

[189]    HARWOOD E, MANZON G B. Tax clienteles and debt maturity [J]. Journal of the
         American Taxation, 2000, 22(2): 22–39.

[190]    HAUGEN R A, BAKER N L. Commonality in the determinants of expected stock
         returns [J]. Journal of Financial Economics, 1996, 41(3): 401–439.

[191]    HAUNSCHILD P R. Inter organizational imitation: The impact of interlocks on
         corporate acquisition activity [J]. Administrative Science Quarterly, 1993, 38(4): 564–
         592.

[192]    HAYSASHI F. Tobin's marginal and average q: A neoclassical interpretation [J].
         Econometrical, 1982, 50(1): 213–224.

[193]    HEE–JUNG Y, POCHET C, ALCOUFFE A. CEO reciprocal interlocks in french
         corporations [J]. Journal of Management and Governance, 2003, 7(1): 87–108.

[194]    HOLDEMESS C, SHEEHAN D. The role of majority shareholders in publicly held
         corporations: An exPloratory analysis [J]. Journal of Financial Economies, 1988,
         20(1–3): 317–346.

[195]    HOLMSTROM B. Design of incentive schemes and the new sovief incentive model [J].
         European Economic Review, 1982, 17(2): 127–148.

[196]    HOLMSTROM B, MILGROM P. Multitask principal agent analyses [J]. Journal of
         Law, Economics & Organization, 1991, 7(2): 24–29.

[197]    HOVAKIMIAN G, TITMAN S. Corporate investment with financial constraints:
         Sensitivity of investment to funds from voluntary asset sales [J]. Journal of Money,
         Credit and Banking, 2006, 38(2): 357–374.

[198]    HUSON M, PSRRINO R, STARKS L. Internal monitoring mechanisms and CEO
         turnover: A long–term perspective [J]. Journal of Finance, 2001, 56: 2265–2298.

[199]    JELIC R, BRISTON R. Hungarian privatisation strategy and financial performance of
         privatised companies [J]. Journal of Business Finance and Accounting, 1999, 26(9–10):
         1319–1357.

[200]    JENSEN M C. Agency costs of free cash flow, corporate finance, and takeovers [J].
         American Economic Review, 1986, 76(2): 323–329.

[201]  JENSEN M C. The modern industrial revolution, exit, and the failure of internal control systems [J]. Journal of Finance, 1993, 48(3): 831–880.

[202]  JENSEN M C, MECKING W H. Theory of the firm: Managerial behavior, agency costs and ownership structure [J]. Journal of Financial Economics, 1976, 3(4): 305–360.

[203]  JOHNSON S, LA PORTA R, LOPEZ–DE–SILANES F, et al. Tunneling [J]. Amerian Eeonomic Review, 2000, 90: 22–27.

[204]  JOHNSON J, MILLER R. Investment banker prestige and the underpricing of initial public offerings [J]. Financial Management, 1988, 17(2): 19–29.

[205]  JONES S L, MEGGINSON W L, NASH R C, et al. Share issue privatizations as financial means to political and economic ends [J]. Journal of Financial Economics, 1999, 53(2): 217–253.

[206]  KANE A, MARCUS A J, MCDONALD R L. Debt policy and the rate of return premium to leverage [J]. Journal of Financial and Quantitative Analysis, 1985 (20): 479–499.

[207]  KAO J L, WU D, YANG Z. Regulations, earnings management, and post–IPO performance: The Chinese evidence [J]. Journal of Banking and Finance, 2009, 33(1): 63–76.

[208]  KAPLAN S N, ZINGALES L. Do investment–cash flow sensitivities provide useful measure of financing constraints? [J]. Quarterly Journal of Economics, 1997, 112(1): 169–215.

[209]  KATO T, LONG C. CEO turnover, firm performance, and corporate governance in Chinese listed firms [J]. Journal of Comparative Economics, 2006, 34: 796–817.

[210]  KHURANA R, NOHRIA N. The performance consequences of CEO turnover [C]. Cambridge: Massachusetts Institute of Technology, 2000.

[211]  KOTHARI S P, SUSAN S, WYSOEKI P. Do managers withhold bad news [J]. Journal of Accounting Research, 2009, 47(1): 241–276.

[212]  LAKONISHOK J, SHLEIFER A, VISHNY R. Contrarian investment, extrapolation, and risk [J]. The Journal of Finance, 1994, 49(5): 1541–1578.

[213]  LA PORTA R, LOPEZ–DE–SILANCE F, SHLEIFER A, et al. Investor protection and corporate governance [J]. Journal of Finance Economics, 2000, 58(1–2): 3–27.

[214]  LA PORTA R, LOPEZ–DE–SILANCE F, SHLEIFER A, et al. Law and finance [J]. Journal of Political Economy, 1998, 106: 1113–1155.

[215] LA PORTA R, LOPEZ–DE–SILANCE SHLEIFER A, et al. Investor protection and corporate valuation [J]. Journal of Finance, 2002, 57(3): 1147–1170.

[216] LERNER J, SORENSEN M, STROMBERG P. Private equity and long–run investment: The case of innovation [J]. The Journal of Finance, 2011, 66(2): 445–477.

[217] LEVIS M. The long–run performance of initial public offerings: The UK experience 1980–1988 [J]. Financial Management, 1993, 22(1): 28–41.

[218] LIAO G M, CHEN X, JING X, et al. Policy burdens, firm performance, and management turnover [J]. China Economic Review, 2009, 20:15–28.

[219] LI L C, TIAN G L, YAN W J. The network of interlocking directorates and firm performance in transition economles: Evidence from China [J]. The Journal of Annlied Business Research, 2013, 29(2): 607–620.

[220] LIN J Y, CAI F, LI Z. Competition, policy Burdens, and State–Owned Enterprise Reform [J]. The American Economic Review, 1998, 88(2): 422–427.

[221] LÓPEZ–DE–SILANES F. Determinants of privatization prices [J]. Quarterly Journal of Economics, 1997, 112(4).

[222] LÓPEZ–GRACIA J, MESTRE–BARBERÁ R. Tax effect on spanish SME optimum debt maturity structure [J]. Journal of Business Research, 2011 (64): 649–655.

[223] LOUGHRAN T, RITTER J R. Why has IPO underpricing changed over time? [J]. Financial Management, 2004, 33(3): 5–37.

[224] LOUGHRAN T, RITTER J R, RYDQVIST K. Initial public offerings: International insights[J]. Pacific–basin finance journal, 1994, 2(2–3): 165–199.

[225] LOVE L. Financial development and financial constraints: International evidence from the structural investment model [R]. Working paper, World Bank, 2001.

[226] MCCONNELL J, SERVAES H.Additional Evidence on Equity Ownership and Corporate Value [J]. Journal of Financial Economics, 1990, 27(2): 595–612.

[227] MCDONALD J G, FISHER A K. New–Issue stock price behavior [J]. The Journal of Finance, 1972, 27(1): 97–102.

[228] MEGGINSON W, NETTER J. From state to market: A survey of empirical studies on privatization [J]. Journal of Economic Literature, 2001, 39: 321–389.

[229] MEGGINSON W, WEISS K. Venture capitalist certification in initial public offerings [J]. The Journal of Finance, 1991, 46(3): 879–904.

[230] MEGGINSON W, NASH R, NETTER J, et al. The long–run return to investors in share issue privatization [J]. Financial Management, 2000, 29(1): 321–389.

[231] MEGGINSON W, NASH R, RANDENBORGH M. The financial and operating performance of newly privatized firms: An international empirical analysis[J]. The Journal of Finance, 1994, 49(2).

[232] MEGGINSON W, NETTER J. From state to market: A survey of empirical studies on privatization [J]. Journal of Economic Literature, 2001, 39(2): 321–389.

[233] MENYAH K, PAUDYAL K, INYANGETE C G. Subscriber return, underpricing, and long–term performance of UK privatization initial public offers [J]. Journal of Economics and Business, 1995, 47(5): 473–495.

[234] MILLER R E, REILLY F K. An examination of mispricing, returns, and uncertainty for initial public offerings [J]. Financial Management, 1987, 16(2): 33–38.

[235] MINTZBERG H, WATERS J A. Tracking strategy in an entrepreneurial firm [J]. Academy of Management Journal, 1982, 25(3): 465–499.

[236] MODIGNIANI F, MILLER M. The cost of capital, corporation finance and theory of investment [J]. American Economic Review, 1958, 48(3): 261–297.

[237] MODIGNIANI F, MILLER M. Corporate income taxes and the cost of capital: A correction [J]. American Economic Review, 1963(53): 433–443.

[238] MORCK R, SHLEIFER A, VISHNY R. Management ownership and market valuation: An empirical analysis [J]. Journal of Financial Economics, 1988, 20(1–2): 293–315.

[239] MYERS S C, MAJLUF N S. Corporate financing and investment decisions when firms have information that investors do not have [J]. Journal of Finance, 1984, 13(2): 187–221.

[240] NEWBERRY K J, NOVSCK G F. The effects of taxes on corporate debt maturity decisions: An analysis of public and private bond offerings [J]. Journal of American Taxation Association, 1999 (21): 1–16.

[241] OFFICER M S. Framework for analyzing interconnectedness of relationships [J]. Journal of Corporate Finance, 2011, 17(3): 710–724.

[242] O'REILLY III, CHARLES A, MAIN, et al. CEO compensation as tournament and social comparison: A tale of two theories [J]. Administrative Science Quarterly, 1988, 33(2): 257–274.

[243] PALMER D, JENNINGS P D, ZHOU X G. Late adoption of the multidivisional form by large US corporations: Institutional, political and economic accounts [J]. Administrative Science Quarterly, 1993, 38(1): 100–131.

[244]  PAUDYAL K, SAADOUNI B, BRISTON R J. Privatization initial public offerings in malaysia: Initial premium and long-term performance [J]. Pacific-Basin Finance Journal, 1998, 6(5): 427-451.

[245]  PENG M W, ZHANG S, LI X. CEO duality and firm performance during China's institutional transitions [J]. Management and Organization Review, 2007, 3(2): 205-225.

[246]  PENNINGS J M. Interlocking directorates[M].San Francisco: Jossey-Bass, 1980.

[247]  PI L, TIMME, STEPHEN G. Corporate control and bank efficiency [J]. Journal of Banking & Finance, 1993, 17(2-3): 515-530.

[248]  POUND J. Proxy contests and the efficiency of shareholder oversight [J]. Journal of Financial Economics, 1988, 20(1-2): 237-265.

[249]  PUTMAN R D. The prosperous community: Social capital and public life [J]. Foundations of Social Capital, 2003, 2: 529-536.

[250]  QIAN Y. Enterprise reform in China: Agency problems and plitical control [J]. Economics of Transition, 2007, 4(2): 427-447.

[251]  RAJAN R G, ZINGALES L. Financial dependence and growth [J]. American Economic Review, 1998, 88(3): 559-586.

[252]  RAUH J. Investment and financing constraints: evidence from the funding of corporate pension plans [J]. Journal of Finance, 2006, 61(1): 33-71.

[253]  RECHNER P L, DALTON D R. CEO duality and organizational performance: A longitudinal analysis [J]. Strategic Management Journal, 1991, 12(2): 155-160.

[254]  RICHARDSON R J. Directorship interlocks and corporate profit ability [J]. Administrative Science Quarterly, 1987, 32(2): 367-386.

[255]  RICHARDSON S. Over-investment of free cash flow [J]. Review of Accounting Studies, 2006, 11(2-3): 159-189.

[256]  RITTER J R. The long-run performance of initial public offerings [J]. The Journal of Finance, 1991, 46(1): 3-27.

[257]  ROCK K. Why new issues are underpriced [J]. Journal of Financial Economics, 1986, 15(1-2): 187-212.

[258]  SCHOLES M S, WOLFSON M. Taxes and business strategy: A planning approach [M]. Englewood Cliffs: Rentice-Hall, 1992.

[259]  SHLEIFER A, VISHNY R W. Large shareholders and corporate control [J]. Journal of Political Economy, 1986, 94(3): 461-488.

[260] SHLEIFER A, VISHNY R W. A survey of corporate governance [J]. Journal of Finance, 1997, 52(2): 737–783.

[261] SHLEIFER A, VISHNY R. Politicians and firms[J]. Quarterly Journal of Economics, 1994, 109(4): 995–1025.

[262] SHLEIFER A, VISHNY R. The grabbing hand: government pathologies and their cures[M]. Cambridge: Harvard University Press, 1998

[263] SIMPSON W G, GLEASON A E. Board structure, ownership, and financial distress in banking firms [J]. International Review of Economics and Finance, 1999, 8(3): 281–292.

[264] SRIDHARAN U V, MARSINK A. CEO duality in the paper and forest products industry [J]. Journal of Financial and Strategic Decisions, 1997, 10: 59–65.

[265] STOHS M, MAUER D. The determinants of corporate debt maturity structure [J]. Journal of Business, 1996 (69): 279–312.

[266] STULZ R. Managerial discretion and optimal financing policies [J]. Journal of Financial Economics, 1990, 26(1): 3–27.

[267] SU C, BANGASSA K. Underpricing and long–run performance of Chinese IPOs: the role of underwriter reputation [J]. Financial Markets and Portfolio Management, 2011, 25(1): 53–74.

[268] SU D. Leverage, insider ownership, and the underpricing of IPOs in China [J]. Journal of International Financial Markets, Institutions and Money, 2004, 14(1): 37–54.

[269] SUN Q, TONG W H S, TONG J. How does government ownership affect firm performance? Evidence from China's privatization experience [J]. Journal of Business Finance and Accounting, 2002, 29(1–2): 1–27.

[270] SUN Q, TONG W H S. China share issue privatization: The extent of its success [J]. Journal of Financial Economics, 2003, 70(2): 183–222.

[271] TIAN L. Regulatory underpricing: Determinants of Chinese extreme IPO returns [J]. The Journal of Empirical Finance, 2001, 18(1): 78–90.

[272] TIAN L. Government shareholding and the value of China's modern firms [R]. London : London Business School, 2002.

[273] TITMAN S, WESSELS R. The determinants of capital structure choice [J]. Journal of Finance, 1988 (43): 1–19.

[274] ERIKSSON T. Managerial pay and executive turnover in the Czech and Slovak Republics [J]. Economics of Transition, 2005, 13(4): 659–677.

[275]    TAN R S K, CHANG P L, TAN T W. CEO share ownership and firm value [J]. Asia Pacific Journal of Management, 2001, 18(3): 355–371.

[276]    USEEM M. *The* Inner Circle[M].Oxford: Oxford University Press, 1984.

[277]    VERDI R S. Financial reporting quality and investment efficiency [R].Cambridge: , MIT Sloan School of Manangemet, 2006.

[278]    VOGT S. The cash flow investment relationship: Evidence from U.S. manufacturing firms [J]. Financial Management, 1994, 23(2): 3–20.

[279]    BOEKER W. Power and managerial dismissal: scapegoating at the top [J]. Administrative Science Quarterly, 1992, 37(3): 400–421.

[280]    WATTS R L, ZIMMERMAN J L. Agency problems, auditing, and the theory of the firm: Some evidence [J]. Journal of Law and Economics, 1983(26): 613–633.

[281]    WEI K C J, ZHANG Y. Ownership structure, cash flow, and capital investment: Evidence from East Asian economies before the financial crisis [J]. Journal of Corporate Finance, 2008, 14(2): 118–132.

[282]    WEISBACH M S. CEO turnover and the firm's invest decisions [J]. Journal of Financial Economics, 1995, 37(2): 159–188.

[283]    WEISBACH M S. Outside directors and CEO turnover [J]. Journal of Financial Economics, 1988, 20(88): 431–460.

[284]    WEI Z, VARELA O, D'SOUZA J, et al. The financial and operating performance of China's newly privatized firms [J]. Financial Management, 2003, 32(2): 53–80.

[285]    WEI Z, VARELA O. State equity ownership and firm market performance: Evidence from China's newly privatized firms [J]. Global Finance Journal, 2003, 14(1): 65–82.

[286]    World Bank.Bureaucrats in business: The economics and politics of government ownership [M].Oxford: Oxford University Press, 1996.

[287]    WU L, YUE H. Corporate tax, capital structure, and the accessibility of bank loans: Evidence from China [J]. Journal of Bank and Finance, 2009 (33): 30–38.

[288]    WURGLER J. Financial markets and the allocation of capital [J]. Journal of Financial Economics, 2000, 58(1–2): 187–214.

[289]    VOLPIN, PAOLO F. Governance with poor investor protection: Evidence from top executive turnover in Italy [J]. Journal of Financial Economics, 2002, 64(1): 61–90.

[290]    XU L. Types of large shareholders, corporate governance, and firm performance [R]. GuangZhou: Sun Yat–sen University, 2004.

[291]　XU X, WANG Y. Ownership structure and corporate governance in Chinese stock companies [J]. China Economic Review, 1999, 10(1): 0–98.

[292]　YARROW G. A theory of privatization, or why bureaucrats are still in business [J]. World Development, 1999, 27(1): 65–70.

[293]　YERMACK D. Remuneration, retention and reputation incentives for outside directors [J]. Journal of Finance, 2004, 59(5): 2281–2308.

[294]　ZHANG A, ZANG Y, ZHAO R. Impact of ownership and competition on the productivity of Chinese enterprises [J]. Journal of Comparative Economics, 2001, 29(2): 327–346.

[295]　ZHENG J, LIU X, BIGSTEN A. Ownership structure and determinants of technical efficiency: An application of data envelopment analysis to Chinese enterprises (1986—1990) [J]. Journal of Comparative Economics, 1998, 26(3): 465–484.

# 致 谢

　　首先，本专著的出版要感谢中国人民大学徐泓教授的指导，徐老师在本文研究背景、研究内容、研究意义、理论分析、模型构建以及数据来源等方面给予了富有建设性的指导意见。其次，感谢中国人民大学张敏教授的指导，张老师从论文的逻辑框架、研究内容、研究设计以及文字表达等方面给予了非常具体的建议。再次，感谢浙江财经大学会计学院对本专著出版的资助。最后，我想把此书献给我的家人，他们给了我很多支持和帮助。

叶若慧

2020 年 12 月于保利玫瑰之湾